必讀中國經典名著 90

陳福智、黃晨淳、林雅芬◎編著

好讀出版

序

卷四 古典小說

序

　　「經典」和「名著」本爲分開的兩個詞，一個指價值上的最高境界，一個從作品的知名程度而言。不過翻開古今中外的書海，將發現有些作品具雙重身分，有人稱它爲經典，也有人稱它名著，逐漸地這兩個詞彙成了相似詞，均用來指稱一部優秀的傑作。筆者在這不是想上修辭學課，作語言和修辭的考究，而是從觀念上說明書名的由來，本書取名「必讀中國經典名著90」，即是企圖從中國眾多的書籍中，爲讀者挑選出優秀的傑作，以供咀嚼玩味。

　　在解釋「經典」和「名著」的觀念並說明此書的命名由來後，有的讀者或許會提出兩個疑問，首個是「爲何要讀這些名著」，其次是「如何確立所選的都是經典」。第一個問題較好解決，因爲舉凡有價值的作品，都值得讀者再三品味，反覆閱讀，況且作品能夠流傳至今，歷久不衰，一定有其特殊價值之處。第二個問題就比較難回答，畢竟「價值」和「知名」都是很主觀，如有人認爲《論語》是部有知名度的書，不過沒有現代價值，故要說服他人此書具有「價值」和「知名」是很難的事，也因此對於筆者的選本相信一定有人不認同（不論部分或全體），這是主觀上的限制，故此處筆者遴選的角度旨在介紹重要傑作，而非專注比較「誰是經典，誰又是名著」的辯論議題。可以這麼說，此書的編撰要點在提供閱讀中國經典名著的入門手冊，爲符合此要點，筆者在體例上分成十個單元，各是「成書時間」、「類別」、「特色」、「作者介紹」、「內容梗

概」、「閱讀指導」、「精彩篇章推薦」、「名家評介」、「名言佳句」和「深入探索」。透過這十個單元，讓讀者能快速地掌握傑作的相關知識，不論是提供多元的閱讀觀點或者精彩篇章的重現，乃至於哪些名家曾經評價此書，就連若想進一步探索都提供了一些不錯的書單。

　　梁啓超先生在〈論小說與群治之關係〉中，曾說：「抑小說之支配人道也，複有四種力……」，四力各自是熏（熏也者，如入雲煙中而為其所烘，如近墨朱處而為其所染，《楞伽經》所謂「迷智為識，轉識成智」者，皆恃此力）、浸（浸也者，入而與之俱化者也。人之讀一小說也，往往既終卷後，數日或數旬而終不能釋然）、刺（刺也者，能入於一刹那頃忽起異感而不能自製者也）、提（提之力，自內而脫之使出，實佛法之最上乘也。）。梁啓超先生所提出的四力，雖然是針對小說而論，實際上也切用於「經典名著」，筆者深信一部優秀的傑作能薰陶人心、沉浸神靈、刺激本心、提魂入書，進而使人脫胎換骨，達到另一個境地。當然就一本專書而論，此小書有太多的缺失，這不僅受限於筆者的專業知識，也受限於文章篇幅，然而筆者相信閱讀此書能開啓你挖掘中國經典名著的興趣，並回頭翻閱「原典」，享受閱讀中國經典名著的樂趣。若真能如此，此書也算發揮其微薄的功效了！附帶說明，本書精彩篇章為按照原書摘錄，故若原書有誤則維持原貌，便不更動，以示尊重。

【卷一】
人生哲學

『周易』

● 成書時間：約商末周初
● 類別：先秦哲學

特色：上知天命的卜筮之書

■作者介紹：

由於年代遙遠，相傳是伏羲畫的卦，文王作的卦辭，周公作的爻辭，孔子作的十翼。但學者說辭不同，確切的作者到底是誰，至今仍未有定論。

■內容梗概：

《周易》，分為經和傳兩個部分，經與傳產生的年代相差很遠，《經》與《傳》合稱《周易》。《易經》並非一人所作，是由許多掌管卜筮的巫覡經過日積月累的增刪、修訂編纂而成的，在組織上有一套相當完整的形式，結構複雜。它吸收了當時自然科學上天文曆算的成就，還有社會生活經常接觸的複雜現象，並對這些現象作出一套完整系統的解釋。「易」代表著變易、簡易和不易三個原則。變易說明宇宙間事事物物沒有一刻不在改變；簡易是馭繁為簡，追求簡易；而不易則突顯了萬事萬物無時不變的同時，宇宙生生不息的精神永遠不變。在這三個原則下將此八種物質成分當成產生世界萬物的根本，並以八卦來象徵：天（乾）、地（坤）、雷（震）、風（巽）、水（坎）、火

名言佳句
· 君子學以聚之，問以辨之，寬以居之，仁以行之。〈乾·文言〉
· 君子以遏惡揚善，順天休命。〈大有·象〉

（離）、山（艮）、澤（兌），其中又以天、地爲根本，其他六種由天地生。如此由最本源的「一」，開始變化發展爲「八」，再由這八種成分互相之間的關係，衍而生成萬物。八卦衍生爲六十四卦，每卦有六爻，各卦各爻後都有相應解釋的辭句，稱爲卦爻辭。後人對卦辭和爻辭又進行說明、解釋，甚至用己之意加以發揮，這些文字就叫做「傳文」，即是《易傳》。

《周易》除了蘊藏著深奧的哲理外，其爻辭還保留著一些有韻律感的小詩，具備著詩的雛形，是從卜辭進展爲《詩經》的橋樑，在文學的發展史上，也是不可忽略的重要文獻。

■閱讀指導：

眾所皆知，《易經》是部古代實用的卜筮之書，專業人士藉此得知天地萬物之變化，並且從中衍生察覺或諭示各種禍福跡象，一般人不容易理解書中高深且難測的卦辭。然而《易經》的思維仍影響著現代，作者認爲陰陽乃是天地、萬物生成之根本，自然界和人、動物並無不同，均由兩性所生，世間之變化乃是陰陽兩個勢力的彼此消長、矛盾，更由此提出所謂的「物極必反」，因此，讀《易》可以得知先人思考世界組成的思想，並反觀現代的思維方式。

讀《易傳》則可以發現，書中傳達了一種高度倫理次序的思想，認爲宇宙間有一種本質不變的事物存在，天（乾）一定在上，地（坤）必定在下，在上者是尊貴的，而在下者較卑賤。

· 天地感而萬物化生，聖人感人心而天下和平，觀其所感，而天地萬物之情可見矣。〈咸·彖〉

這種上下有序、尊卑有別的思維與儒家注重倫理次序的理想是相同的，此種思想更深深影響了古代知識份子，認為天子乃天所選之，縱使有不對之處只能勸諫而不能推翻，翻開歷史，可發現推翻者大多起自民間、異族，少有朝中文人（武官不論）。

從周易的卦爻辭中，我們還可以發現各種不同職務身分之人，而他們究竟是在什麼樣不同的時機，扮演自身的角色，而在人格、人職、人物、人倫關係方面，其份職高下及其德業成就的多寡有何關係，然後從中得到啟發，以重新思索並且反省現今這一時代中的人生課題。

■**精彩篇章推薦：**

〈象〉曰：大哉乾元，萬物資始，乃統天。雲行雨施，品物流形；大明終始，六位時成；時乘六龍以御天。乾道變化，各正性命；保合大和，乃利貞。首出庶物，萬國咸寧。

◗ **名家評介：**

- 班固：「《易》道深矣，人更三聖，世歷三古。及秦燔書，而《易》為筮卜之事，傳者不絕。」《漢書·藝文志》
- 王夫之：「周易並建乾坤於首，無有先後，天地一成之象也。」《正蒙注文》
- 惠棟：「《易》道深矣！一言以蔽之曰，時中。」〈易尚時中說〉
- 馮友蘭：「《易》之一書，即宇宙全體之縮影。」《中國哲學史》

深入探索

→《易經與人生謀略》，劉孝存著，台灣先智出版事業股份有限公司

→《易經之謎》，今泉久雄著，武陵出版社

→《讀易經的方法學》，東方橋著，玄同出版社

→《漫畫易經》，周春才編著，台灣先智出版事業股份有限公司

02

『老子』

● 成書時間：春秋時代
● 類別：中國哲學

特色：道家學派的重要典籍，重要性猶如《論語》一書之於儒家也，黃老之學與道教經典

■作者介紹：

老子，姓李名耳，字伯陽，又稱老聃，楚國苦縣（今河南洛邑東）厲鄉曲仁里人，生卒年不詳，約比孔子年長，曾做過周朝守藏史，相當於今日國家圖書館館長。周昭王二十三年，老子見到周朝逐漸衰微，於是離開洛陽，西出函谷關；守關令尹喜請他寫下一些想法，老子留下五千餘言而後離去，自此無人知其下落。

■內容梗概：

《老子》又名《道德經》，乃取上篇第一句「道可道，非常道」，與下篇第一句「上德不德」中的「道」、「德」二字而成。全書五千言分為上下兩篇，共八十一章。《老子》一書充滿睿智與哲思，其提出的「道」、「柔弱勝剛強」、「無為而治」等觀念，深深地影響了中國人的生活、文化與政治，在中國思想史的發展上，產生至為巨大的影響力。

卷一 人生哲學

名言佳句

· 金玉滿堂，莫之能守。富貴而驕，自遺其咎。功成身退，天之道也。〈第九章〉
· 見素抱樸，少私寡欲。〈第十九章〉
· 柔弱勝剛強。〈第三十六章〉

■閱讀指導：

　　探討自然萬物的運行和人為文化之間的關係，是老子哲學的思想基礎，為此《道德經》作者提出了一連串的重要觀念，如「道」、「玄牝」、「致虛極，守靜篤」、「道法自然」，也因為這些思維的詭辯，令人望《老子》便心生退卻，不敢品嘗此絕妙人生哲學的韻味之書。

　　確實，《老子》一書包含的哲理甚廣，卻有幾條脈絡可循：首先，所謂的道僅是作者用來指涉天地運行法則，循法則生天地、萬物，可說是宇宙的根源，其運行過程「惟恍惟惚」，難以捉摸，學著認識它，能讓我們理解世界的變化，以知道如何處世應對；再者，作者在知識論上提出相對與轉化，舉出福禍、剛柔、強弱、勝敗、生死、成缺、巧拙、盈沖、新舊……等觀念都是相較而成的，這可以令人思考，我們是否有時太過絕對，堅持自己的答案絕對正確；最後，作者對文化和政治的態度，可用「無為而無不為」為註解，此為其一，乃表示人應鄙棄既有的價值觀點、道德規範如仁義禮智，凡事淡然視之。其二，君主應該無為而治，若強硬的壓榨人民，令其心生厭惡，政治容易不安，書中所言：「我無為，而民自化；我好靜，而民自正；我無事，而民自富；我無欲，而民自樸。」正是此一內涵，有學者認為「小國寡民」的論點乃是愚民政策，但若反觀慾望不知節制的現今，相信也會有人贊同作者這一理想國——一個純淨質樸的世界。

・反者道之動；弱者道之用。天下萬物生於有，有生於無。〈第四十章〉
・大方無隅，大器晚成，大音希聲，大象無形。〈第四十一章〉
・聖人無常心，以百姓心為心。〈第四十九章〉
・治大國，若烹小鮮。〈第六十章〉

循著以上的脈絡思考，雖仍有疏漏之處，但相信有助於理解《老子》深奧的詩歌語言，掌握其思想特點。

■精彩篇章推薦：

道可道，非常道；名可名，非常名。無名天地之始；有名萬物之母。故，常無欲以觀其妙，常有欲以觀其徼。此兩者，同出而異名，同謂之玄。玄之又玄，眾妙之門。〈第一章〉

人之生也柔弱，其死也堅強。草木之生也柔脆，其死也枯槁。故堅強者死之徒，柔弱者生之徒。是以兵強則滅，木強則折。強大處下，柔弱處上。〈第七十六章〉

◖名家評介：

- 《莊子·天下篇》說老子：「澹然獨與神明居、建之以常無有、人皆取先，己獨取後、人皆取實，己獨取虛、人皆求福，己獨曲全等等，為古之博大真人。」

- 孔子：「鳥，吾知其能飛；魚，吾知其能游；獸，吾知其能走。走者可以為罔，游者可以為綸，飛者可以為矰。至於龍，吾不能知其乘風雲而上天。吾今日見老子，其猶龍邪！」

- 司馬遷：「老子著書上下篇，言道德之意。」

- 胡適：「他是一位對於政治和社會不滿而要提出抗議的革命黨。而且他僅僅抗議還不夠，他還提出一種政治基本哲學。」

- 美國〈紐約時報〉將《老子》列為全世界古今十大名作之首。

卷一　人生哲學

深入探索

→《老子讀本》，余培林注譯，三民書局
→《少年老子》，高柏園著，漢藝色研出版社
→《老子與東方不敗》，游喚著，九歌出版社
→《老子管理學》，楊先舉著，遠流出版社

『論語』

● 成書時間：戰國初期
● 類別：語錄體哲學散文

特色：儒家重要典籍，十三經中位列第一，中國歷史上最早的一部教育書，語錄體之祖

■作者介紹：

孔子，名丘，字仲尼，春秋時期魯國郰邑人（今山東曲阜東南），生卒年於西元前五五一年至西元前四七九年。為了宣揚「仁」與「王道」的政治主張，孔子周遊列國十餘年，但當時是個動盪不安的時代，諸侯們看重的是能為他們爭取霸業的學說，根本沒有人願意採用孔子的政治主張，因此孔子與弟子們過著顛沛流離的生活；直到西元前四八四年，孔子返回魯國，專心致力於教育，增刪《詩》、《書》，定《禮》、《樂》，並整理《春秋》等古代文獻，他是我國古代偉大的思想家和教育家，也是儒家學說的創始人。

■內容梗概：

《論語》是孔子死後，其後學把他平日的言語行事加以整理記錄，匯編而成。內容有孔子和他的弟子們的言論，主要是記言，多半為簡短的談話和問答。全書共有二十篇，其篇名大抵

名言佳句

· 人而無信，不知其可也。〈為政篇〉
· 是可忍也，孰不可忍也。〈八佾篇〉
· 朝聞道，夕死可矣。〈里仁篇〉
· 己欲立而立人，己欲達而達人。〈雍也篇〉

取首章前二、三字爲之，並無指涉整篇之意；語言精鍊，文意深遠則爲《論語》之特點。《論語》包含的內容很廣，除「仁」、「禮」、「孝」、「教育」等觀念外，還有涉及到政治、倫理、道德、文化……等等方面，在思想史與文化史上，影響中國數千年來的學術發展，是我國最重要的儒家典籍。

■閱讀指導：

體例上，《論語》採用的是語錄體，也就是以對話爲主要的格式，因此注意對話者是誰以及對話的內容十分重要。最經典的例子，即孔子回答弟子關於「孝」的問題。在這問題，他有三種以上的不同回應。此情形除了是表現孔子因材施教的例證外，也可從對話發現不同性格之人，發問時所關注的焦點之不同。《論語》一書出現的對話者不只有儒門師生，更有諸侯太夫們，因此，在閱讀時，應該注意發問者是誰及回應的重點在哪裡。

此外，語錄體的缺點是用字甚少，能交代和形容的辭彙也就不多，很容易望文生義，故閱讀時要避免斷章取義，像是「子貢欲去告朔之餼羊。子曰：賜也，爾愛其羊，我愛其禮。」這不是說孔子不注重生命，而是藉此講「禮儀」之重要；又如「直」的問題，孔子曰：「吾黨之直者異於是：父爲子隱，子爲父隱，直在其中矣。」這段令很多人誤會孔子鄉愿，實際上，孔子是認爲連最基本的血親都無法保護，怎麼可能做到國家之

・三人行，必有我師焉；擇其善者而從之，其不善者而改之。〈述而篇〉
・鳥之將死，其鳴也哀；人之將死，其言也善。〈泰伯篇〉
・後生可畏，焉知來者之不如今也？〈子罕篇〉
・君子成人之美，不成人之惡；小人反是。〈顏淵篇〉

公正。諸如此類的例證甚多，像是「祭如在，祭神如神在。子曰：『吾不與祭，如不祭。』」有人藉此說孔子迷信，但若仔細思量文字，再結合「子不語怪、力、亂、神。」、「未能事人，焉能事鬼？」等相關句，可知孔子的立場，雖然稱不上已經破除宗教信仰，卻能知其強調事必躬親之人文精神大於聽信鬼神。為了避免斷章取義，讀《論語》最好要各章互相參照，由此逐一探索孔子的思想大要，像是「仁」、「君子」、「禮」、「孝」、「樂」、「天命」、「命」等議題。

當然，自古以來多少學者討論孔子得出不同的說法，我們光是內文參照不見得能夠有所斬獲，然而，讀書除了為讓自己學到更多知識外，應該也要從書中學到待人處世的態度，《論語》是本從人生道理講到處世哲學的傑作，縱使有艱澀難懂之處，但是讀之，絕對能幫助你改善生活方式之缺失，增加人際關係之和諧。

■**精彩篇章：**

弟子入則孝，出則弟，謹而信，汎愛眾，而親仁。行有餘力，則以學文。〈學而篇〉

道之以政，齊之以刑，民免而無恥；道之以德，齊之以禮，有恥且格。〈為政篇〉

益者三友，損者三友：友直，友諒，友多聞，益矣；友便辟，友善柔，友便佞，損矣。〈季氏篇〉

・名不正則言不順，言不順則事不成。〈子路篇〉
・仁者不憂，知者不惑，勇者不懼。〈憲問篇〉
・人無遠慮，必有近憂。〈衛靈公篇〉

名家評介：

· 司馬遷：「詩有之：『高山仰止，景行行止。』雖不能至，然心鄉往之。孔子布衣，傳十餘世，學者宗之。自天子王侯，中國言六藝者，折中於天子，可謂至聖矣。」

· 趙普：「以半部論語治天下。」

· 朱熹取《大學》、《中庸》、《孟子》與《論語》，編爲四子書。

· 劉勰：「夫子風采，溢於格言。」

· 梁啓超：「二千年來國人思想之總源泉。」

深入探索

→《論語今讀》，李澤厚著，允晨文化出版社

→《論語的人格世界》，曾昭旭著，漢光出版社

→《漫畫論語》，森哲朗著，簡美娟、林玉佩譯，台灣先智出版事業股份有限公司

『墨子』

- 成書時間：約戰國初期
- 類別：先秦哲學

特色：實用主義的哲學與論辯類散文的開端

■作者介紹：

墨子，姓墨，名翟。確實的生卒年代和籍貫已不可考，只約略可知他是戰國初期的人，活動的時間約在孔子之後、孟子之前。墨子早年雖然學習儒家學說，後來對儒家的「禮」深感不滿，因而創立了與儒學對立的學派。墨子是一個偉大的思想家、邏輯家、軍事家，同時也是一個能工的巧匠。他一生反對戰爭、主張和平，相信鬼神，主張選賢任能，反對奢侈浪費，富有實踐精神，提倡儉樸生活，創立的墨家學派是一個帶有宗教色彩的政治性團體。墨家組織的紀律很嚴明，跟隨墨子的弟子也很多，成為當時一個重要的學派，與儒學並稱「顯學」。

■內容梗概：

《墨子》一書，今日可見只剩五十三篇。內容主要闡述墨子的基本主張，為墨家經典著作。書中的思想非常豐富，在先秦思想中很有自己的特色，尤其其中關於邏輯方面的思想，是先秦思想中探討邏輯命題的開山之作。《墨子》蘊涵著豐富的思想，然而在墨子辭世後，其下的門人也分裂為三派，各執自己

名言佳句

- 夫尚賢者，政之本也。〈尚賢上〉
- 夫愛人者，人亦從而愛之；利人者，人亦從而利之；惡人者，人亦從而惡之；害人者，人亦從而害之。〈兼愛中〉
- 人勞我逸，則我甲兵強。寬以惠，緩易急，民必移。〈非攻下〉

的理念，互不相服。到了秦漢，墨學幾乎已經沒有學術的影響力，墨子的事蹟也少爲人知，一直要到清朝文字獄大興，文人藉著埋首書堆以避文禍，《墨子》一書才又爲人所注意。

■閱讀指導：

《墨子》書中的思想十分博雜，若硬要析之，可以分成政治思想、倫理思想、形上思想、邏輯思想與軍事思想等五方面。

在政治思想方面，主要以〈尚賢〉、〈尚同〉、〈非攻〉、〈節用〉、〈非樂〉幾篇爲代表。墨子對內主張任賢舉能，其選賢標準在「能」與「事」，藉此破除階級制度，加上配合尚同，建立國內之秩序；墨子對外則主張非功，反對戰爭，認爲戰爭無益於生產，這跟他提倡節儉，反對鋪張浪費與過多的繁文褥節的實用理念是相合的。

倫理思想方面，主要以〈兼愛〉、〈親士〉、〈修身〉幾篇爲代表。墨子以實用主義爲基本立場，主張消弭差別，「兼相愛，交相利」的博愛思想，提出人們要不分貴賤，互利互愛，然而他所提出的無差別性的博愛主要根據〈天志〉，由此勸說眾人皆應該遵守，只是人的私欲作祟，很難眞正做到「交相利」，因此此理想容易變成無現實基礎的形式主義之愛。

形上思想則以〈非命〉、〈貴義〉、〈天志〉、〈明鬼〉、〈墨經〉等諸篇爲代表。〈非命〉中反對儒家的「天命論」，並以「三表法」爲精要提出的認識論，重視現實的經驗，但其三

· 官無常貴而民無終賤，有能則舉之無能則下之。〈尚賢上〉
· 循所聞而得其意，心之察也。〈墨經上〉
· 凡出言談，則必可而不先立儀而言，若不先立儀而言，譬之運鈞之上而立朝夕焉也。〈非命下〉

表方以傳說爲依據，仍缺少實驗主義的精神，無法構成科學。在〈天志〉與〈明鬼〉中，墨子訴說其宗教觀，認爲天有意志，能行賞罰，相信鬼神的存在，因此儒家努力不去討論的鬼神議題，反倒在《墨子》中被加強討論，周朝之後努力的人文精神倒退回守舊的迷信宿命論。

邏輯思想主要表現有〈經〉上下、〈經說〉上下、〈大取〉、〈小取〉六篇中，主要是後期墨家的思想。其中闡述辯論的幾種方式，分別爲「辟」（舉例說明）、「侔」（兩個命題相類比）、「援」（引用對方的論點，來證明自己之論點）、「推」（以類相推），對於推理的研究，十分精細，建立了相當嚴整的邏輯辯說理論。

軍事思想則表現在〈備城門〉、〈備高臨〉、〈備梯〉、〈備水〉等篇章中。由於墨家思想主張「兼愛」、「非攻」，反對戰爭，因此，它的軍事理論主要是談論防禦的戰術，在戰術的解說上不如《孫子兵法》，卻也提供愛好和平者如何自衛防守的方法。

上述爲內容方面的價值，在文學價值上，《墨子》的文章雖然質樸無華少有文采，少數的一些篇章寫人記事如「刻舟求劍」等，形象卻也很生動。此外《墨子》的文字邏輯性很強，很有說服力，常用設問、設難等方式，使其論述得以深入，可說是我國論辯性散文之祖。

深入探索
→《墨子故事與創業機先》，程雲鶴著，漢欣出版社
→《墨子的智慧》，舒大剛著，漢藝色研出版社

■精彩篇章推薦：

子墨子言曰：「必立儀。言而毋儀，譬猶運鈞之上而立朝夕者也；是非利害之辨，不可得而明知也。故言必有三表。」何謂三表？子墨子言曰：「有本之者，有原之者，有用之者。於何本之？上本之於古者聖王之事。於何原之？下原察百姓耳目之實。於何用之？廢以爲刑政，觀其中國家百姓人民之利。此所謂言有三表也。」〈非命上〉

子墨子言曰：「凡出言談，則必可而不先立儀而言，若不先立儀而言，譬之猶運鈞之上而立朝夕焉也。我以爲雖有朝夕之辯，必將終未可得而從定也。是故言有三法。何謂三法？曰有考之者，有原之者，有用之者。惡乎考之？考先聖大王之事。惡乎原之？察眾之耳目之請。惡乎用之？發而爲政乎國，察萬民而觀之。此謂三法也。」〈非命下〉

名家評介：

· 馮友蘭：「尚儉節用，及兼愛非攻，雖爲其時人原有之主張，但墨子則不但實行之且予之以理論的根據，使成爲一貫的系統。此墨子對於哲學之貢獻也。」《中國哲學史》

· 劉大杰：「論辯的散文是由墨子開始的。……在我國古代學術界中，墨學最講究方法，開名學之先導。故其學說之立論，都是採取首尾一貫的論理形式。因此，他的文章成爲富有條理的論文。」《中國文學發展史》

深入探索

→《墨子的人生哲學──兼愛人生》，陳偉著，揚智出版社

→《墨子、商鞅、莊子、孟子、荀子》，文復會、王壽南主編，台灣商務出版社

『孟子』

● 成書時間：戰國時代
● 類別：中國哲學散文

特色：儒家重要典籍，與《論語》並重於世，倡「民貴君輕」之説，是今日民主、民權之先聲，書中與告子辯論的方式，開辯論之先河

■作者介紹：

孟子，名軻，字子輿，鄒國（今山東鄒縣東南）人，生於戰國中葉，本魯國貴族孟孫氏的後裔，家族沒落後遷至鄒縣。孟子非常景仰孔子，曾自述「乃所願則學孔子也」，受業於子思之門人，繼承孔子的思想和道統，在動盪不安的戰國時代，學習孔子周遊列國，向諸侯遊說實行王道和仁政，其思想給後世帶來深遠的影響，是戰國時代具有浩然之氣的思想大師，後人尊為「亞聖」。

■內容梗概：

《孟子》分為〈梁惠王〉、〈公孫丑〉、〈滕文公〉、〈離婁〉、〈萬章〉、〈告子〉、〈盡心〉七篇，分上下卷，共計十四卷，內容上包括政治活動、政治學說、哲學思想和個人修養。其文章氣勢縱橫，譬喻生動，字裡行間具有深度的感染力。

名言佳句

・天作孽，猶可違；自作孽，不可活。〈公孫丑上〉
・君子不怨天，不尤人。〈公孫丑下〉
・富貴不能淫，貧賤不能移，威武不能屈，此之謂大丈夫。〈滕文公下〉
・愛人者，人恆愛之；敬人者，人恆敬之。〈離婁下〉

　　《孟子》一書以雄辯見長，散文特別有靈活多樣的辯論方法，雖然孟子曾爲自己辯駁，說雄辯乃不得已，卻也點出其文章之特點。孟子的辯論方式，能依照不同的場合，不同的問題，開展其辯論議題，並且逗引對方，找機會掌握主動，由近而遠，耐心地逐一分析，層層推理，用犀利的語言表現一定的邏輯，最經典的例子是他和告子對性的辯論。告子曰：「生之謂性。」孟子反問：「生之謂性也，猶白之謂白與？」對方答是後，他又問：「白羽之白也，猶白雪之白；白雪之白，猶白玉之白與？」等到對方再次答是，他開始說出自己的見解：「然則犬之性，猶牛之性；牛之性，猶人之性與？」論點重心在質疑，人性和其他動物之性難道沒有分別？這樣的推論方法，也出現在「四端之心」，以「孺子將入於井」論證惻隱之心的存在。

　　論說文最忌諱通篇議論，成爲一篇說教文，爲避免此弊病，並使自己的論點、觀點更有立足點，孟子擅長譬喻，舉例加強自己的論點，如「齊人爲妻妾所訕」。孟子藉由表面上風光富貴、暗地裡卻是個在墳墓堆乞討的齊人，傳達只知道追求富貴利達，非君子所做之事，連妻妾也覺得無臉見人。諸如此類的寓言故事還有「揠苗助長」、「緣木求魚」等，這些文章生動精彩地把論旨適切表達出來，讓人們易於接受，使文章具有高度的說服力。總之，《孟子》不僅是部優秀的論說之作，教人辯論技巧，藉著書中蘊涵的寓言故事，更可深入思考待人接物、

・魚我所欲也，熊掌亦我所欲也，二者不可得兼，捨魚而取熊掌者也。生我所欲也，義亦我所欲也，二者不可得兼，捨生而取義者也。〈告子上〉
・生於憂患，死於安樂。〈告子下〉

立身處世、利義富貴等問題，有助於辨別事物存在的價值。

■精彩篇章推薦：

齊人有一妻一妾而處室者，其良人出，則必饜酒肉而後反。其妻問所與飲食者，則盡富貴也。其妻告其妾曰：「良人出，則必饜酒肉而後反。問其與飲食者，盡富貴也；而未嘗有顯者來。吾將瞯良人之所之也。」蚤起，施從良人之所之。遍國中無與立談者。卒之東郭墦閒之祭者，乞其餘；不足，又顧而之他，此其為饜足之道也。其妻歸，告其妾曰：「良人者，所仰望而終身也。今若此！」與其妾訕其良人，而相泣於中庭；而良人未知之也，施施從外來，驕其妻妾。由君子觀之，則人之所以求富貴利達者，其妻妾不羞也而不相泣者，幾希矣！〈離婁下〉

名家評介：

- 司馬遷：「天下方務於合縱連橫，以攻伐為賢，而孟軻乃述唐、虞三代之德，是以所如者不合。退而與萬章之徒，序詩書，述仲尼之意，作《孟子》七篇。」
- 劉向：「孟子旦夕勤學不息，師事子思，遂成天下之名儒。」
- 蘇洵：「孟子之文，語約而意盡，不為巉刻斬絕之言，而其鋒不可犯。」
- 朱熹取《論語》、《孟子》與《禮記》中的《大學》、《中庸》，加以注釋，合稱為四子書。

深入探索
→《與青少年談孟子》，傅佩榮著，業強出版社
→《孟子的智慧》，樵叟著，國家出版社
→《孟子的人生哲學——慷慨人生》，王耀輝著，揚智出版社
→《孟子的哲學》，許宗興著，台灣商務出版社

『莊子』

● 成書時間：戰國時代
● 類別：中國哲學散文

特色：最富想像力的道家哲學作品

■作者介紹：

　　莊子（西元前三六九年至西元前二八六年），姓莊名周，字子休，戰國時宋國蒙地人（今河南商丘東北），較孟子稍晚一些。曾擔任漆園管理員，一生視仕途如草芥，追求個人自由，不追逐官祿，終其一生，活在窮困之中，學問廣博，與老子同爲道家的代表人物，後人將老子、莊子的思想歸於同一體系，稱爲「老莊學派」。

■內容梗概：

　　《莊子》由莊子及其後學所編寫，全書十餘萬言，現存三十三篇，分別爲內篇七篇，外篇十五篇，雜篇十一篇。一般認爲內篇爲莊子所著，思想較爲一致，反映莊子的人生觀、道德觀、政治觀、社會歷史觀，外、雜篇則是後學所編寫，有時與內篇思想頗爲不合，兼雜楊朱學說，但大體上思想的核心仍以「道」爲主。

名言佳句

‧吾生也有涯，而知也無涯。〈養生主〉
‧君子之交淡如水，小人之交甘若醴；君子淡以親，小人甘以絕。〈山木〉
‧人之不以好惡內傷其身，常因自然而不益生也。〈德充符〉

　　莊子豐富的想像力表現在用字遣詞與文章的創意，他創造了近二百個寓言故事，以寓言的形式凸顯其主題，抒發己志，暢遊於天地之間。文辭優美，具有濃厚的浪漫主義色彩。

　　除將《莊子》視爲一部絕佳的文學之作，它也是本開闊心胸的好書。代表作〈逍遙遊〉中，作者運用「鵬鳥」和「大瓠」的寓言解說何謂逍遙和價值，並且從中延伸出大小僅是相對而言的觀點，猶如〈齊物論〉所言：「天下莫大於秋毫之末，而大山爲小。」大小、有無等價值是人們以狹隘的觀點限定之，或以成見爲評價是非的標準，故要學會破除知識帶來的盲點。

　　書中屢次均可聽見作者試圖突破舊有現實面的價值觀，要人跳脫眼前狹隘的世界，把生命放入無限的時間和空間裡，自然能看淡現實挫折和心靈羈絆，達到萬物合一、自由自在、無待逍遙的人生境界。〈至樂〉篇中描述莊子妻死，其蹲著敲瓦盆而高歌，不僅呼應他在〈大宗師〉中所言：「死生，命也，其有夜旦之常，天也。」也告訴我們，生死屬常態，高歌並無不妥，這與《論語》中孔子爲表同哀而不歌，是截然不同的兩種心態。由此可見莊子勸人不受智識所限，要突破傳統價值，以追求至高的人生境界爲目標。若曉得《莊子》「反智識」、「破迷思」的論點，偶遇書中與自己平時見解有相違背之處，應試圖互相比較參考，如此一來，可開闊因忙碌生活、凌亂步伐所形成局限的心智，進一步更可試著體驗莊子的修養之法「坐

・天地與我並生，萬物與我為一。〈齊物論〉
・自事其心者，哀樂不易施乎前，知其不可奈何而安之若命，德之至也。〈人間世〉

忘」，透過暫時絕離現實之層面，忘卻身軀，達到心靈的絕對自由。

最後，閱讀《莊子》的寓言故事，除了以娛樂的效果視之外，須注意它不同於西方的伊索寓言、童話故事大多是民間傳說的集結或改變，教訓意味頗濃厚，這些故事均是莊子學說藉由故事企圖呈現的重要思想，像是「莊周夢蝶」不僅是個奇幻故事，故事更引出自我價值的思考：我是誰？誰是我？或物本互通，我是他，他也是我。總之，若忽略莊子思想而將它視為一般寓言故事，將無法真正獲得作品所要傳遞的重要精神。

■精彩篇章推薦：

北冥有魚，其名為鯤，鯤之大不知其幾千里也。化而為鳥，其名為鵬。鵬之背不知其幾千里也；怒而飛，其翼若垂天之雲。是鳥也，海運則將徙於南冥，南冥者天池也。《齊諧》者志怪者也。……且夫水之積也不厚，則其負大舟也無力。覆杯水於坳堂之上，則芥為之舟；置杯焉則膠，水淺而舟大也。風之積也不厚，則其負大翼也無力。故九萬里，則風斯在下矣，而後乃今培風；背負青天而莫之夭閼者，而後乃今將圖南。蜩與學鳩笑之曰：「我決起而飛，搶榆枋，時則不至而控於地而已矣，奚以之九萬里而南為？」適莽蒼者，三餐而反，腹猶果然；適百里者，宿舂糧；適千里者，三月聚糧。之二蟲又何知！小知不及大知，小年不及大年。……〈逍遙遊〉

· 相呴以溼，相濡以沫，不如相忘於江湖。相視而笑，莫逆於心，遂相與為友。〈大宗師〉
· 人生天地之間，若白駒之過隙，忽然而已。〈知北游〉

庖丁為文惠君解牛，手之所觸，肩之所倚，足之所履，膝之所踦，砉然嚮然，奏刀騞然，莫不中音。合於桑林之舞，乃中經首之會。文惠君曰：「譆，善哉！技蓋至此乎？」庖丁釋刀對曰：「臣之所好者道也，進乎技矣。始臣之解牛之時，所見無非全牛者。三年之後，未嘗見全牛也。方今之時，臣以神遇而不以目視，官知止而神欲行。依乎天理，批大郤，導大窾，因其固然。枝經肯綮之未嘗微礙，而況大軱乎！良庖歲更刀，割也；族庖月更刀，折也。今臣之刀十九年矣。所解數千牛矣，而刀刃若新發於硎。彼節者有閒，而刀刃者無厚；以無厚入有閒，恢恢乎其遊刃必有餘地矣，是以十九年而刀刃若新發於硎。雖然，每至於族，吾見其難為，怵然為戒，視為止，行為遲。動刀甚微，謋然已解，牛不知其死也，如土委地。提刀而立，為之四顧，為之躊躇滿志，善刀而藏之。」文惠君曰：「善哉！吾聞庖丁之言，得養生焉。」〈養生主〉

名家評介：

- 魯迅：「其文則汪洋恣肆，儀態萬方，晚周諸子，莫能先也。」
- 郭沫若：「秦漢以來的一部中國文學史，差不多大半是在他的影響下發展的。」
- 司馬遷：「莊周作〈漁父〉、〈盜跖〉、〈胠篋〉，以詆訿孔子之徒，以明老子之術。」
- 錢賓四：「莊子是一位曠代的大哲人，同時也是一位絕世的大文豪。」

深入探索

→《莊子》，莊子原著，王邦雄導讀，立緒出版社
→《莊子的人生哲學》，揚帆著，揚智出版社
→《莊子的生活智慧》，東方橋著，玄同出版社
→《佛陀與莊子》，劉欣如著，慧炬出版社

07 『荀子』

● 成書時間：戰國時期
● 類別：哲學散文

特色：辯論說理的哲學散文

■作者介紹：

荀卿（生卒年不詳），名況，趙國人，約生於前四世紀末年，死於前三世紀末年。曾於齊國稷下學官講學，三次擔任「祭酒」（學宮之長），堪稱學術界的領袖，韓非子、李斯等人都曾拜他爲師。後來因爲不得志，來到楚國，春申君任命他爲蘭陵令，晚年在蘭陵著書，死於當地。

■內容梗概：

《荀子》內收錄〈勸學〉、〈修身〉、〈非十二子〉、〈儒效〉、〈解蔽〉、〈正名〉、〈性惡〉等三十二篇，各篇章呈現荀子對於「天」、「禮樂」、「修身」、「君道」等議題的看法，可說是爲總結百家爭鳴的學界以及傳達自身的學術思想而編撰，並且此書內含強烈的統治國家之術。

■閱讀指導：

荀子所處的時代，正是戰國學術界最蓬勃發展的時期，儒家之前頗受尊重的地位也逐漸下降，因此《荀子》一書不僅是

名言佳句

・不可學、不可事而在天者謂之性；可學而能、可事而成之在人者，謂之僞，是性僞之分也。〈性惡篇〉
・聞之不若見之，見之不若知之，知之不若行之。〈儒效篇〉

荀子整理儒家的思想，也融合當時代新的思維方法，並結合其他學說的優點，故閱讀荀子可以和儒家、墨家、道家、法家等學說互相參照，但若單就閱讀《荀子》一書來說，筆者認為需要注意兩個要點。

首先，荀子最著名的學說為性惡，此性惡和孟子的性善說似乎相違背，這是兩人論點和整個學說的不同。荀子的性惡說雖然起於「目好色，耳好聲，口好味，心好利」，他卻不忘提倡孔子努力復興的禮樂，甚至還有「化性起偽」的口號；「偽」者，人為也，由此可見他頗重視人為力量對整個社會的影響層面。荀子會提倡性惡，除了戰國時代紛亂的現象外，如何讓國君們重新認識禮樂的重要性，而不至於全面被商鞅、慎到等法家學說所取代，形成他此學說的客觀環境，有人稱荀子非正統儒者，實際上荀子在許多方面和儒家雖然有歧異處，但在重視禮樂和文化力量、教育意義（學習禮義以改變缺失）等方面卻是持相同的意見。

其次在「天論」方面，荀子對天的看法頗有己見，不同儒家不問天、道家將天視為道之運行、墨子的天具有意志之類的態度。他提出有別於舊傳統的看法，以科學進步觀去看待世界，打破傳統的天命觀，認為天是無意志、目的的自然界，列星、日月、陰陽、風雨等都是按照本身固有的規律性運行著，此論點看似道家，然而荀子在客觀基礎上進一步提出「天人之分」，強調人治天地的立場以及效用，他曾言：「天行有常，不

・天行有常，不為堯存，不為桀亡。〈天論篇〉
・水火有氣而無生，草木有生而無知，禽獸有知而無義，人有氣、有生、有知，亦且有義，故為天下貴也。〈王制篇〉

為堯存，不為桀亡。」一方面告知人們天沒有目的性，破除人們迷信或恐懼天地鬼神的觀念，另一方面強調人世之治亂現象是為政者的傑作，國家社會的治亂重點不在天而在人，因此無須求助天力。總之荀子的天論可以令人明白，生存命運完全掌握在自己的手中，無須藉助外力幫忙，這是冷靜的科學精神，毫無迷信色彩。

《荀子》一書反映了他的哲學、政治、經濟、人文等思想，文章的表現方式也具有特點，如組織嚴謹、善於說理、風格渾厚，運用類比和引證方式論證自己的論點，因此可從中學習到如何寫論說文或該如何辯論等技巧。

■精彩篇章推薦：

人之性惡，其善者偽也。今人之性，生而有好利焉，順是，故爭奪生而辭讓亡焉；生而有疾惡焉，順是，故殘賊生而忠信亡焉；生而有耳目之欲，有好聲色焉，順是，故淫亂生而禮文理亡焉。然則從人之性，順人之情，必出於爭奪，合於犯分亂理，而歸於暴。故必將有師法之化，禮義之道，然後出於辭讓，合於文理，而歸於治。用此觀之，人之性惡明矣，其善者偽也。……不可學，不可事而之在天者，謂之性；可學而能，可事而成之在人者，謂之偽；是性偽之分也。……故聖人化性而起偽，偽起而生禮義，禮義生而制法度；然則禮義法度者，是聖人之所生也。故聖人之所以同於眾，其不異於眾者，

· 禮者，治辨之極也，強國之本也，威行之道也。〈議兵篇〉
· 禮者，所以正身也；師者，所以正禮也。〈修身篇〉
· 學莫便乎近其人。〈勸學篇〉

卷一 人生哲學

性也;所以異而過眾者,偽也。夫好利而欲得者,此人之情也。〈性惡篇〉

名家評介:

· 王先謙:「荀子論學論治,皆以禮為宗,反覆推評,務明其旨趣,為千古修道立教所莫能外。」〈荀子集解序〉

· 汪中:「六藝之傳賴以不絕者,荀卿也。」〈荀卿子通論〉

· 魏元珪:「蓋荀子者究非亂世中之隱遯者,實乃一積極有為之入世的大教育家,雖身處亂世而猶不頹唐喪志,乃能本其大儒之精神,熱愛群倫,發揮人類之道德勇氣,俾與狂風逆浪搏鬥。」〈荀子哲學思想研究自序〉

深入探索

→《荀子集釋》,李滌生著,台灣學生書局

→《荀子智慧》,李家駒編,書林出版有限公司

→《在亂世中做人》,蕭振邦著,漢藝色研出版社

→《荀子的人生哲學──進取人生》,彭萬榮著,揚智出版社

『韓非子』

● 成書時間：戰國後期
● 類別：先秦哲學

特色：集先秦法家思想之大成

■作者介紹：

韓非（約西元前二八○年至西元前二三三年），戰國後期韓國的貴族子弟，和李斯受教於荀子，是荀子相當傑出的門生。學成歸國，想報效朝廷，屢次上書，卻沒有得到重用。而後秦王嬴政設計，招他爲臣，心生妒忌的李斯趁秦王還沒有全面重用韓非時，聯合姚賈詆毀韓非，秦王聽信謠言將韓非下獄，李斯隨後即用毒酒害死了韓非。

■內容梗概：

《韓非子》共五十五篇，其中以〈孤憤〉、〈五蠹〉、〈說林上〉、〈說林下〉、〈說難〉爲知名篇章，是韓非集先秦法家大成之作。原書名爲《韓子》，後因爲唐朝韓愈的聲名越來越大，後人爲了加以區分，才將本書改名爲《韓非子》。此書在內容上，包括各個層面，保留了先秦許多史事、傳說、政治、經濟、軍事、外交、倫理、民俗、技藝、醫術、童戲……等珍貴史料，可提供各門學科研究。

名言佳句

· 堯為匹夫，不能治三人；而桀為天子，能亂天下。吾以此知勢位之足恃，而賢智之不足慕也。〈難勢〉

· 事在四方，要在中央；聖人執要，四方來效。〈揚權〉

中國哲學思想以解決人生問題為出發點，偶爾涉及政治環節，如儒家、道家、墨家對君王、臣子、外交等觀點，法家卻是一個以君王之術為學說重點的門派。因此，建議閱讀此書時，以理解韓非的政治思想為首要工作。

宏觀《韓非子》，將發現韓非站在「變」的歷史觀點，試圖擺脫傳統的束縛，朝向現實主義的政治觀。他繼承荀子的性惡觀，認為人性是趨利避害，所以若讓人民決定政權走向，將是有害無益，故他藉用老子的反智、愚民政策，倡導一種純粹君主獨裁式的政治。為此，他結合在他之前一些如商鞅、慎到、申不害等人的學說，強調人君者，必須集法、術、勢於一身，操賞、罰二柄，喜怒不形於色，讓人無從猜測，如此一來自然能輕易地控馭自己的臣民。雖然表面上自漢以來，各朝帝王均奉「德治」的儒家思想為尊，實際上，韓非的「霸道」統馭術，恐怕才是君王等政治人物趨之若鶩的法典，時常熟讀之，希望藉此讓國勢更為長久。

此書雖以政治思想為主，在自然觀、認識論、道德論方面也有他的看法，如言「故去喜去惡，虛心以為道舍」，即是認識事物切忌有主觀偏見、先入為主等成見。此外，和其他戰國書籍相同的特點，為了讓人理解書中精神和宗旨，作品採用寓言體的形式，如〈五蠹〉，作者利用大量的寓言故事，反覆不斷地說明由於社會不斷地發展，現實需求也不停地在變化，古法不

・事以密成，語以洩敗。〈孤憤〉
・安危在是非，不在於強弱；存亡在虛實，不在於眾寡。〈安危〉
・恃人不如自恃，人之為己，不如己之自為。〈外儲說右下〉

足，法制為上，文中將儒家、游俠、縱橫家、近侍之臣和商工之民視為國家的「五蠹」，除去此五種社會害蟲，國家才能長治久安。除上述篇章，本書更講述了一些生動有趣的故事，這些故事至今仍膾炙人口，著名的例如「自相矛盾」、「守株待兔」、「濫竽充數」、「老馬識途」等。故事內蘊涵深刻的哲理，善於啟發人的智慧，可說是思想性與藝術性完美的結合，讀之不但可享受閱讀故事的樂趣，獲知豐富的歷史知識，並可從中學習待人接物的道理。

■**精彩篇章推薦：**

今有構木鑽燧於夏后氏之世者，必為鯀、禹笑矣。……是以聖人不期脩古，不法常可，論世之事，因為之備。宋人有耕田者，田中有株，兔走，觸株折頸而死，因釋其耒而守株，冀復得兔，兔不可復得，而身為宋國笑。今欲以先王之政，治當世之民，皆守株之類也。……

儒以文亂法，俠以武犯禁，而人主兼禮之，此所以亂也。夫離法者罪，而諸先生以文學取……法趣上下四相反也，而無所定，雖有十黃帝不能治也。故行仁義者非所譽，譽之則害功；文學者非所用，用之則亂法。……

是故亂國之俗，其學者則稱先王之道，以籍仁義，盛容服而飾辯說，以疑當世之法而貳人主之心。其言古者，為設詐稱，借於外力，以成其私而遺社稷之利。其帶劍者，聚徒屬，

深入探索
→《君王經國策：法家經典：《韓非子》白話版》，韓非著，劉育林譯，遠流出版社
→《人性管理的終結者──我讀韓非子》，高柏園著，漢藝色研出版社

立節操，以顯其名而犯五官之禁。其患御者，積於私門，盡貨賂而用重人之謁，退汗馬之勞。其商工之民，修治苦窳之器，聚弗靡之財，蓄積待時而侔農夫之利。此五者，邦之蠹也。人主不除此五蠹之民，不養耿介之士，則海內雖有破亡之國，削滅之朝，亦勿怪矣。〈五蠹〉

● 名家評介：

· 劉大杰：「韓非的散文，深刻明切，鋒利無比，具有嚴峻峭拔的風格。他對於邏輯和心理有很深的研究，所以文章寫得條理分明、嚴密透徹，有很強的說服力。又善用寓言，巧設譬喻，使得文章更為生動。〈顯學〉、〈五蠹〉、〈孤憤〉、〈說難〉諸篇，辭鋒犀利，論證充實，且富於批判精神，表現他散文的特色。」《中國文學發展史》

深入探索

→《法家的峻言──韓非子說》，蔡志忠著，時報文化出版社

→《韓非子的人生哲學──權術人生》，阮忠著，揚智出版社

『六祖壇經』

● 成書時間：唐代玄宗期間
● 類別：佛學經典

特色：中國禪宗最重要和流傳最久的經典之作

■作者介紹：

惠能（西元六三八年至西元七一三年），本姓盧，唐太宗貞觀十二年，生於嶺南新州（廣東新興），從小失去父親，成人後賣柴火養活母親。有回，他送柴去客店，正要離開，聽到「應無所住而生其心」（此弘忍大師講《金剛經》語），深受感動，此是他首次接觸佛經。惠能之後跟隨「弘忍大師」（世稱五祖）習佛，其慧根頗受到五祖的賞識，只可惜為避免爭端，當五祖涅槃之後，惠能選擇回到南方，隱居了一段時間，直至唐高宗儀鳳元年（西元六七六年）才開始出來弘法，因其影響之大，後人稱為「六祖」。

■內容梗概：

《六祖壇經》簡稱《壇經》，原名是《六祖惠能大師法寶壇經》（「壇」是指受戒的臺子），是中國禪宗第六代祖師「惠能大師」一生說法的記錄，也包含其豐富一生的傳記，記錄者是他的弟子法海，現今常見版本是「神會」僧人而後修訂，成書大約於西元七八○至西元八○○年間。扣除序言和後跋，共有十

名言佳句

・菩提本無樹，明鏡亦非臺，本來無一物，何處惹塵埃。
・有情水下種，因地果還生，無情亦無種，無性亦無生。
・不是風動，不是幡動，仁者心動。

章，從〈行由品第一〉至〈付囑品第十〉。一般認為，《壇經》是以惠能在廣東大梵寺的說法為主要的內容，再經後代禪師們的增刪、編纂而成的。《壇經》除了是佛教禪學寶典，足以比擬《論語》、《孟子》等書，從文化交流的角度，更是本融合印度佛學與中國文化思想的傑作，其思想觀念，影響了宋明兩代的理學家們。

■閱讀指導：

「佛經」兩字常讓人望文卻步，然而，中國卻有本流傳久遠的「佛教經典」，即是《六祖壇經》，胡適之將它列入「一個最低限度的國學書目」中，錢穆也把它列為中國知識份子必讀的大書之一，由此可見它不但是禪宗重要的典籍，也是讀者們不可不讀的中國作品。對於這本佛經大作，在閱讀上，筆者有兩點建議。

首先，視之為「般若佛學」的入門書。佛教不僅有小乘、大乘佛教之分，內部甚至發展出各門各派，其中最早影響中國的要屬「般若派」。此書作為一個禪宗經典，其中闡述的主要思想，也就是「般若佛學」。作品較為特殊的地方是講述的方式，作者以淺顯的語言帶出「般若精神」，讓人認識「般若佛學」，如「何名『般若』？『般若者，唐言智慧也。』一切處所，一切時中，念念不愚，常行智慧，即是般若行。一念愚，即般若絕；一念智，即般若生。世人愚迷，不見般若；口說般若，心

・佛言：「善根有二：一者常，二者無常；佛性非常非無常，是故不
　斷，名為不二。」一者善，二者不善；佛性非善非不善，是名不二。
　蘊之與界，凡夫見二，智者了達其性無二；無二之性，即是佛性。
・邪來煩惱至，正來煩惱除；邪正俱不用，清淨至無餘。

中常愚。常自言我修般若，念念說空，不識眞空。般若無形相，智慧心即是。若作如是解，即名般若智」，或許就普通人而言，文字並不好懂，然而相較其他艱澀的佛經，已經是簡易許多，甚至僅需要請教一下佛學師尊，往後就可以自行閱讀。

其次，將其當作一本傳記。《六祖壇經》是中國禪宗第六代祖師「惠能大師」一生說法的記錄，其中包含著他的傳記，像是〈自序品第一〉開頭記載：「惠能嚴父，本貫范陽，左降流于嶺南，作新州百姓；此身不幸，父又早亡，老母孤遺，移來南海；艱辛貧乏，於市賣柴。」寫作傳記的方式也有許多種，《六祖壇經》表現的方式則是「敍事」和「記言」。所謂的「敍事」，則是敍述其重要大事；「記言」，乃是記錄傳記人的言論。舉例來說，書中記載神秀（「身是菩提樹，心如明鏡臺，時時勤拂拭，勿使惹塵埃。」）和惠能（「菩提本無樹，明鏡亦非臺，本來無一物，何處惹塵埃。」）各自寫下一首詩，此乃藉著此寫詩一事表現兩人佛性上的差異，其中突出惠能之佛根較強。《六祖壇經》此一體例並非首創，《論語》即是先例，然而，能參考中國本土的形式講述佛學義理的，此書縱使不是草創者，也是最爲成功者，許多艱澀的佛學思想，經由作者的妙筆，都可緩緩地流入讀者們的內心，雖然不見得能完全吸收，至少開啓了這扇佛學大門。

最後提醒各位，雖然《壇經》已是淺白的佛門經典，仍也有不少讓人頭痛難解之處，這時千萬別以「己志」逆「他志」，

· 行直何用修禪？恩則親養父母，義則上下相憐。讓則尊卑和睦，忍則衆惡無喧。若能鑽木出火，淤泥定生紅蓮。苦口的是良藥，逆耳必是忠言。改過必生智慧，護短心內非賢。日用常行饒益，成道非由施錢。菩提只向心見，何勞向什求玄？聽說依此修行，天堂只在目前。

揣測文字的意涵，「佛學」這項課題，有人花了許多的時間依舊無法參透，因此，縱使文字再簡單，理解上也有一定的難度，故讀到無法理解和貫通之處，就先暫且放下，找個機會請教禪師，聽聽他們的說法，之後再回過頭來翻閱此書，這樣才能降低誤讀的機率，也才能逐漸體悟空幻的「般若」並不空幻，反倒是蘊藏了豐富的人生智慧，值得一再品嘗。

■精彩篇章推薦：

次日，韋使君請益。師陞坐，告大眾曰：「總淨心念摩訶般若波羅蜜多。」復云：「善知識，菩提般若之智，世人本自有之，只緣心迷，不能自悟，須假大善知識，示導見性。當知愚人智人，佛性本無差別，只緣迷悟不同，所以有愚有智。吾今爲說『摩訶般若波羅蜜』法，使汝等各得智慧。志心諦聽，吾爲汝說。

善知識，世人終日口念般若，不識自性般若；猶如說食不飽，口但說空，萬劫不得見性，終無有益。善知識，『摩訶般若波羅蜜』是梵語，此言大智慧到彼岸。此須心行，不在口念。口念心不行，如幻如化，如露如電。口念心行，則心口相應，本性是佛，離性無別佛。……善知識，何名『般若』？『般若者，唐言智慧也。』一切處所，一切時中，念念不愚，常行智慧，即是般若行。一念愚，即般若絕；一念智，即般若生。世人愚迷，不見般若；口說般若，心中常愚。常自言我修

・自心無礙，常以智慧，觀照自性，不造諸惡，雖修眾善，心不執著，敬上念下，矜恤孤貧，名慧香。
・即心元是佛，不悟而自屈，我知定慧因，雙修離諸物。

般若，念念說空，不識真空。般若無形相，智慧心即是。若作如是解，即名般若智。

何名『波羅蜜』？此是西國語，唐言到彼岸，解義離生滅。著境生滅起，如水有波浪，即名於此岸，離境無生滅，如水常流通，即名為彼岸，故號『波羅蜜』。

善知識，迷人口念，當念之時，有妄有非。念念若行，是名真性。悟此法者，是般若法；修此行者，是般若行；不修即凡。一念修行，自身等佛。

善知識，凡夫即佛，煩惱即菩提。前念迷，即凡夫；後念悟，即佛。前念著境，即煩惱；後念離境，即菩提。

善知識，『摩訶般若波羅蜜』，最尊最上最第一，無住無往亦無來，三世諸佛從中出。當用大智慧，打破五蘊煩惱塵勞。如此修行，定成佛道，變三毒為戒定慧。

善知識，我此法門，從一般若，生八萬四千智慧。何以故？為世人有八萬四千塵勞。若無塵勞，智慧常現，不離自性。悟此法者，即是無念、無憶、無著。不起誑妄，用自真如性，以智慧觀照；於一切法，不取不捨。即是見性成佛道。

善知識，若欲入甚深法界，及般若三昧者，須修般若行。持誦《金剛般若經》即得見性，當知此經功德無量無邊，經中分明讚嘆，莫能具說。此法門是最上乘，為大智人說，為上根人說；小智小根人聞，心生不信。何以故？譬如天龍下雨於閻浮提，城邑聚落，悉皆漂流，如漂草葉；若雨大海，不增不

深入探索
→ 《六祖壇經現代直解》，梁乃崇著，圓覺文化基金會
→ 《六祖壇經的智慧——仿佛居士解《壇經》‧破禪機》，陸錦川著，新自然主義

減。若大乘人，若最上乘人，聞說《金剛經》，心開悟解故，知本性自有般若之智，自用智慧，常觀照故，不假文字。譬如雨水，不從天有，元是龍能興致，令一切眾生，一切草木，有情無情，悉皆蒙潤，百川眾流，卻入大海，合為一體。眾生本性般若之智，亦復如是。

善知識，小根之人，聞此頓教，猶如草木，根性小者，若被大雨，悉皆自倒，不能增長。小根之人，亦復如是。元有般若之智，與大智人更無差別。因何聞法不自開悟？緣邪見障重，煩惱根生。猶如大雲覆蓋於日，不得風吹，日光不現。般若之智亦無大小，為一切眾生自心迷悟不同。迷心外見，修行覓佛，未悟自性，即是小根；若開悟頓教，不執外修，但於自心常起正見，煩惱塵勞，常不能染，即是見性。善知識，內外不住，去來自由，能除執心，通達無礙，能修此行，與《般若經》本無差別。」〈般若品第二〉

深入探索

→ 《雨夜禪歌：我讀六祖壇經》，楊惠南著，漢藝色研出版社

→ 《腳下光明：六祖壇經探祕》，東北著，圓明出版社

『傳習錄』

● 成書時間：西元一五一八年
● 類別：哲學

特色：中國必讀的修身養性之作

■作者介紹：

　　王守仁（西元一四七二年至西元一五二八年），字伯安，學者稱陽明先生，浙江餘姚人。武宗時，因宦官劉瑾專權，守仁上疏力保南京科道戴銑和薄彥徽，被廷杖四十，謫配貴州龍場驛。在龍場，守仁經常日夜端坐，以求破除生死之念，一夜忽然領悟到格物致知的大道理，認爲聖人之道，本在吾心，過去向外尋求，都是錯誤的。次年於貴陽書院講「知行合一」。正德十四年，宸濠叛亂，陽明舉義軍，擒獲宸濠，在兵亂中，益發證實良知眞足以忘患難出生死，因此有「致良知」之說。後與門人於陽明書院講習致良知之學，嘉靖七年，忽發重病，安詳瞑目而逝。《傳習錄》爲門人徐愛所記載，另有《大學問》一書。

■內容梗概：

　　《傳習錄》爲王陽明的語錄和論學的書信，包含了王陽明主要的哲學思想，是研究陽明思想與「心學」發展不可或缺的資料。此書編撰者是王陽明的學生徐愛，他從正德七年（西元一

名言佳句
　‧為學大病在好名。〈薛侃錄〉
　‧人須有為己之心，方能克己。能克己，方能成己。〈薛侃錄〉

五一二年）開始，陸續記錄王陽明論學的談話，後取《論語》中的「傳不習乎」一句，命名爲《傳習錄》。《傳習錄》上卷曾經王陽明本人審閱；中卷收錄的書信出自王陽明本人的手筆；下卷雖然沒經過他本人的審閱，但較爲具體地解說他晚年的思想，並且記載重要的「四句教」。

■閱讀指導：

　　《傳習錄》一書反映了王陽明影響明代士人的心性之學，在中國的哲學史上佔有重要的地位。至今陽明學說仍然對當代的「新儒學」有著深刻的影響，本書的重要性也由此凸顯。閱讀此本哲學書籍，可說難度甚高，技巧上最好掌握幾個要點，以免誤入歧途。

　　首先，本書跟《論語》一樣都是語錄體，內容記載陽明先生和他人的問答，然而，和《論語》不同的是，陽明先生的學說有個前提，這前提跟宋儒學有關。朱熹的格物致知學說對其有很大的影響，其重點在「性即理」，講求知識的重要性。守仁早期也遍求朱熹的書，盡心研讀，實踐格物致知之理，如取竹研究，沉思竹理。格物的結果是失敗，守仁轉而向「孟子」、「陸象山」學習，提出「心即理」。提出這個前提在提醒讀者，理解問題和對話的內容時，不僅單單如《論語》般，除了注意提問者和問題，還要補充一些宋代儒學的知識。

　　其次，在認識閱讀過程，最好掌握一些關鍵字詞，進行歸

・知之真切篤實處，即是行；行之明覺精察處，即是知。知行工夫，本不可離。〈答顧東橋書〉

納以及思考，像上述的「心即理」。又如守仁不斷提及「心外無物」、「心外無事」。書中敘述一次眾人來到南鎮地方遊山，某個弟子指著山中的花樹問道：「天下無心外之物：如此花樹，在深山中自開自落，於我心亦何相關？」先生曰：「你未看此花時，此花與汝心同歸於寂；你來看此花時，則此花顏色一時明白起來，便知此花不在你的心外。」守仁的回答乃說明當未看花時，心不起作用，花也就沒有，只有看花時，花才能顯現出來。這段話不僅從心，也是從感覺來認識事物的存在，存在僅在人，人感萬物。或許，抓住命題的關鍵字詞並不容易，有時縱使抓住了也不見得真能理解文中意義，然而，至少這樣的方式較有條理，不會發生雜亂無章的情況。

最後，在理解作品精神或內涵，有時必須破除認知的局限，如「知行合一」，一般以為知行分指內在思維和外在行動，實際上，知指一念之始；行指意念之好壞，一種好惡愛憎的情感。文中所載：「見好色屬知，好好色屬行。只見那好色時，已自好了。不是見了後，又立箇心去好。聞惡臭屬知，惡惡臭屬行。只聞那惡臭時，已自惡了。不是聞了後，別立箇心去惡。」這段可以說明守仁的知行二字，跟一般人的認知有些差異。上述僅是一證，總之，若硬以個人的認知理解作品內涵，將無法深入守仁文中所闡述的真理，也無法明白他和程、朱的不同。

深入探索

→《陸象山全集──陽明傳習錄》，陸九淵、王守仁著，世界書局

→《王陽明──躬行實踐的儒者》，鄭吉雄著，幼獅文化

■精彩篇章推薦：

問：「知識不長進如何？」先生曰：「爲學須有本原。須從本原上用力，漸漸盈科而進。仙家說嬰兒亦善譬，嬰兒在母腹時，只是純氣，有何知識？出胎後，方始能啼，既而後能笑，又既而後該認識其父母兄弟，又既而後能立、能行、能持、能負。卒乃天下之事，無不可能。皆是精氣日足，則筋力日強，聰明日開，不是出胎日便講求推尋得來。故須有箇本原，聖人到位天地，育萬物，也只從喜怒哀樂未發之中上養來。後儒不明格物之說，見聖人無不知、無不能，便欲於初下手時講求得盡，豈有此理？」又曰：「立志用功，如種樹然。方其根芽，猶未有幹；及其有幹，尚未有枝；枝而後葉，葉而後花實。初種根時，只管栽培灌溉，勿作枝想，勿作葉想，勿作花想，勿作實想。懸想何益？但不忘栽培之功，怕沒有枝葉花實？」……

名家評介：

· 陳榮捷：「有明王學展播全國，支配國人精神思想百有餘年。其致良知與知行合一之旨，至今仍爲我國哲學一擎天高峰，而四句之教，聚訟數百載，火尚未闌。東渡而異地開花，于明治維新，給大生力。此強健思想之源泉，乃《傳習錄》也。」

· 錢穆將《傳習錄》列爲修養身性之必讀之書。

深入探索

→《王陽明與禪》，陳榮捷著，台灣學生書局

→《有無之境——王陽明哲學的精神》，陳來著，佛光出版社

11

『明夷待訪錄』

- 成書時間：清康熙二年
- 類別：政治散文

特色：中國最早批判君主專制的專著

■作者介紹：

　　黃宗羲（西元一六一〇年至西元一六九五年），字太沖，號南雷，稱梨州先生，浙江餘姚人，生於明萬曆三十八年，卒於清康熙三十四年，享年八十六歲。宗羲潛心學史，發憤讀書，從歷史中了解到古今得失的緣由，探究經世治國的實學。清朝的統治鞏固確立後，黃宗羲明白南明王朝不可能再恢復，便回到家鄉隱居，開始寫作和講學。其一生對於學術研究有很大貢獻，著作共有六十餘種，一千三百餘卷，內容涉及史學、政治、哲學、經學、詩文等多方面，最重要的有《明夷待訪錄》、《明儒學案》等。他與顧炎武、王夫之三人，同時稱爲明末三大思想家。

■內容梗概：

　　《明夷待訪錄》內有〈原君〉、〈原臣〉、〈原法〉、〈置相〉、〈學校〉、〈取士〉……等章，共二十一篇。此書是黃宗羲經政治的改朝換代、社會的大動亂後，對歷史進行深刻的反省之結晶，給了後世在治國安邦上諸多啓示。在這部治國的鉅

名言佳句

・天下之治亂，不在一姓之興亡，而在萬民之憂樂。
・天下為主，君為客。

作中，他做了全面性的探討，包括政治、經濟、法律、軍事、教育、文化等方面的反省和建議，加上他又是個明經通史的大儒，對當時政局的混亂憂心不已，因此此書可說是他結合了經學、史論、時務三者合一的代表作。

■閱讀指導：

此書是想要研究古代君主專制之弊病以及民本和大同思想者，不得不閱讀的好書。

全書開宗明義，就是批判君主專制的弊病，它的批判，有別於傳統的看法，是從最根本的著眼點去否定，爲此可上推先秦，舉出中國儒家經典本來就存有民本思想和大同思想。如在〈原君〉裡，其舉證《孟子》書中說：「民爲貴，社稷次之，君爲輕。」文中梨州先生更言中國最早的君主，是爲大眾謀福利而設立的，故那時的君主要比一般人更辛勤千萬倍。反觀後世的君主，違背設君王的本意，將天下視爲自己的私有財產，甚至憑藉著自己的權勢，毫無顧忌地貪圖個人享受和利益，也因此爲天下社會帶來了無窮的禍患。

梨州先生在此書中，不僅舉出古代存有的良好政治思想，對於一些制度以及法律也提出了見解，像是〈原法〉中，他反對「一家之法」而主張「天下之法」，認爲「有治法而後有治人」。黃宗羲在文中屢次猛烈地批評君主專制政體的弊病，像是說它公私不分，權利義務分配不公平，完全沒有公法可言。因

· 治天下者，既輕其賦斂矣，而民間之習俗未去，蠱惑不除，奢侈不革，則民仍不可使富也。
· 有明之無善治，自高皇帝罷丞相始也。

此，主張人權平等，廢除秦漢以來的「非法之法」，將專制體制改爲民本制度。此見解雖已有現代民主的精神，可惜在基本原理上，並未能理解法存在的不可避免性，空有民主精神而無民主實質，不過必須肯定的是，此見解在當時已屬難得。

爲了實踐其理想之制度，黃宗羲提出了一些具體建議，如賢能之士的採用，在〈置相〉中，認爲宰相一方面是賢人，一方面是有職權的人，因此「四方上書言利弊者……皆集焉，凡事無不得達。」而在〈田制〉中，黃宗羲主張恢復周朝井田制度，以「天下大公」的理念，認爲國家應先將土地收歸國有，然後再平均分發給農民耕種。這些見解不見得是對的，像共產均富的土地觀，將破壞現有的社會秩序，甚至也無法眞正達成均富（因爲所有人都同樣的窮困），然而此書在古代政治制度的弊病上，有了深度的反思，並表達其深惡痛絕之感，不遺餘力地加以批判。書中以夏、商、周三代爲政經昌平的理想境界，託古改制，期望一個國富民強的新世界，因此有人稱讚此書是中國近代民主主義思想的啓蒙書。

■**精彩篇章推薦：**

三代以上有法，三代以下無法。何以言之？二帝、三王，知天下之不可無養也，爲之授田以耕之；知天下之不可無衣也，爲之授地以桑麻之；知天下之不可無教也，爲之學校以興之；爲之婚姻以禮以防其淫；爲之卒乘之賦以防其亂。此三代

· 人主之有奄宦，奴婢也；其有廷臣，師友也。
· 有明之無善治，自高皇帝罷丞相始之。

以上之法也，固未嘗為一己而立也。後之人主，既得天下，唯
恐其祚命之不長也。子孫不能保有也，思患於未然以為之法。
然則其所謂法者，一家之法而非天下之法也。是故秦變封建而
為郡縣，以郡縣得私於我也；漢建庶孽，以其可以藩屏於我
也；宋解方鎮之權，以方鎮之不利於我也。此其法何曾有一毫
為天下之心哉，而亦可謂之法乎？……夫古今之變，至秦而一
盡，至元而又一盡，經此二盡之後，古聖王之所惻隱愛人而經
營者，蕩然無具；苟非為之遠思深覽，一一通變，以復井田、
封建、學校、卒乘之舊，雖小小更革，生民之戚戚終無已時
也。即論者謂有治人無治法，吾以謂有治法而後有治人。自非
法之法桎梏天下人之手足，即有能治之人，終不勝其牽挽嫌疑
之顧盼；有所設施，亦就其分之所得，安於苟簡，而不能有度
外之功名。使先王之法而在，莫不有法外之意存乎其間。其人
是也，則可以無不行之意；其人非也，亦不至深刻羅網，以害
天下。故曰有治法而後有治人。〈原法〉

名家評介：

· 梁啓超：「《明夷待訪錄》實為刺激青年最有力的興奮劑。我自己的
政治活動，可以說是受這部書的影響最早而最深。」《中國近三百年
學術史》

深入探索

→《忠臣孝子的悲願：明夷待訪錄》，董金裕編撰，時報文化出版社

【卷二】
歷史謀略

01 『左傳』

● 成書時間：約戰國初年
● 類別：史書

特色：先秦歷史散文的代表代（中國戰爭文學的鼻祖）

■作者介紹：

　　《左傳》的作者至今尚無定論，司馬遷和班固都認為是約與孔子同時的魯國史官左丘明所作。左丘明是誰？有人說是魯國史官，還有人說他是個盲人，關於他的生平並沒有記載流傳。唐代開始有人提出《左氏春秋》的「左氏」，並不是左丘明的看法，清代今文經學家則認為《左傳》其實是劉歆託名改編。近代學者根據傳文和記載史事的時間分析，主張作者是戰國初年的人，其收集各國史料，以《春秋》史為大綱編寫而成，作者應該不止一人。

■內容梗概：

　　《左傳》，又稱《春秋左氏傳》、《左氏春秋》，與《國語》並舉，別稱《春秋內傳》。全書共三十卷，是部編年體的歷史著作，內容大部分是傳注史事，敘述《春秋》經文重要的史事過程，並加以解釋議論。記事年代從魯隱公元年（西元前七二二年）直到魯哀公二十七年（西元前四六八年），比孔子《春秋》多記載十四年史事。此外，還附錄了魯悼公四年到十四年，

名言佳句
　・多行不義必自斃。〈隱公元年〉
　・儉，德之共也；侈，惡之大也。〈莊公廿三年〉
　・國將興，聽於民；將亡，聽於神。〈莊公卅二年〉

韓、趙、魏三家滅智伯的史事。

　　史料學方面，《左傳》一書擴充了孔子《春秋》記載的史事，內容相當豐富，不但記述魯國的歷史，還旁及同時代其他各國的事件。舉凡聘問、會盟、征伐、築城、婚喪、篡弒、族滅、出奔、鬼神……等，諸多社會現象、歷史變革，都是《左傳》拾取的資料，然後再透過各國史實的記述，反映當時的社會現實，因此若對春秋時代的文物制度方面有興趣者，此書提供了研究方面的許多珍貴資料。

　　《左傳》在敘事方面，非常注重完整敘述事件之過程與因果關係，這讓它除了史料學的價值外，也具有文學上的藝術成就。作者以簡單明瞭的文字，敘事平順而流利，將當日複雜的情勢與人物心理，用委婉的文筆、巧妙的辭令，生動活躍的呈現。文字的高度技巧，集中在外交辭令和戰爭的精彩描寫，如〈燭之武退秦師〉、〈展喜犒齊師〉……等，不僅人物鮮明，論述辭令更委婉縝密、精彩紛呈，都是膾炙人口的好作品。而對戰爭的描寫技巧更是《左傳》最為人稱道的特色，全書描寫戰事包括「城濮之戰」、「崤之戰」等大大小小共四百多場，均用細緻且因果詳細的筆觸，不僅戰爭的過程層次分明，結構縝密，避免許多實際敘述上的繁瑣，或以略筆帶過或以人物的對話來刻劃，都能夠馭繁化簡，掌握住事件的脈絡，詳實地記

・人誰無過？過而能改，善莫大焉。〈宣公二年〉
・懷必貪，貪必謀人；謀人，人亦謀己。〈宣公十四年〉
・華而不實，怨之所聚。〈文公五年〉

載，用字造句簡練準確且生動，對文字的駕馭可說已到達爐火純青的地步！敘事方面的成就，讓讀者不僅能把《左傳》當成一本通俗歷史小說來閱讀，觀看歷史的興盛衰亡，甚至藉此品味古人的戰爭智慧，而後運用至官場、商場等人際關係上。總之，《左傳》優秀的成就，不論在史學與文學方面可說是空前的，歷代有名的史家或文士都或多或少地受到其影響，像司馬遷論述前朝，也屢次引用了《左傳》的資料，由此可知其影響力。

■**精彩篇章推薦：**

　　穆公訪諸蹇叔。蹇叔曰：「勞師以襲遠，非所聞也。師勞力竭，遠主備之，無乃不可？師之所為，鄭必知之；勤而無所，必有悖心。且行千里，其誰不知！」公辭焉。……使出師于東門之外。蹇叔之子與師。哭而送之，曰：「晉人御師必于殽。殽有二陵焉：其南陵，夏后皋之墓也；其北陵，文王之所辟風雨也。必死是間，余收爾骨焉。」……晉原軫曰：「秦違蹇叔，而以貪勤民，天奉我也。奉不可失，敵不可縱。縱敵患生，違天不祥，必伐秦師。」欒枝曰：「未報秦施而伐其師，其為死加乎？」原軫曰：「秦不哀吾喪而伐吾同姓，秦則無禮，何施之為？吾聞之：『一日縱敵，數世之患也。』謀及子孫，可謂死君乎？」遂發命，遽興姜戎。……敗秦師于殽。……秦伯素服郊次，鄉師而哭曰：「孤違蹇叔，以辱二三子，孤

深入探索

→《左傳故事選》，郭丹，郭亞丹編著，國際少年村出版社

→《鎔裁文史的經典——左傳》，簡宗梧著，黎明出版社

之罪也；不替孟明，孤之過也。大夫何罪，且吾不以一眚掩大德。」〈秦晉郩之戰　僖公三十二至三十三年〉

名家評介：

- 劉知幾：「其言簡而要，其事詳而博。」《史通》
- 胡安國：「事莫備於《左傳》，例莫明於《公羊》，義莫精於《穀梁》。」
- 范寧：「左氏艷而富，其失也巫；穀梁清而婉，其失也短；公羊辯而裁，其失也俗。」
- 腴辭美句，跌宕不群，運筆傳神，縱橫自得，雖漢之馬（司馬遷）、班（班固），唐之韓（韓愈）柳（柳宗元），皆受其沾溉。

深入探索

→《春秋左傳今注今譯》（上、下），李宗侗注譯，台灣商務出版社

02
『孫子兵法』

● 成書時間：春秋時代
● 類別：中國哲學

特色：中國最知名且影響最為深遠的兵法書、世界古代第一兵書

■作者介紹：

孫子，名武，字長卿，春秋末齊國軍事家，生卒年不詳，僅知為陳國後裔，後轉至齊國，又因族人謀反而逃竄至吳國，再由伍子胥推薦，受吳王闔閭重用，相傳《孫子兵法》十三篇是他獻給吳王之作。

■內容梗概：

《孫子兵法》，又稱《孫子》，是本孫武一派兵家的著作，是古今中外最早的一部兵書，且理論體系完備，歷史影響深遠，現在所見的版本，為三國曹操刪定後編注。全書分十三個單元，各是〈計〉、〈作戰〉、〈謀攻〉、〈形〉、〈勢〉、〈虛實〉、〈軍事〉、〈九變〉、〈行軍〉、〈地形〉、〈九地〉、〈火攻〉、〈用間〉，可說總結春秋乃至戰國時代，各國之間長期爭戰的經驗，由此揭示了一些戰爭的規律和攻防守則，頗受古今中外軍事家的愛用。

名言佳句

· 知己知彼，百戰不殆；不知彼而知己，一勝一負；不知彼不知己，每戰必殆。〈謀攻篇〉

· 故五行無常勝，四時無常位，日有短長，月有死生。〈虛實篇〉

　　《孫子》一書編撰的起點，在歸納一些戰略守則，此從書本的篇名便可得知。然而除了軍事方面的用途，孫子所歸納的要點，同樣也適用於現代社會，並廣泛擴及各方面，書籍的功能性不再限於戰爭指導，甚至可以是：

　　一本情緒管理的好書。〈九地篇〉講戰場的環境，卻特別著重士兵在戰場上會產生什麼心理反應，文曰：「人情之理，不可不察。」這是認為人的思考方式、決策，影響著一件事情的結果。《孫子兵法》在情緒管理方面所提供的第一個觀念是「憤怒」。〈火攻篇〉說：「主不可以怒而興師，將不可以慍而致戰。」原文是說身為領袖，不能說心情不好，就大發脾氣，發動戰爭，為什麼呢？這是因為「怒可以復喜，慍可以復悅」，發完脾氣，明天依舊可以高高興興，國家若是亡了，就很難復興，因此人不能讓情緒影響戰爭，這樣也傷害了人命；除了「憤怒」，「情理得中」是「情緒管理」第二個要點。〈九變篇〉：「將有五危：必死可殺，必生可虜，忿速可侮，廉潔可辱，愛民可煩。」孫子認為身為將領有五種危險，從古至今不出此五種狀況。抱著必死的決心，容易被誘殺；有必生念頭，往往被俘擄；容易動怒，敵人就會激怒他，癱瘓戰鬥力；若愛惜名譽，會用「抹黑」方式對付；標榜「愛民」，就用人民騷擾他。這五種狀況，並非孫子要我們貪生怕死，而是身在戰場，就須注意別讓過多情緒影響判斷力，反倒被敵人所利用，管理

・故其疾如風，其徐如林，侵掠如火，不動如山，難知如陰，動如雷震。〈軍爭篇〉
・是故始如處女，敵人開戶，後如脫兔，敵不及拒。〈九地篇〉

好情緒，才能保持「平衡思考」，應對所有突發的狀況。

一本商場必勝的秘笈。人曰：「商場如戰場。」《孫子兵法》這本戰場必讀的大作，當然也可以是本商場必勝的秘笈。在許多地方，孫子說的是戰場，同樣適用於商場，如兵法所注意五種情況：「度」，國土面積大小；「量」，即國家物產的多寡；「數」，敵我雙方可能徵召和供養的兵力數量；「稱」，敵我雙方力量對比的權衡；「勝」，判斷勝負的可能性。此五種情況，也是商界應注意的部分，要打商業戰，得先了解對方的財力、產品、人力，並且衡量若硬碰硬，會有幾分勝算，正面交手對我方不利的話，該採取什麼樣的戰略，以便打贏這場戰役。

■**精彩篇章推薦：**

孫子曰：凡用兵之法，全國為上，破國次之；全軍為上，破軍次之；全旅為上，破旅次之；全卒為上，破卒次之；全伍為上，破伍次之。是故百戰百勝，非善之善也；不戰而屈人之兵，善之善者也。……故善用兵者，屈人之兵而非戰也。拔人之城而非攻也，破人之國而非久也，必以全爭于天下，故兵不頓，而利可全，此謀攻之法也。……故知勝有五：知可以戰與不可以戰者勝，識眾寡之用者勝，上下同欲者勝，以虞待不虞者勝，將能而君不御者勝。此五者，知勝之道也。故曰：知己知彼，百戰不殆；不知彼而知己，一勝一負；不知彼不知己，每戰必殆。〈謀攻篇第三〉

深入探索
→《與孫子兵法同步思考》，李安石著，商周出版社
→《孫子兵法》（彩圖精緻版），孫武著，好讀出版社

孫子曰：凡興師十萬，出征千里，百姓之費，公家之奉，日費千金。內外騷動，怠于道路，不得操事者，七十萬家。相守數年，以爭一日之勝，而愛爵祿百金，不知敵之情者，不仁之至也。……故用間有五：有因間，有內間，有反間，有死間，有生間。五間俱起，莫知其道，是謂神紀，人君之寶也。因間者，因其鄉人而用之。內間者，因其官人而用之。反間者，因其敵間而用之。死間者，爲誑事于外，令吾聞知之，而傳于敵間也。生間者，反報也。〈用間篇第十三〉

名家評介：

- 司馬遷：「世俗所稱師旅，皆道《孫子》十三篇。」《史記·孫子吳起列傳》
- 諸葛亮：「戰非孫武之謀，無以出其計運。」《便宜十六策·治軍》
- 松下幸之助：「商場就是戰場，買賣就是用兵。中國古代先哲孫子，是天下第一神靈，我公司職員必須頂禮膜拜，認眞背誦，靈活運用，公司才能興旺發達。」
- 美國「亞馬遜」網站評論：「如果人的一生只能讀一本書的話，那就應該是《孫子兵法》。」

深入探索

　→《孫子兵法生意經》，張覺明著，牧村出版社

　→《孫子兵法商學院》，孫武原著，諸葛靜一編著，易富出版社

03 『戰國策』

● 成書時間：西漢成帝時
● 類別：歷史散文

特色：國別體史書，戰國時期的史料匯編（長短縱橫之術）

■作者介紹：

劉向（約西元前七十七年至西元前六年），本名更生，字子政，西漢著名的經學家、目錄學家、文學家，其官終中壘校尉，在朝三十年。早年多從事辭賦寫作，有《九嘆》傳世。文章以〈諫營昌陵疏〉和〈戰國策敘錄〉最有名。此外另有《新序》、《說苑》和《列女傳》等著作，在典校古籍的時候，寫有《別錄》，後來由其子劉歆以此為基礎，寫成的《七略》，為我國目錄學之祖。成帝時整理編定的《戰國策》，是我國古代著名的史書之一，具有相當的文學價值。

■內容梗概：

《戰國策》一書最初名為《國策》，或名《國事》、《短長》、《長書》、《修書》，卷帙也錯亂沒有次序，經由劉向整理後並取名為《戰國策》，共三十三篇。全書以記載言論為主，記述從《春秋》以後，下到秦併六國楚、漢之興，共二百四十五年間的歷史。主要記述著戰國時期謀臣策士們遊說各國或互相論辯時所提出的政治主張或策略，從而保留了戰國時期二百餘

名言佳句

・弗知而言為不智，知而不言為不忠。〈秦策一〉
・貧窮則父母不子，富貴則親戚畏懼。人生世上，勢位富貴，蓋可忽乎哉！〈秦策一〉

年成敗興亡的風雲史事，並且反映當時諸國間複雜的情勢，與緊張懸宕的政治鬥爭。

■閱讀指導：

史學上，《戰國策》提供了豐富的史料，西漢司馬遷修撰《史記》，估計採用《戰國策》的資料共計有八、九十處。然而《戰國策》最精彩之處，在所收的遊說之士的縱橫之論，這不但反映了戰國時期的社會風貌和各國政治、經濟、軍事、外交的重大活動，也生動地記載了縱橫家們的機智善辯與聰明智慧，使讀者讀之如臨其境、如聞其聲、如見其貌，對當時的情境能有深刻的體會，如「三人成虎」是魏國大臣龐蔥將陪魏太子到趙國作人質，臨行前對魏王所說的一個小故事，故事簡單扼要，卻有深意，比喻謠言可以掩蓋真相，判斷一件事情的真偽，必須經過細心考察和思考，不能道聽塗說，否則恐將誤把謠言當成真實。由此可見這些謀臣策士的機智和善辯。觀看這些絕妙的縱橫之術，不僅可當成歷史故事，文學佳作，欣賞其流暢而犀利的語言、辛辣的筆調，又諸如狐假虎威、南轅北轍、鷸蚌相爭、亡羊補牢、畫蛇添足等寓言更可讓人思考自己的所作所為以及該如何用此思維幫助自己的事業和人際關係。

在寓言故事之外，《戰國策》的文章特點是善於說事，描述了不少辯論的場景，在個人陳述外也安排雙方辯論，兩者均極度誇張渲染，充分發揮各自所長，具有很強的說服力，如司

· 吾妻之美我者，私我也；妾之美我者，畏我也；客之美我者，欲有求於我也。〈秦策一〉
· 謀洩者事無功，計不決者名不成。〈秦策一〉

馬錯和張儀爭論於秦惠王前。兩人針對討伐一事發表意見，再由秦惠王做最後的定奪，其論說各有各自的論點和依據，表現了論辯的特點。這項特點恰好讓閱讀《戰國策》者學習到辯論的技巧，並且從中發覺自己推論時常犯的錯誤弊病，之後如何防備他人以此攻擊己方，或者該用何種角度方式說服他人。可以說，沒有一本書比《戰國策》更適合擔任如何教授謀辯，甚至估計形勢、分析利害。

■精彩篇章推薦：

　　天下合從。趙使魏加見楚春申君曰：「君有將乎？」曰：「有矣，僕欲將臨武君。」魏加曰：「臣少之時好射，臣願以射譬之，可乎？」春申君曰：「可。」加曰：「異日者，更贏與魏王處京臺之下，仰見飛鳥。更贏謂魏王曰：『臣為王引弓虛發而下鳥。』魏王曰：『然則射可至此乎？』更贏曰：『可。』有間，雁從東方來，更贏以虛發而下之。魏王曰：『然則射可至此乎？』更贏曰：『此孽也。』王曰：『先生何以知之？』對曰：『其飛徐而鳴悲。飛徐者，故瘡痛也；鳴悲者，久失群也，故瘡未息，而驚心未至也。聞弦音，引而高飛，故瘡隕也。』今臨武君，嘗為秦孽，不可為拒秦之將也。」〈楚策四‧驚弓之鳥〉

・士為知己者死，女為悅己者容。〈趙策一〉
・論至德者，不和於俗；成大功者，不謀於眾。〈趙策二〉
・明主者，務聞其過，不欲聞其善。〈燕策一〉

名家評介：

- 李格非：「《戰國策》所載，大抵皆從橫捭闔譎誑相軋奪之說也。其事淺陋不足道，然而人讀之，則必善其說之工，而忘其事之陋者，文辭之勝者，移之而已。」

- 章學誠：「戰國者縱橫之世也。……觀春秋之辭命，列國大夫，聘問諸侯，出使專對，蓋欲文其言以達旨而已。至戰國而抵掌揣摩，騰說以取富貴，其辭敷張而揚厲，變其本而加恢奇焉，不可謂非行人辭命之極也。……縱橫者流，推而衍之，是以能委折而入情，委婉而善諷也。」

深入探索
- → 《戰國策的權謀：一生必備的成功聖經》，小知堂文化整理，小知堂文化
- → 《中國古典寓言故事——戰國策》，陳萬益文，陳粵豪圖，台灣書店

『呂氏春秋』

- 成書時間：約秦王政六年
- 類別：先秦哲學

特色：包羅萬象的思想大雜燴

■作者介紹：

據《史記・呂不韋列傳》的記載，《呂氏春秋》是呂不韋集合門下賓客集體編寫而成的，因此本書基本上可說反映了呂不韋本人的思想。

呂不韋（？至西元前二三六年），濮陽人，陽翟富商，在邯鄲經商時，認識秦公子子楚，認爲「奇貨可居」，利用子楚進行政治投機。子楚稱王，在位三年便駕崩，政（即秦始皇）接位登基，尊呂不韋爲相國，號稱「仲父」。時秦王政年幼，呂不韋實爲秦之掌權者，執政長達十三年，直至秦王政十年，以呂不韋與嫪毐叛亂爲藉口，免去他的相位，令他回到河南封地去閒居。一年餘後，秦王政再下令，將呂不韋遷居蜀地，在赴蜀途中，其喝下酖酒而死。《呂氏春秋》一書，則是呂不韋廣攬各家所書寫的要書，表達其雜家之思想。

■內容梗概：

《呂氏春秋》又稱《呂覽》，全書分〈十二紀〉、〈八覽〉、〈六論〉三個部分，共二十六卷，子篇一百六十篇，分篇極爲謹

名言佳句

- 始生之者，天也；養成之者，人也。〈孟春紀第一・本生〉
- 人之少也愚，其長也智，故智用而私，不若愚而用公。〈孟春紀第一・貴公〉

嚴。思想上雖以儒家思想為主，對於道、名、法、墨、農、陰陽諸家思想，也兼容並蓄，因此《漢書‧藝文志》將它列入雜家類。本書三部分的體例相當一致，雖然各有側重，實則緊密相連，每卷所含的篇數完全一致（除〈有始覽〉），每篇的字數也大體相當。如嚴格按照預定的藍圖，並集合多人的智慧，有計畫的寫成。

■閱讀指導：

　　《呂氏春秋》出於眾人之手，全書也非一家之學，內容可說是相當廣泛，從天體的運行到耕作的雜瑣，從渾沌蒙昧的初民生活，到未來社會的理想藍圖，一一囊括，相當於一部先秦的百科全書，如書中提到教學之方，有〈勸學〉、〈尊師〉、〈善學〉等篇章；論及農事則有〈上衣〉、〈任地〉等篇；崇尚養生有〈貴生〉、〈情欲〉、〈審分〉等篇，幾乎先秦各家學說的要點，《呂氏春秋》均有深入的討論。無怪乎，《呂氏春秋》成書時，呂不韋相當得意，甚至藉著「書布咸陽城，一字賞千金」的方式來炫燿如日中天的權勢與出眾的才智，本書的可觀性也可見一斑。

　　書中的文章不僅沉博絕麗，語言整齊簡練，每篇通常以議論作為開頭方式，接著再舉例證明，博引事實，比喻說明之，然後又回到原來的立論點，這樣首尾一貫、條理分明的解說方式，讓篇幅不長的文章富有形象性，邏輯和說服力也都夠強。

・天地萬物，一人之身也，此之謂大同；眾耳目鼻口也，眾五穀寒暑也，此之謂眾異。則萬物備也。〈有始覽第一‧有始〉
・察己則可以知人，察今則可以知古。〈慎大覽第三‧察今〉

如〈察今〉篇，文章的開端先討論法先王的議題，在文章的後半段，其為了論證變法的合理性，例舉了一個小故事，文曰：「楚人有涉江者，其劍自舟中墜於水，遽契其舟曰：『是吾劍之所從墜。』舟止，從其所契者入水求之。舟已行矣，而劍不行，求劍若此，不亦惑乎？」此即著名的「刻舟求劍」，文末再次用其父善於游泳，其子不見得善游的話語，強調法具有變通性。

本書的特點為語言生動，善用寓言說理，且整理先秦各家學說之核心。然而，其學說不見得僅歸納各家之說，有時，甚至提出完全相反之意見，如〈高義〉說道：荊昭王時，有個人名石渚，為人公直無私，某日，追蹤嫌犯發現兇手竟是自己的父親，心中不忍逮捕父親伏法，於是向王請求賜死，王不肯答應，石渚遂行自刎，文末對石渚的評價為「忠且孝」。此文有意藉由編造，推翻《論語》「其父攘羊」的故事，塑立新意。

■精彩篇章推薦：

宋人有取道者，其馬不進，倒而投之溪水。又復取道，其馬不進，又倒而投之溪水，如此者三，雖造父之所以威馬，不過此矣！不得造父之道，而徒得其威，無益于御。人主之不肖者有似于此。不得其道而徒多其威，威愈多，民愈不用。〈用民篇十九卷〉

戎夷違齊如魯，天大寒而後門，與弟子一人宿于郭外。寒

· 私視使目盲，私聽使耳聾，私慮使心狂。〈序意〉
· 不知而自以為知，百禍之宗也。〈謹聽〉
· 君子責人則以人，自責則以義。〈舉難〉

愈甚，謂其弟子曰：「子與我衣，我活也；我與子衣，子活也。我，國士也，爲天下惜死；子，不肖人也，不足愛也，子與我子之衣。」弟子曰：「夫不肖人也，又惡能與國士之衣哉？」戎夷太息嘆曰：「嗟乎！道其不濟夫！」解衣與弟子，夜半而死，弟子遂活。謂戎夷其能必定一世，則未之識。若夫欲利人之心，不可以加矣！達乎分仁愛之心識也。故能以必死見其義。〈長利篇二十卷〉

名家評介：

· 許維遹：「夫《呂覽》之爲書，網羅精博，體制謹嚴，析成敗升降之數，備天地名物之文，總晚周諸子之精英，薈先秦百家之眇義，雖未必一字千金，要亦九流之喉襟，雜家之管鍵也！」

· 高誘：「此書所尚，以道德爲標的，以無爲爲綱紀，以忠義爲品式，以公方爲檢格，與孟軻、孫卿、淮南、揚雄相表裡也。」〈呂氏春秋序〉

· 陳奇猷：「《呂氏春秋》成於各家各派之手，紀述先秦學術資料，極其豐富，且有不少早已湮沒之家派，賴此得以保存，誠爲研究先秦史哲十分重要之著作。」《呂氏春秋校釋》

深入探索

→《縱橫政商的大謀略家──呂不韋》，史源編著，好讀出版社

→《呂氏春秋今註今譯》，林品石註譯，台灣商務出版社

→《中國古典寓言故事──呂氏春秋》，吳璧雍文，陳秋松圖，台灣書店

→《公孫龍、呂不韋、韓非、陸賈》，文化會、王壽南主編，台灣商務出版社

05 『淮南子』

●成書時間：西漢武帝建元二年前
●類別：中國哲學（雜家）

特色：綜合先秦各家哲學和道家神仙思想的混合之作

■作者介紹：

劉安（西元前一七九年至西元前一二二年），沛縣（今江蘇豐縣）人，淮南厲王劉長的長子，漢高祖劉邦的孫子。劉安善於寫文章詞賦，曾作《離騷傳》，是為《離騷》作注的第一人；此外劉安更喜好讀書、做學問，廣泛網羅天下有才之士（此學習戰國的門客之風），許多身具特殊才能者都入其門下，為其服務。劉安不僅富有文才，又善於治理政務，頗受漢武帝的器重。可惜兩人因劉的門客企圖謀反，關係不但變得緊張，淮南王甚因此自殺而亡。因為劉安生前十分喜好講求道術，於是民間對他的死有諸多說法，其中「雞犬升天」最為盛傳。

■內容梗概：

《淮南子》是劉安及其門下客蘇飛、李尚、左吳、田由、雷被、毛被、伍被、晉昌及儒者大山、小山等人編撰，共有二十一卷，各是〈原道訓〉、〈俶真訓〉、〈天文訓〉……等篇，內容講論先秦各家學說，綜合儒、法、墨等哲學思想，貫穿書本中心的則是道家的「自然天道觀」，此書既有前人的宇宙觀和傳

名言佳句
．事之成敗，必由小生。
．臨淵羨魚，不如退而結網。

說，也載錄醫學、煉丹術、物理學、天文學等許多自然科學類的知識領域。至今，人們口中所使用的「二十四節氣」和「塞翁失馬，焉知非福」、「精衛塡海」……等都是出自《淮南子》。

■閱讀指導：

　　某些知識份子自認的文人職責，是將好的或者重要的知識、思想保存下來，劉安即是這樣的一個人，《淮南子》就是這樣的一本書，因此，以綜合和總結過去各種學說的角度來閱讀此書，是絕佳的選擇。例如，「洞同天地，渾沌爲樸，未造而成物，謂之太一。同出於一，所爲各異；有鳥，有魚，有獸，有蟲，謂之〔分〕方物。方以類別，物以群分，性命不同，皆形於有，隔而不通，分而爲萬物，莫能〔及〕反宗。故動而謂之生，死而謂之窮，皆爲物矣，非不物而物物者也，物物者亡乎萬物之中。」從這一段，我們可以見到當時對先秦「名實之辯」的繼承和總結（備註：這部分道家由虛而實的意味頗重）。此書共有二十一卷，每卷之題可說明確標出此一類別之重要知識爲何，像〈天文訓〉中講述宇宙以及自然生成的內容（「天地之襲精爲陰陽，陰陽之專精爲四時，四時之散精爲萬物。積陽之熱氣生火，火氣之精者爲日；積陰之寒氣爲水，水氣之精者爲月。日月之淫爲精者爲星辰。天受日月星辰，地受水潦塵埃。」）。

・未發號施令而移風易俗者，其唯心行者乎！
・禍與福同門，利與害爲鄰，非神聖人，莫之能分。

《淮南子》不僅保存和反映重要的知識、思想，其中另外吸引人的還有神話、寓言範疇。我們都知道嫦娥奔月的故事，她偷吃了后羿向西王母所求的「不死之藥」，結果奔向月宮，《淮南子・覽冥訓》中就有這段記載（「羿請不死之藥於西王母，姮娥竊以奔月，悵然有喪，無以續之。何則？不知不死藥所由生也。」）；又如《淮南子・人間訓》：「近塞上之人有善術者，馬無故亡而入胡，人皆弔之，其父曰：『此何遽不爲福乎？』……」此段描述也就是我們熟知的「塞翁失馬，焉知非福」的寓言故事。將此書當成一本神話寓言的書籍，雖然有誇大之嫌疑，卻不可磨滅作品中有這類性質的撰寫內容。

　　最後附帶提醒一下，要直接閱讀此書也行，然而，建議最好先培養先秦思想的基礎，否則嚴格來說，此書因繼承和總結的範疇太廣，雖然統合過，依舊顯得博雜，若無思想根基，讀之，可能會覺得食之無味，當然也無法融會貫通。

■精彩篇章推薦：

　　昔者，宋人好善者，三世不解。家無故而黑牛生白犢，以問先生，先生曰：「此吉祥，以饗鬼神。」居一年，其父無故而盲，牛又復生白犢，其父又復使其子以問先生。其子曰：「前聽先生言而失明，今又復問之，奈何？」其父曰：「聖人之言，先忤而後合。其事未究，固試往復問之。」其子又復問先生，先生曰：「此吉祥也，復以饗鬼神。」歸致命其父，其父

・夫飛鳥主巢，狐狸主穴，巢者巢成而得棲焉，穴者穴成而得宿焉。趨舍行義，亦人之所棲宿也，各樂其所安，致其所蹠，謂之成人。

曰：「行先生之言也。」居一年，其子又無故而盲。其後楚攻宋，圍其城。當此之時，易子而食，析骸而炊，丁壯者死，老病童兒皆上城，牢守而不下。楚王大怒，城已破，諸城守者皆屠之。此獨以父子盲之故，得無乘城。軍罷圍解，則父子俱視。夫禍福之轉而相生，其變難見也。近塞上之人有善術者，馬無故亡而入胡，人皆弔之。其父曰：「此何遽不為福乎！」居數月，其馬將胡駿馬而歸，人皆賀之。其父曰：「此何遽不能為禍乎！」家富良馬，其子好騎，墮而折其髀，人皆弔之。其父曰：「此何遽不為福乎！」居一年，胡人大入塞，丁壯者引弦而戰，近塞之人，死者十九，此獨以跛之故，父子相保。故福之為禍，禍之為福，化不可極，深不可測也。或直於辭而不害於事者，或虧於耳以忤於心而合於實者。高陽魋將為室，問匠人。匠人對曰：「未可也。木尚生，加塗其上，必將撓。以生材任重塗，今雖成，後必敗。」高陽魋曰：「不然。夫木枯則益勁，塗乾則益輕。以勁材任輕塗，今雖惡，後必善。」匠人窮於辭，無以對，受令而為室。其始成，朐然善也，而後果敗。此所謂直於辭而不可用者也。何謂虧於耳、忤於心而合於實？靖郭君將城薛，賓客多止之，弗聽。靖郭君謂謁者曰：「無為賓通言。」齊人有請見者曰：「臣請道三言而已。過三言，請烹。」靖郭君聞而見之，賓趨而進，再拜而興，因稱曰：「海大魚。」則反走。靖郭君止之曰：「願聞其說。」賓曰：「臣不敢以死為熙。」靖郭君曰：「先生不遠道而至此，

・至美之味不膩，至善之言不飾，至快之事不笑，至善之樂無噪音，大匠不斲，最佳之庖丁不加味，具最高之勇氣者不欲人爭。

為寡人稱之！」賓曰：「海大魚，網弗能止也，釣弗能牽也。蕩而失水，則螻蟻皆得志焉。今夫齊，君之淵也。君失齊，則薛能自存乎？」靖郭君曰：「善。」乃止不城薛。此所謂虧於耳、忤於心而得事實者也。……〈人間訓〉

名家評介：

· 沈德鴻：「《淮南子》本非一人撰著，立一家之言。雖大意是歸宗於老子道德之旨，然通視全書，則駁雜殊甚。道應篇引老子語而以古事為例證，頗似《韓非子》的〈解老〉、〈喻老〉二篇。〈說林〉、〈說山〉、〈人間〉諸篇多記古事，亦類乎韓非的〈說林〉和〈內外儲說〉等篇。〈時則篇〉大概同於《呂覽》〈月令〉和《禮記》〈月令〉。〈地形篇〉可說是《山海經》的縮本。〈天文〉、〈兵略〉諸篇也可說是漢以前說天論兵的學說的會要。」

· 任繼愈：「劉安及其賓客立意編纂此書，包含著個人和社會兩方面的動機。從個人講，是為了探究避禍求福、養生保身之道。……從社會講，作者要總結先秦和秦漢以來治亂興衰的經驗教訓，探尋天道、人事的規律，為封建統一大帝國的長遠統治，提供一個較為完備的理論學說。」

深入探索

→ 《淮南子》，劉安著，三民書局
→ 《淮南子：神仙道家》，劉安原著，時報文化出版社

『史記』

- 成書時間：約漢武帝年間
- 類別：古典散文

特色：中國第一部紀傳體通史

■作者介紹：

　　司馬遷（西元前一四五年至西元前九〇年），字子長，夏陽（今陝西韓城），代表作是耳熟能詳的《史記》，他是偉大的歷史家，同時也是傑出的散文家和優秀的史傳文學家。他有廣闊的遊歷經驗，搜集諸多的古代文物史料和歷史故事，考察各地的社會風俗和經濟面貌、山川形勢和物產情況，這些寶貴的體驗以後都揉合在《史記》的寫作。曾被處以宮刑，卻於此處境中發憤著書，終於寫出《史記》，完成不朽著作。

■內容梗概：

　　《史記》的記事，上起軒轅，下至漢武帝太初年間，是一部紀傳體的通史，它包括十二本紀敘帝王，十表繫時事，八書詳制度，三十世家記諸侯，七十列傳誌人物五個部分，共一百三十篇，五十二萬字，為一部體大思精、前無古人的歷史巨著，不僅是單純記錄史事，更反映出三千多年的政治、經濟、文化等各方面的發展過程，盡力地描繪各種事件的真實面貌，它也是我國文學史上最偉大的文學著作之一。

名言佳句

- 夫物不產於秦，可寶者多；士不產於秦，而願忠者眾。今逐客以資敵國，損民以益讎，內自虛而外樹怨於諸侯，求國無危，不可得也。〈李斯列傳〉
- 燕雀安知鴻鵠之志哉！〈陳涉世家〉

　　《史記》以「紀傳」方式寫人，跟以往從「事件」或「時間」的角度寫歷史，如《春秋》、《國語》、《左傳》等書，觀點上有很大的不同，凸顯出人類在歷史發展上所扮演的重要角色，承認歷史乃由人所組成和創造。司馬遷筆下所寫之人不限定「王公貴族」，舉凡與政治、經濟、文化、科學或其他方面對社會有貢獻之人，都為其立傳，因此在《史記》可看到教育家、文學家、農民、商人、隱士、婦女、倡優、刺客、俠士等社會各階層的傳記，不論傳者身分是否卑微低賤，均具有栩栩如生的形象，不僅顯現司馬遷眼光之宏觀，也讓人認識到特定歷史下所產生的人物，如〈項羽本紀〉中的項羽。這些清楚的傳記脈絡和鮮明形象，讓後來的小說以及戲曲家很喜歡從《史記》找尋創作的素材。

　　《史記》除了是本寫人的佳作，作品也是本鑒察歷史觀、觀察歷史變化規律的好書，雖然司馬遷曾言「究天人之際，通古今之變，成一家之言」，在態度上也「原始察終」，推究它的來龍去脈，然後才下筆書寫，可是身為一個人，觀念仍會影響作者如何推論事件的發展和人物的性格。此書的歷史觀念在於，歷史進化關鍵是人而非神或自然，雖然受時代限制讓作者無法全然否定天神存在，但從書中作者給予推翻秦朝的人物很高的歷史地位，如陳涉、項羽，就可知其肯定歷史需要改進。變的

・忠言逆耳利於行，毒藥苦口利於病。運籌策帷帳中，決勝千里外！〈留侯世家〉
・智者千慮，必有一失，愚者千慮，必有一得。〈淮陰侯列傳〉
・狡兔死，走狗烹；高鳥盡，良弓藏；敵國破，謀臣亡。〈淮陰侯列傳〉

動力不在天，而是在人爲的因素，歷史發展的規律是人爲了追求更穩定的生活，而非天要改變人事。由此史觀推論，作者的政治態度爲反對暴君、孽臣、豪強、酷吏等人物對百姓之欺壓，關懷民生之疾苦，故傳記中對於一些在國家和社會、人民方面有過貢獻或犧牲的人物均給予相當高的評價，也就十分地自然。

從《史記》可學到人的重要性、得知歷史觀和觀察歷史規律外，作者在敘述複雜的歷史事件基礎上，鋪陳一條清晰的路數，從中無情地揭露了社會的衝突，散發出一種強烈的悲劇性，故讀《史記》也可讀到社會的人情冷暖，學習該如何應對和面對所有困境。

■精彩篇章推薦：

韓取聶政屍暴於市，購問莫知誰子。於是韓縣〔購〕之，有能言殺相俠累者予千金。久之莫知也。政姊榮聞人有刺殺韓相者，賊不得，國不知其名姓，暴其尸而縣之千金，乃於邑曰：「其是吾弟與？嗟乎，嚴仲子知吾弟！」立起，如韓，之市，而死者果政也，伏尸哭極哀，曰：「是軹深井里所謂聶政者也。」市行者諸眾人皆曰：「此人暴虐吾國相，王縣購其名姓千金，夫人不聞與？何敢來識之也？」榮應之曰：「聞之。然政所以蒙污辱自棄於市販之閒者，爲老母幸無恙，妾未嫁也。親既以天年下世，妾已嫁夫，嚴仲子乃察舉吾弟困污之中

・高山仰止，景行行止，雖不能至，心嚮往之。〈孔子世家〉
・以色事人者，色衰而愛弛。〈呂不韋列傳〉
・一死一生，乃知交情。一貧一富，乃知交態。一貴一賤，交情乃見。〈汲鄭列傳〉

而交之，澤厚矣，可奈何！士固爲知己者死，今乃以妾尚在之故，重自刑以絕從，妾其奈何畏歿身之誅，終滅賢弟之名！」大驚韓市人。乃大呼天者三，卒於邑悲哀而死政之旁。晉、楚、齊、衛聞之，皆曰：「非獨政能也，乃其姊亦烈女也。鄉使政誠知其姊無濡忍之志，不重暴骸之難，必絕險千里以列其名，姊弟俱僇於韓市者，亦未必敢以身許嚴仲子也。嚴仲子亦可謂知人能得士矣！」〈刺客列傳〉

名家評介：

- 魯迅：「史家之絕唱，無韻之《離騷》。」
- 梁啓超：「諸體雖非皆遷所創，而實集其大成，兼綜諸體而調和之，使互相補而各盡其用，此足徵遷組織力強而文章技術之妙也。」《中國歷史研究法》
- 趙翼：「自此例一定，歷代作史者，遂不能出其範圍，信史家之極則也。」〈廿二史劄記卷一〉

深入探索
→《史記選注》，司馬遷原著，韓兆琦選注，里仁書局
→《史記菁華錄》，清姚祖恩編著，聯經出版社
→《史記故事》，王越然編著，國家出版社
→《少年上戰場》，礒村生得著，李英茂譯，晨星出版社

07 『漢書』

● 成書時間：漢章帝建初七年
● 類別：歷史散文

特色：第一部紀傳體的斷代史

■作者介紹：

　　班固（西元三二年至西元九十二年），字孟堅，東漢扶風安陵（今陝西咸陽東）人。其出生書香門第，能博通九流百家之言。父親班彪是當時著名的儒學大師，他不滿當時許多的《史記》續作，故「采前史遺事，旁貫異聞」作《後傳》六十五篇，企圖為《史記》作續。班固後因父喪回故鄉，開始整理班彪的《後傳》，之後私自編纂《漢書》，被告發入獄。明帝對他的文筆才華相當賞識，讓他繼續《漢書》編輯。其畢生的心血，全在《漢書》一書的編纂。

■內容梗概：

　　《漢書》一書的編纂，共歷時二十五年之久才完成。全書包括本紀、表、志、列傳，共計一百篇，經歷班彪、班固、班昭、馬續四個人之手。書從漢高祖劉邦起義反秦，到新朝王莽敗亡為止，是一本紀傳體斷代史書，基本架構以儒家正統思想來評價歷史事件和人物，全面地反映西漢一代的歷史。

名言佳句

・大風起兮雲飛揚，威加海內兮歸故鄉，安得猛士兮守四方。〈高帝紀下〉
・富貴不歸故鄉，如衣錦夜行。〈項籍傳〉
・安不忘危，存不忘亡，是以身安而國家保也。〈楚元王傳〉

■閱讀指導：

《漢書》是一部西漢的單元連續劇，班固藉各自獨立的單線組織成一幅宏大的社會寫實網。稱之為單元劇，是因為《漢書》寫了許多相當傳神的傳記，例如〈朱買臣傳〉。朱買臣未宦時，家境貧寒，好讀書，不治產業，常以打柴為生。他挑擔賣柴時還邊誦讀詩書。他的妻子跟在後邊，多次勸阻，以免為路人恥笑。朱買臣不聽勸阻，反而提高聲音。他的妻子感到很羞愧，要求與他離婚。朱買臣笑著說：「我五十歲就要富貴，今已四十歲。過了這麼多年苦日子，等我富貴後再報答妳。」他的妻子發怒說：「像你這種人，終究要餓死溝中，怎麼還能富貴！」朱買臣留她不住，只好任她離婚改嫁。此篇傳記刻劃了知識份子在貧苦富貴不同的環境中，表現其精神面貌，並透過旁人不同的對待方式，諷刺世態炎涼的社會現象，不就如同現在電視常播放的單元劇，具有濃厚的寫實味道和教育意義嗎？（李白為此傳寫過一首詩：雨落不上天，覆水難再收。君情與妾意，各自東西流。）除此傳外，〈霍光傳〉將外戚的專橫暴虐與魚肉百姓的罪行，全無所遁形地記載下來；〈張禹傳〉寫張禹的虛偽狡詐，善於阿諛取寵以保其權位，文字看似不動聲色卻能入木三分；還有最為人傳誦的李陵和蘇武的傳記〈李廣蘇建傳〉，這些都是描寫西漢社會政治風貌的歷史劇。

另外，不但可以把《漢書》當歷史劇來讀，也可以觀察古代的女子地位。漢代貴族婦女在婚姻關係和家庭生活中跟後代

．亡國之大夫不可以圖存，敗軍之將不可以語勇。〈韓信傳〉
．欲人勿聞，莫若勿言；欲人勿知，莫若勿為。〈枚乘傳〉
．忠言逆耳利於行，毒藥苦口利於病。〈張良傳〉

女性相比，佔據較高地位，不僅可以被封侯，甚至還能參與政治，此外，雖有和親等貶抑女子的政策，寡婦或離婚再嫁的事情卻都屬平常之事，像朱買臣的妻子，湖陽公主更勇於追求有婦之夫，雖然引來對方（宋弘）的拒絕之語：「貧賤之知不可忘，糟糠之妻不下堂。」但由此可見西漢女子大膽追求男子的行徑。

　　班固喜歡使用古字的習慣雖然令人在閱讀上不如《史記》容易，加上他不時以官方立場來評價人物，整體視野較司馬遷狹窄，卻提供不少漢代史料，對想要了解西漢政治、社會、文化、經濟、外交史的人來說，仍是部不可不讀的書籍，可以與《史記》相互參照。

■精彩篇章推薦：

　　律曰：「蘇君，律前負漢歸匈奴，幸蒙大恩，賜號稱王，擁眾數萬，馬畜彌山，富貴如此。蘇君今日降，明日復然，空以身膏草野，誰復知之？」武不應。律曰：「君因我降，與君為兄弟，今不聽君計，後雖欲復見我，尚可得乎？」武罵律曰：「女為人臣子，不顧恩義，畔主背親，為降虜於蠻夷，何以女為見？且單于信女，使決人死生，不平心持正，反欲鬥兩主，觀禍敗。南越殺漢使者，屠為九郡；宛王殺漢使者，頭懸北闕；朝鮮殺漢使者，即時誅滅。獨匈奴未耳。若知我不降明，欲令兩國相攻，匈奴之禍從我始矣！」律知武終不可脅，

深入探索
→《漢書窺管》，楊樹達著，世界書局
→《新校漢書集注》，班固、顏師古著，世界書局

白單于。單于愈益欲降之，乃幽武置大窖中，絕不飲食。天雨雪，武臥齧雪與旃毛并咽之，數日不死，匈奴以為神，乃徒武北海上無人處，使牧羝，羝乳乃得歸。別其官屬常惠等，各置他所。武既至海上，廩食不至，掘野鼠去中實而食之。杖漢節牧羊，臥起操持，節旄盡落。積五六年，單于弟於軒王弋射海上，武能網紡繳，檠弓弩，於軒王愛之，給其衣食。三歲餘，王病，賜武馬畜、服匿、穹廬。王死後，人眾徒去。其冬，丁令盜武牛羊，武復窮厄。〈李廣蘇建傳第二十四〉

名家評介：

· 范曄：「遷文直而事覈，固文贍而事詳。」
· 范曄：「固自永平中始受詔，潛精積思二十餘年，至建初中乃成，當世甚重其書，學者莫不諷誦焉。」〈後漢書·班固傳〉

深入探索
→《漢書》，班固著，台灣商務出版社

08 『三國志』

● 成書時間：西晉初年
● 類別：歷史

特色：辭多勸戒，明乎得失，有益風化

■作者介紹：

陳壽（西元二三三年至西元二九七年）字承祚，巴西安漢人（今四川南充），曾在蜀漢擔任衛將軍主簿、東觀秘書郎、散騎黃門侍郎等官職，後來受到當朝的權貴排擠，因而離開官場，蜀漢滅亡後，也曾在西晉朝中，擔任過著作郎、長平太守、治書侍御史……等官職。少年時，便有志於從事寫作史書的事業，是史學家譙周的弟子，對《尚書》、《春秋》三傳、《史記》、《漢書》……等史學名著都曾進行深入的研究。蜀漢亡國後，他採集史料完成了《蜀書》，並參考王沈《魏書》、韋昭《吳書》和魚豢的《魏略》，加以整理而成今日所見的《三國志》。除此之外，陳壽另著有《益都耆舊傳》、《古國志》等書，整理篇輯《諸葛亮集》，可惜這些書大多亡佚。

■內容梗概：

《三國志》完成於西晉統一全國不久，共六十五卷，分為《魏書》三十卷、《蜀書》十五卷、《吳書》二十卷。此史書原本是各自單行為《魏》、《蜀》、《吳》三書，一直到了北宋雕

名言佳句
．我大權在手，想幹啥就幹啥，天下人誰敢不服。

板，才合爲一本書，並且改稱爲《三國志》。全書記載的史事從東漢末黃巾之亂開始，到西晉滅吳之間將近一百年的歷史。三本書分開是各自獨立的國別史，合起來爲整個三國史，用三國並敘的方式，反映了三國鼎立的歷史局面。此種寫史方式，對後代史書的編寫產生了一定程度的影響，如唐初李延壽編寫《南史》、《北史》；元朝修宋、遼、金三史，都深受《三國志》體例的影響。

■閱讀指導：

「正史」中位列在《史記》、《漢書》後的第三名，相信要屬《三國志》了。閱讀這部小有名氣之史著的方法，筆者則有以下幾點建議。

首先，敘事脈絡方面。若跟其他大部頭的「正史」相比，《三國志》在篇幅上嬌小許多，卻無傷於它全面地將三國時期的政治變遷、軍事形勢、歷史沿革等呈現在讀者的面前。大體上來說，陳壽以《魏書》的記載串連起整個歷史的大事，並作爲全書的總綱，再分別以《魏》、《蜀》、《吳》三書，記述三國鼎立的開端、發展與結束。因此，我們可以看到清楚的條理脈絡，從黃巾之亂、董卓與群雄的併起，接著官渡之戰後，曹操竄起，赤壁戰確立了三國鼎立及後蜀連吳以抗曹魏的長期局面，其中細部的轉折：如諸葛亮之死，象徵蜀漢政局衰弱的標誌；孫權晚年好殺，埋下敗亡的危機……等，可說整個三國時

・寧願讓我負天下人，不教天下人負我。

代興衰敗亡的脈絡十分清楚。

　　其次，人物細寫方面。《三國志》在人物描繪方面，承接了《史記》、《漢書》的優點，雖然著墨不算多，卻栩栩如生。舉例來說，作品中，我們可以讀到名醫「華佗」行醫救人之法以及醫術高明之處；又如書中描述「關羽」，「建安五年，曹公東征，先主奔袁紹。曹公擒羽以歸，拜為偏將軍，禮之甚厚。紹遣大將軍顏良攻東郡太守劉延於白馬，曹公使張遼及羽為先鋒擊之。羽望見良麾蓋，策馬刺良於萬眾之中，斬其首還，紹諸將莫能當者，遂解白馬圍。」由此段，讀者可以清楚見到關羽之勇夫形象。

　　再其次，對照《三國志》和《三國演義》。《三國演義》雖然有後來說書者的參與（如〈三國志平話〉），大致上仍以《三國志》為主，然而，兩者又是截然不同的兩本書，因此，行有餘力之際，建議對照兩者之差異處，包括個人形象或重要事件……等，享受對照史書和小說的另類讀法（在此提供一例，《三國志》以「魏國」為中心，故《魏書》中有四卷為「帝紀」，《三國演義》卻以「蜀國」為中心，由此可以對照並思考，敘述中心國的不同，會影響到人物、事件的記載或評價嗎？）。

　　最後補充一下，南朝宋裴松之為《三國志》作注，《注》的部分比陳壽原書多出數倍，就是因為將重點放在事實的增補和考訂上，他的《注》引書二百餘種，補益大量的史事，人稱《三國志》功臣，而今所使用的版本就是裴注的《三國志》。

・魚入大海，鳥上青天。

　　華佗字元化，沛國譙人也，一名敷。遊學徐土，兼通數經。沛相陳珪舉孝廉，太尉黃琬辟，皆不就。曉養性之術，時人以為年且百歲而貌有壯容。又精方藥，其療疾，合湯不過數種，心解分劑，不復稱量，煮熟便飲，語其節度，舍去輒愈。若當灸，不過一兩處，每處不過七八壯，病亦應除。若當針，亦不過一兩處，下針言：「當引某許，若至，語人。」病者言：「已到。」應便拔針，病亦行差。若病結積在內，針藥所不能及，當須刳割者，便飲其麻沸散，須臾便如醉死無所知，因破取。病若在腸中，便斷腸湔洗，縫腹膏摩，四五日差，不痛，人亦不自寤，一月之間，即平復矣。

　　故甘陵相夫人有娠六月，腹痛不安，佗視脈，曰：「胎已死矣！」使人手摸知所在，在左則男、在右則女。人云「在左」，於是為湯下之，果下男形，即癒。

　　縣吏尹世苦四肢煩，口中乾，不欲聞人聲，小便不利。佗曰：「試作熱食，得汗則癒；不汗，後三日死。」即作熱食而不汗出，佗曰：「藏氣已絕於內，當嘀泣而絕。」果如佗言。

　　府吏兒尋、李延共止，俱頭痛身熱，所苦正同。佗曰：「尋當下之，延當發汗。」或難其異，佗曰：「尋外實，延內實，故治之宜殊。」即各與藥，明旦並起。

　　鹽瀆嚴昕與數人共候佗，適至，佗謂昕曰：「君身中佳

・勝敗乃是兵家常事。

否？」昕曰：「自如常。」佗曰：「君有急病見於面，莫多飲酒！」坐畢歸，行數里，昕卒頭眩墮車，人扶將還，載歸家，中宿死。

故督郵頓子獻得病已差，詣佗視脈，曰：「尚虛，未得復，勿爲勞事，御內即死。臨死，當吐舌數寸。」其妻聞其病除，從百餘里來省之，止宿交接，中間三日發病，一如佗言。

督郵徐毅得病，佗往省之。毅謂佗曰：「昨使醫曹吏劉祖針胃管訖，便苦欬嗽，欲臥不安。」佗曰：「刺不得胃管，誤中肝也，食當日減，五日不救。」遂如佗言。……

太祖聞而召佗，佗常在左右。太祖苦頭風，每發，心亂目眩，佗針鬲，隨手而差。

李將軍妻病甚，呼佗視脈，曰：「傷娠而胎不去。」將軍言：「聞實傷娠，胎已去矣！」佗曰：「案脈，胎未去也。」將軍以爲不然。佗舍去，婦稍小差。百餘日復動，更呼佗，佗曰：「此脈故事有胎。前當生兩兒，一兒先出，血出甚多，後兒不及生。母不自覺，旁人亦不寤，不復迎，遂不得生。胎死，血脈不復歸，必躁著母脊，故使多脊痛。今當與湯，并針一處，此死胎必出。」湯針既加，婦痛急如欲生者。佗曰：「此死胎久枯，不能自出，宜使人探之。」果得一死男，手足完具，色黑，長可尺所。

佗之絕技，凡此類也。然本作士人，以醫見業，意常自悔，後太祖親理，得病篤重，使佗專視。佗曰：「此近難濟，

深入探索

→《三國志》精裝限量版，陳壽著，文經閣出版社（創智代理）

→《三國志》圖像版，陳壽著，廣達文化出版社

恆事攻治，可延歲月。」佗久遠家思歸，因曰：「當得家書，方欲暫還耳。」到家，辭以妻病，數乞期不反。太祖累書呼，又敕郡縣發遣。佗恃能厭食事，猶不上道。太祖大怒，使人往檢。若妻信病，賜小豆四十斛，寬假限日；若其虛詐，便收送之。於是傳付許獄，考驗首服。荀彧請曰：「佗術實工，人命所縣，宜含宥之。」太祖曰：「不憂，天下當無此鼠輩耶？」遂考竟佗。佗臨死，出一卷書與獄吏，曰：「此可以活人。」吏畏法不受，佗亦不彊，索火燒之。佗死後，太祖頭風未除。太祖曰：「佗能癒此。小人養吾病，欲以自重，然吾不殺此子，亦終當不爲我斷此根原耳！」及後愛子倉舒病困，太祖嘆曰：「吾悔殺華佗，令此兒彊死也！」《魏書．方技傳》

名家評介：

· 錢大昕：「然吾所以重承祚者，又在乎敘事之可信……予性喜史學，馬班以外，即推此書。」

深入探索

→《三國志給現代人的啓示》，陳義著，大展出版社

『水經注』

● 成書時間：北魏
● 類別：中國史書地理類

特色：中國結合地理和歷史知識的知名專書

■作者介紹：

酈道元，字善長，北魏涿州酈亭（今河北涿縣南）人，生年說法不一，尚難確定，大概生於北魏獻文帝天安元年（西元四六六年），或孝文帝延興二年（西元四七二年），史書僅記載他孝昌三年（西元五二七年）在陰盤驛亭（今陝西臨潼縣東）遇害。出身仕宦之家，少年時隨父官居山東，喜好遊歷，熱愛錦繡河山。他利用任職機會，遊歷了北方黃淮流域廣大地區，踏遍今日河北、河南、山西、陝西、內蒙、山東、江蘇、安徽等地區，所到之處都留心勘察水道形勢，溯本窮源，遊覽名勝古蹟，廣泛搜集各種資料，不遺餘力，補文獻之不足，從而完成《水經注》。除《水經注》，還撰有《本志》及《七聘》，全都亡佚，僅《水經注》流傳。

■內容梗概：

《水經注》全書分四十卷，將《水經》記載的河流僅一百三十七條，補充到一千二百五十二條，此外還有五百多處湖泊和沼澤以及二百多處泉水和井水等。然而其內容不限於水象，而

卷二 歷史謀略

087

名言佳句

・上有穴如輪，風氣蕭瑟，習常不止，當其衝飄也，而略無生草。〈江水〉

以水道爲綱領，舉凡水流通過地域的山川景色、古今歷史、經濟政治、風土民謠、文化社會、名勝古蹟等均做了盡可能詳盡的描繪。此書不僅富有地理價值，亦充滿著文學性的語言，豐富的藝術形象，深深影響了中國的山水文學，諸如李白的〈早發白帝城〉和柳宗元的〈永州八記〉，均受到《水經注》的啓發。

■閱讀指導：

《水經注》身爲古代描述最多河川的地理書，其重心雖在地理，也不忘人文，書的性質用現代語言稱之，可說是本最詳細的古代河川旅遊指南，在欣賞此書，建議從兩方面著手。

首先，在自然地理方面。此書作爲地理志，詳盡描繪了河川風貌，例如書籍對於「江水」的描述。江水指長江，上游有瞿塘峽、巫峽、西陵峽，俗稱三峽；起自四川省奉節縣東，止於湖北省宜昌縣西北，全長約二百公里。三峽灘多水急，行船極爲危險，然而風景絕佳，爲世人所嚮往。作者在「江水」篇章以樸實筆調，將其地理景觀巧妙地結合當地的傳說、歌謠，令人讀之如身歷其境，是篇寫景名作。《水經注》講河流，也詳細記載了河域的地貌、地質礦物和動植物，例如「丹魚」：「丹水出丹魚，先夏至十日夜伺之，魚浮水側，赤光上照如火，網而取之，割其血以塗足，可以步行水上，長居淵中。」這篇章不僅講河川動物，甚至描述古人如何使用之。可以說，讀此

· 重巖疊嶂，隱天蔽日。〈江水〉
· 朝發黃牛，暮宿黃牛；三朝三暮，黃牛如故。〈江水〉

書能夠獲知古代植物（礦物）種類和植被（產地）分布，或動物的地區分布及其活動的季節，乃至於古人從其身上取得何種經濟效益。

其次，在人文歷史方面。酈道元在寫《水經注》時不僅注意到地理風貌，為了豐富此書的內涵，常考證地名的由來和演變，敘述其歷史沿革，上溯先秦，下及當代，不放過相關的人文景觀和歷史傳說。例如沔水又東經豬蘭橋，此橋本名木蘭橋，橋之左右豐蒿荻，於橋東劉季和大養豬。襄陽太守曰：「此中作豬屎臭，可易名豬蘭橋。」百姓遂以名之。又如《水經注·陳留志》記載了這樣一件事：北朝開封令阮簡，熱愛棋藝，對棋藝的關心勝於正務。有回縣裡發生搶案，縣城一片混亂，阮簡屬下不知該如何應對，慌慌張張來到阮簡住處，當時阮簡正與人對弈，可能下到關鍵處，沒聽見外面的動靜，縣吏急忙地向阮簡高喊著：「劫急。」阮簡神態緊張，看似著急，但對官吏說：「局上有劫亦甚急。」諸如此類的傳說很多，如大禹治水、河伯娶婦、李冰鬥河神（江神）、幽王寵褒姒、湘君與秦始皇造渭橋、符堅望草木為人狀等，傳說讓原本冰冷的地理書，添增一些人文氣息。人文歷史不只有傳說故事，在經濟活動方面如紡織、食品，鄉鎮建築也有不少的描述，我們可以猜測，作者藉著此書，嘗試寫出河流地理和人文活動的相關性。

・巴東三峽巫峽長，猿鳴三聲淚沾裳。〈江水〉

■精彩篇章推薦：

江水又東，逕廣溪峽，斯乃三峽之首也。峽中有瞿塘、黃龕二漢灘，其峽蓋自禹鑿以通江，郭景純所謂巴東之峽，夏后疏鑿者也。……自三峽七百里中，兩岸連山，略無闕處；重巖疊嶂，隱天蔽日：自非亭午夜分，不見曦月。至於夏水襄陵，沿泝阻絕，或王命急宣，有時朝發白帝，暮到江陵，其間千二百里，雖乘奔御風不以疾也。春冬之時，則素湍綠潭，迴青倒影。絕巘多生檉柏，懸泉瀑布，飛漱其間。清榮峻茂，良多趣味。每至晴初霜旦，林寒澗肅，常有高猿長嘯，屬引淒異，空谷傳響，哀轉久絕。故漁者歌曰：「巴東三峽巫峽長，猿鳴三聲淚沾裳！」……江水又東，逕西陵峽。宜都記曰：「自黃牛灘東入西陵界，至峽口百許里，山水紆曲，而兩岸高山重障，非日中夜半，不見日月，絕壁或十許丈，其石采色形容，多所像類。林木高茂，略盡冬春。猿鳴至清，山谷傳響，泠泠不絕。」所謂三峽，此其一也。〈江水〉

● 名家評介：

- 侯仁之：「他賦予地理描寫以時間的深度，又給予許多歷史事件以具體的空間的真實感。」《水經注選譯》
- 日本地理學家米倉二郎：「中世紀時代世界上最偉大的地理學家。」

→《水經注》（一）至（八）冊，酈道元原著，陳橋驛、葉光庭、葉揚譯注，台灣古籍出版社

⑩『世說新語』

● 成書時間：南朝宋
● 類別：志人筆記

特色：名士風流軼事的見證

■作者介紹：

劉義慶（西元四〇三年至西元四四四年），彭城（今江蘇銅山縣）人，南朝劉宋王朝的宗室，文帝時，歷任秘書監、尚書左僕射、中書令、荊州刺史等職。他常與文學之士一同講學論道，當時名士如袁淑、鮑照、陸展、何長諭……等人，都是他門下的智囊團。由於他雅好文學，招致門人，與其編撰《世說新語》六卷、《徐州先賢傳》一卷、《集林》二百卷、《幽明錄》三十卷和《典敘》……等書，另有《臨川王義慶集》八卷，只可惜除《世說新語》傳世，其餘各書都散失亡佚。

■內容梗概：

《世說新語》一書原名《世說》，「新語」為後人所加，另有《新書》、《劉義慶世說》、《世記》、《世統》、《劉義慶說苑》……等別名，今日留存三卷，全書共三十六篇。內容主要記載從東漢後期到晉宋間一些名士的言行，名流談笑之類的軼事，反映了當時士族大家的思想、生活和清談放誕的風氣。書中對名士風度、清談藝術表現相當程度的渴望，對美德懿行的

名言佳句

· 嵇叔夜之為人也，巖巖若孤松之獨立；其醉也，傀俄若玉山之將崩。〈容止篇〉

· 吉人之辭寡，躁人之辭多。〈捷悟篇〉

表彰、政治黑暗的揭露及高門貴宅驕奢淫逸的諷刺亦不遺餘力。書中所載的都是歷史上實際存在的人物，但其中的言行故事有的是出於傳聞，不完全符合史實，有相當多的資料是雜採眾書而成。

■閱讀指導：

《世說新語》是古代最好的一本極短篇小說，書中雖然盡是些短語、散記，內容卻很豐富。它廣泛地反映了當時士人貴族的生活面貌，如〈汰侈〉中描寫了石崇使黃門交斬美人的殘忍、王武子用人乳餵豬的荒唐，又如〈假譎〉中曹操的狡詐、〈尤悔〉曹文帝毒殺兄弟曹彰接著又想殺曹植的惡行。使用清俊簡麗的語言，就能相當貼近當時的情境。往往只是隻字片語，便把一個人的思想樣貌，勾勒出鮮明的形象，給讀者留下非常深刻的印象，甚至對小說中的主旨，有深入了解。在〈忿狷〉篇中，主寫王藍田性急，只寫他吃雞蛋，因為筷子沒刺破殼，就大發雷霆，甚至用腳去踩，放在嘴裡嚼破吐掉。此短短數語，就把他急躁易怒的性格，繪聲繪色地呈現出來，也令人思考急躁是否有助於生活，或者帶來什麼樣糟糕的傷害。除上述幾篇，許多篇章都寫得風趣橫生，幽默而又富有機智，對於後代筆記小說，有很大的影響，《三國演義》中「望梅止渴」和「七步成詩」的故事，都選自於此書。

此書除了是官僚名士生活的真實寫照，如〈言語〉、〈賞

・以天地為棟宇，屋室為褌衣。〈任誕篇〉
・小時了了，大未必佳。〈言語篇〉

譽〉、〈品藻〉、〈任誕〉、〈排調〉等篇中，記載了士族名士講究儀容修飾、注意語言、好尚服、藥飲酒等魏晉風流的內容。《世說新語》另一個重要性，是傳遞了傳統中國文人精神中的一個極其重要的方面，開世和詎誕。故事清楚地看到士族名士風流，崇尚「自然」，適意而行，不受任何拘束。如〈任誕篇〉記王子猷居山陰，逢夜雪，忽憶剡縣戴安道，即時登舟往訪，經宿始至，及門而返，人問其故，王曰：「吾本乘興而行，興盡而返，何必見戴。」同篇中，劉伶縱酒放達，甚至脫衣裸形在室中，有人看見譏笑他，他卻回說：「我以天地爲棟宇，屋室爲葷褌衣，諸君何爲入我褌中？」這種放誕行爲看似流於縱欲享樂，實際上，乃是在政治上受到壓迫，找尋抒發的一種管道，阮籍爲了躲避司馬昭的求親而大醉六十日，就是最好的代表。往後，魏晉人物風流自在的生活情境成了一代又一代讀書人嚮往的生活，若在現實生活苦悶時，總會嚮往著此期風采，魏晉精神成爲中國文人精神的某一類代表。

■精彩篇章推薦：

荀巨伯遠看友人疾，值胡賊攻郡；友人語巨伯曰：「吾今死矣，子可去！」巨伯曰：「遠來相視，子令吾去；敗義以求生，豈荀巨伯所行邪？」賊既至，謂巨伯曰：「大軍至，一郡盡空，汝何男子，而敢獨止？」巨伯曰：「友人有疾，不忍委之，寧以我身代友人命！」賊相謂曰：「我輩無義之人，而入

・人患志之不立，何憂令名不彰邪？〈自新篇〉
・舉目見日，不見長安。〈夙惠篇〉

有義之國！」遂班軍而還，一郡並獲全。〈德行篇〉

　　王黃門兄弟三人俱詣謝公，子猷、子重多說俗事，子敬寒溫而已。既出，坐客問謝公：「向三賢孰勝？」謝公曰：「小者最勝！」客曰：「何以知之？」謝公曰：「『吉人之辭寡，躁人之辭多』。推此知之。」〈品藻篇〉

　　魏武將見匈奴使，自以形陋，不足雄遠國，使崔季珪代，帝自捉刀立床頭。既畢，令間諜問曰：「魏王何如？」匈奴使答曰：「魏王雅望非常，然床頭捉刀人，此乃英雄也！」魏武聞之，追殺此使。〈容止篇〉

　　孫子荊年少時欲隱，語王武子曰：「當枕石漱流」，誤曰：「漱石枕流」。王曰：「流非可枕，石非可漱。」孫曰：「所以枕流，欲洗其耳；所以漱石，欲礪其齒。」〈排調篇〉

● 名家評介：

- 胡應麟：「讀其語言，晉人面目氣韻，恍然生動，而節約玄澹，真致不窮。」《少室山房筆叢》
- 魯迅：「記言則玄洽冷俊，記行則高簡瑰奇。」《中國小說史略》
- 呂淑湘：「著墨不多，而一代人物、百年風尚，歷歷如睹。」《筆記文選讀》

深入探索

→《洋溢美感的人生——《世說新語》新解》，傅佩榮著，幼獅文化

→《名人的幽默與智慧》，段名貴編著，智慧大學出版

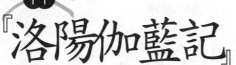

『洛陽伽藍記』

● 成書時間：北魏
● 類別：中國史書

特色：中國首部描寫佛寺概況之作，和《世説新語》、《水經注》、《顏氏家訓》合為南北朝文學四大巨著

■作者介紹：

楊衒之，北魏人，知名散文家，史不立傳，生平仕歷等均不詳，根據書中的自述及書首所署官銜，可知他在北魏永安中為奉朝請過，著書時為撫軍府司馬，親身經歷過北魏中後期的全盛與變亂，也目睹洛陽的盛況與淒涼，故寫下《洛陽伽藍記》，兼抒發當時所感。

■內容梗概：

「伽藍」，是「僧伽藍摩」的簡稱，「僧伽藍摩」又作「僧伽羅摩」，是梵文samgharama的音譯，簡稱為「僧伽藍」、「伽藍」，意思是眾園或僧院，亦指佛教寺廟。此書是以北朝元（拓跋）魏洛陽城的大伽藍（大佛寺）為綱領，共分五卷，依次寫城內和城之東、南、西、北五個區域，逐一記載佛寺們的建寺源流、地理位置、寺院景觀及附近鄉里的風土人情，並兼述當代中外交通、人物傳記、市井景象、鬼怪傳聞、歷史掌故，偶涉及政治大事、內容相當豐富，但就其性質而言，是種鄉野雜

名言佳句

· 人皆貴遠賤近。以為信然。當今之人。亦生愚死智。惑已甚矣。〈卷二興尼寺〉

· 外矯仁義。內懷鄙吝。輕同羽毛。利等錐刀。好馳虛譽。阿附成名。威勢所在。側肩競入。求其榮利。〈卷二秦太上君寺〉

史，卻成爲研究北魏洛陽不可不讀的書籍。

■閱讀指導：

　　作爲一本史書，《洛陽伽藍記》有許多的價值，例如書中記載著當時佛教的中外交流之概況、名勝古蹟的地理位置、寺廟的建築經過和鼎盛實況，然而若能跟從下列的建議讀之，或許另有所獲。

　　永嘉之後，佛教傳播在北方逐日熾盛，特別重視偶像崇拜，因此開鑿石窟、建立寺廟。北魏洛陽的全盛時期，整座城內外加起來，共建寺一千餘所。此光景卻維持不了多久，其後政治惡化，洛陽身陷戰火，繁榮之地頓時成爲廢墟。武定五年（公元五四七年），楊衒之因公務經過洛陽，面對「城郭崩毀，宮室傾覆，寺觀灰燼，廟塔丘墟」的淒涼景象，不禁感嘆唏噓，從《洛陽伽藍記》的筆調，可以深切體會作者是以歷史盛衰的感慨傷懷寫下此書。例如開卷第一條寫由當時掌權的胡太后所興建，規模爲群寺之冠的永寧寺，文中有一大段以冷淡的筆調，不厭其煩地記述永寧寺塔通體飾金的詳細情況，時而夾雜「不可思議」、「駭人心目」之類的評語，最後甚記永寧寺被焚毀，大火可三月不滅，發出的悲哀之聲，簡直震動京邑。由此，我們不只是看到作者記敘著寺廟的興廢，從中更可學習到當統治者沉緬於宗教狂熱，極爲可能大肆浪費民膏民脂，此一法則，中外皆然。

・寶蓋浮雲。旛幢若林。香煙似霧。梵樂法音。聒動天地。百戲騰驤。
　〈卷三景明寺〉
・海上有逐臭之夫。里內有學嚬之婦。〈卷三報德寺〉

《洛陽伽藍記》除了描述形形色色的佛寺建築和典禮表演，交代地理位置，此外作品以華麗雋永的文句、活潑細膩的手法，駢散交雜，敘述著亂離社會中，一些生死兩隔、悲歡離合的故事，有時候還加上頗富神秘的傳說軼事。例如卷一中載：「景陽山南有百果園。果列作林。林各有堂。有仙人棗長五寸。把之兩頭俱出。核細如鍼。霜降乃熟。食之甚美。俗傳云出崑崙山。一曰西王母棗。又有仙人桃。其色赤表裏照徹。得霜即熟。亦出崑崙山。一曰王母桃也。」此為王母仙桃的傳說。又如卷四中，有個孫嚴，娶妻三年，妻子都不脫衣而睡，有回他便乘機解其衣，發現了長三尺的狐尾，才知道妻子是狐精，狐精臨去前，剪斷丈夫的頭髮，而後也在城都內，發現多位行人被剪。這是一則我國狐精化為美女惑人的較早傳說，傳說似乎將女子視為狐魅，狐魅並不害人，被揭穿也只是遷怒眾人，惡作劇地割人頭髮，顯現出舊情難忘，猶如心存怨恨的被拋棄者。由此兩則傳說，可知此書並非佛教建築史，作者也有意收集當代傳說，藉此反應當時社會文化、風俗民情，故順此讀之，對當時人、事、物應有一番收穫。

■精彩篇章推薦：

　　於時國家殷富，庫藏盈溢，錢絹露積於廊者，不可較數。及太后賜百官負絹，任意自取，朝臣莫不稱力而去。唯融與陳留侯李崇負絹過任，蹶倒傷踝。太后即不與之，令其空出。時

・行人由之多致難艱。雪有白光照耀人眼。令人閉目茫然無見。〈卷五〉
・土地肥美人物豐饒。百穀盡登五果繁熟。〈卷五〉

人笑焉。傳中崔光止取兩匹。太后問:「侍中何少?」對曰:
「臣有兩手,唯堪兩匹,所獲多矣。」朝貴服其清廉。〈卷四法
雲寺〉

　　有挽歌孫巖,娶妻三年,不脫衣而臥。巖私怪之,伺其
睡,陰解其衣,有尾長三尺,似野狐尾。巖懼而出之。妻臨
去,將刀截巖髮而走。鄰人逐之,變為一狐,追之不得。其後
京邑被截髮者一百三十餘人。初變婦人,衣服靚妝,行路人見
而悅近之,皆被截髮。當時有婦人著綵衣者。人皆指為狐魅。
〈卷四〉

　　瑤光寺。世宗宣武皇帝所立。在閶闔城門御道北東去千秋
門二里。千秋門內道北有西遊園。園中有凌雲臺。即是魏文帝
所築者。臺上有八角井。高祖於井北造涼風觀。登之遠望。目
極洛川。臺下有碧海曲池。臺東有宣慈觀。去地十丈。觀東有
靈芝鈞臺。累木為之。出於海中。去地二十丈。風生戶牖。雲
起梁棟。丹楹刻桷。圖寫列仙。刻石為鯨魚背負鈞臺。既如從
地踊出。又似空中飛下。鈞臺南有宣光殿。北有嘉福殿。西有
九龍殿。殿前九龍吐水成一海。凡四殿皆有飛閣向靈芝往來。
〈卷一瑤光寺〉

　→《淨土上的烽煙:洛陽伽藍記》,王文進編注,時報文化出版社
　→《新譯洛陽伽藍記》,劉九洲注譯,三民出版社

12 『史通』

● 成書時間：唐代
● 類別：中國史學評論專書

特色：第一部系統性的史論專著

■作者介紹：

劉知幾（西元六六一年至西元七二一年），字子玄，彭城（今江蘇徐州）人，二十歲時中進士，因家學淵源，自幼博覽群書，攻讀史學，後致力文學，修史二十餘年，生平著述甚多，爲唐初著名史學家。先後參與《姓族系錄》、《則天實錄》、《中宗實錄》、《睿宗實錄》、《玄宗實錄》等撰修。當時，由於權貴掌控史館，史官無著述自由，凡事皆需得遵守監修旨意，劉知幾頗不得志。因此「退而私撰《史通》以見其志」。（《史通·自敘》）

■內容梗概：

《史通》修撰，歷經九年，成於景龍四年。全書共二十卷，包括內篇和外篇兩部分，各爲十卷。內篇有三十九篇，外篇有十三篇，合計五十二篇。其中內篇的〈體統〉、〈紕繆〉、〈弛張〉等三篇，大約北宋時亡佚，今存四十九篇，另有〈序錄〉一篇，爲全書的序文。書以史評爲中心，涉及內容十分廣泛，從史官源流，史書體裁、史學方法、史家修養、史料鑒別至修

名言佳句

· 昔文章既作，比興由生，鳥獸以媲賢愚，草木以方男女，詩人騷客，言之備矣。〈敘事〉

史文字等，可說是對前代史書的編寫，做了系統的總結和評論。「內篇」側重對唐前史學的基本總結，以〈六家〉居首，單獨一卷，有統帥此書的作用。「外篇」主要論述唐以前史學發展中較典型的具體問題。整體而言，《史通》確實是本經「區分類聚，編而次之」的一部史學論著，對我國古代史學作出了全面的總結，提出了較爲系統的史學理論，是中國古代具開創性的史評專著。

■閱讀指導：

《史通》是本批評史書的專書，傑出的史學著作，在史學的地位相當於文學的《文心雕龍》，後人往往將兩者並稱。在閱讀上，一方面可以吸收史學的知識，另一方面可以品味作品的精神。

在史學知識方面。《史通》以史書爲批評對象，書中討論了各類史學知識，例如史學源流及史官制度，《史通》內篇之開卷，即以〈六家〉、〈二體〉兩篇，對唐代以前史學的體裁與古代史學的源流，進行了總結：〈六家〉，將古代史學分敘六家，即尚書家、春秋家、左傳家、國語家、史記家、漢書家；〈二體〉，即紀傳體和編年體。又如歷史編纂，《史通》論述紀傳史和編年史的體例，以論述紀傳體爲主，諸如〈本紀〉、〈世家〉、〈列傳〉、〈表歷〉、〈書志〉、〈論贊〉、〈序傳〉……等篇章，以具體史籍爲例證，詳細論述紀傳史組成部分的特點。

・史之為用，記功司過，章善癉惡。〈曲筆〉
・或假人之美，借為私惠；或誣人之惡，持報己仇。〈曲筆〉

不只是介紹知識，作者還批評了史書的優缺點，如「丘明傳《春秋》，子長著《史記》，載筆之體於斯備矣。後來繼作，相與因循，假有改張，變其名目，區域有限，孰能逾此？」；論及紀傳體，盛譽《漢書》，並且以為「《尚書》等四家，其體久廢，所可祖述者，唯左氏及《漢書》二家而已」；〈史官建置〉、〈辨職〉……等諸篇，劉知幾論述歷代史官的建置、史官的職責、官修史書的弊端；甚至在〈疑古〉、〈惑經〉、〈雜說〉諸篇中，對歷史文獻進行具體評述，並指出矛盾、疏略之處。

　　讀《史通》除了幫助我們增加史學知識和能力外，作品所呈現的精神也值得我們重視，細細品味。例如關於「英雄」兩字，他也不認同以是非成敗論英雄的舊觀點，這些觀點的討論可以在〈稱謂〉等篇章中讀到；對「歷史的宿命論」的批判，此書劉知幾明顯地認為任何朝代的興盛衰亡，歷史人物的功成失敗，並非由天命所決定，而是人事造成一切結果，這個觀點在〈雜說〉等篇章中，有詳細的論述；此外，無惡劣的種族主義，認為「內中國而外夷狄」，甚在實證精神上，敢於懷疑，糾正史料，打破舊有成見。當然，劉知幾並非完人，某些觀點仍承襲死板的傳統思想，上述的幾個精神卻可橫跨時空，對現代生活仍有些許的啟示。

■**精彩篇章推薦：**

　　古往今來，質文遞變，諸史之作，不恆厥體。權而為論，

・肇有人倫，是稱家國，父父子子，君君臣臣，親疏既辨，等差有別。〈曲筆〉
・語微婉而多切，言流靡而不淫。〈言語〉

其流有六：一曰《尚書》家，二曰《春秋》家，三曰《左傳》家，四曰《國語》家，五曰《史記》家，六曰《漢書》家。……考茲六家，商榷千載，蓋史之流品，亦竊之於此矣。而樸散淳銷，時移世異，《尚書》等四家，其體久廢，所可祖述者，唯左氏及《漢書》二家而已。〈六家〉

　　肇有人倫，是稱家國，父父子子，君君臣臣，親疏既辨，等差有別；蓋子為父隱，直在其中，《論語》之順也；略外別內，掩惡揚善，《春秋》之義也。自茲以降，率由舊章，史氏有事涉君親，必言多隱諱；雖直道不足，而名教存焉。〈曲筆〉

　　且自世重高門，人輕寒族，竟以姓望所出，邑里相矜。……爰極近古，其言多偽。至於碑頌所勒，茅土定名，虛引他邦，冒為己邑。若乃稱袁則飾之陳郡，言杜則繫之京邑，姓卯金者咸曰彭城，氏禾女者皆云鉅鹿。在諸史傳，多與同風，此乃尋流俗之常談，忘著書之舊體矣。〈邑里〉

　　然章句之言，有顯有晦。顯也者，繁詞縟說，理盡於篇中；晦也者，省字約文，事溢於句外。……夫能略小存大，舉重明輕，一言而巨細咸該，片語而洪纖靡漏，此皆用晦之道也。……丘明受經，師範尼父。夫經以數字包義，而傳以一句成言，雖繁約有殊，而隱晦無異。故其綱紀而言邦俗也，則有士會為政，晉國之盜奔秦；邢遷如歸，衛國忘亡。其款曲而言人事也，則有犀革裹之，比及宋，手足皆見；三軍之士，皆如挾纊：斯皆言近而旨遠，辭淺而義深，雖發語已殫，而含意未

深入探索
　→《史通的歷史敘述理論》，彭雅玲著，里仁出版社

盡，使夫讀者望表而知裏，捫毛而辨骨，睹一事於句中，反三
隅於字外。晦之時義不亦大哉！〈敘事〉

名家評介：

- 《四庫全書》總目題要謂：「內篇皆論史家體例，辨別是非；外篇則
  述史籍源流，又評論古人得失。……其貫穿古今，洞悉利病，實非後
  人之所及。」

- 梁啟超：「自有劉知幾、鄭樵、章學誠，然後中國始有史學矣！」
  《中國歷史研究法》

- 王維儉：「論文則《文心雕龍》，評史則《史通》，二書不可不觀，實
  有益於後學。」《史通訓故序》

- 錢穆：「《史通》這部書，在中國學術著作中，有一個很特殊的地
  位。……可說是中國唯一的一部史學通論，成為一部特出的書。……
  《史通》只是評論史書，不是評論歷史。」

深入探索

→《史通》（內外篇），劉知幾原著，姚松、朱恆夫譯注，台灣古籍出版社

13 『資治通鑑』

● 成書時間：西元一〇八四年
● 類別：中國歷史

特色：中國第一部編年體的通史

■作者介紹：

　　司馬光（西元一〇一九年至西元一〇八六年），字君實，號迂夫，晚號迂叟，陝州夏縣涑水鄉人，人稱「涑水先生」，因反對王安石變法，辭官閒居洛陽十五年，專心編寫《資治通鑑》。相位期間，盡廢新法，親理庶務，早晚勞瘁，八個月後與世長辭，朝庭追謚文正，贈太師、溫國公，所以世稱「司馬溫公」。編寫《資治通鑑》前後共花費十九年，艱辛可見一斑，除《資治通鑑》，另有《獨樂園集》、《傳家集》等作品行世。此書編寫過程范祖禹、劉邠、劉恕等人也有其貢獻，他們根據大綱選取素材，按年月日排列，遵循「寧失於繁，勿失於略」的原則，逐條整理考證寫成長編，最後由司馬光本人親自刪削、審定並寫下結論。

■內容梗概：

　　《資治通鑑》簡稱《通鑑》，全書計共三百五十四卷，上起周威烈王二十三年（西元前四〇三年），下迄五代周世宗顯德六年（西元九五九年），前後貫穿一千三百六十二年，是中國史涵

名言佳句

・夫安行徐言，非德也；麗藻芳翰，非才也；累資積考，非勞也。執此以求天下之士，固未盡矣！〈卷二百二十六・唐紀四十二・代宗大曆十四年〉

蓋時間最長的編年體史書。神宗認爲此書「鑑於往事，有資於治道」，賜名《資治通鑑》。全書以年爲經，以國爲緯，依時間先後詳敍古代發生的重大歷史事件。同時還運用追敍、插敍等多種筆法，來說明事件發生的本末或交代人物的背景經歷，一定程度地吸收了紀傳體的長處。取材方面除了正史十七史外，還有廣爲搜羅野史、文集、墓志、別傳等雜史二百二十二種，材料的豐富也是少見的。

■閱讀指導：

《資治通鑑》內容以政治、軍事爲主，經濟、文化次之，故在閱讀上可順著此脈絡。

政治方面，司馬光根據才能，將歷史上的國君分成創業（如漢高祖、隋文帝）、守成（如漢文帝、漢景帝）、中興（如漢宣帝）、陵夷（如東漢桓帝、靈帝）、亂亡（如陳後主、隋煬帝）五類，這樣的分類法並非客觀的分析，而是依照主觀認知，爲君王找尋歷史地位，以便作爲後世君王的鑑戒。故由此分類，我們可知道諸如司馬光等歷史學者對政治執政者的管理及其態度有何看法，可說是本帝王之書，像「棄禮以縱欲，讒諂者用，正直者誅，荒淫無厭」，此乃亂亡之君常犯之病。

軍事方面，則集中在戰爭的描寫。《通鑑》對於戰爭的描述也很生動與突出，如田單復國、赤壁之戰、肥水之戰等重大戰役，都詳細記載了戰爭起因、戰局的分析與戰役的過程和影

深入探索
→《故事版資治通鑑》（全二十冊），魏崇新等著，天衛出版社
→《柏楊版資治通鑑》，柏楊著，遠流出版社
→《資治通鑑今註》，李宗侗校注，台灣商務出版社

響。因此若讀之，不僅能對古代戰爭的方式、國勢版圖之消長有所認識，甚至也可找到一些戰役發生的規律及為何古人發動戰爭的原因。此外，古時戰役的成敗，通常決定在一些愛國之士、英雄人物手上，司馬光描述這些軍事戰爭時當然也不忘寫到這些人的貢獻，諸如田單復國、藺相如與廉頗、衛青拒封、張騫通西域、蘇武牧羊、班超投筆從戎之類愛國故事，或者風蕭蕭兮易水寒的荊軻，力拔山兮氣蓋世的項羽，不教胡馬渡陰山的李廣，願君無忘射鉤的馮異，馬革裹屍在邊野的馬援，義薄雲天的關雲長等英雄人物，均可在此書中找到他們的相關事蹟，有番深入的了解。

至於經濟問題，如商鞅變法。《通鑑》詳細描寫商鞅變法的經過，做了哪些經濟改革、富強國家的政策（像是獎勵耕織，對工商業者及關市徵收重稅，如酒、肉所課之稅，十倍於成本。商人必須按家中人口數目攤派公差，而奴僕則按名冊服役），由此更說明奠定往後秦國統一的基礎在於「經濟」兩字。此外文景之治（如獎勵生產、增加人口、開墾土地、興修水利）、北魏孝文帝的均田制等都是記載的重點。

文化方面，《通鑑》記載各個流派的學術思想與影響，如先秦各家學說及其代表人物和學術主張，漢代的黃老思想、武帝獨尊儒術，幾乎已將佛教、道教、經學的發展網羅其中，此外文人學士及其作品、修史制度、天文、地理、土木水利……等都在搜羅的範圍，可說是本宋代以前最佳的文化通論書。

《通鑑》博採古籍內容豐富，詳辨史事可信度高，標誌我國歷史編撰學已達到新階段，並為編年史樹立了最佳的典範。南宋李燾的《續資治通鑑長編》、清朝畢沅的《續資治通鑑》，都是受到《資治通鑑》體裁和風格的影響而編著的。

■精彩篇章推薦：

丙申，至馬嵬驛，將士飢疲，皆憤怒。陳玄禮以禍由楊國忠，欲誅之，因東宮宦者李輔國以告太子，太子未決。……軍士圍驛，上聞諠譁，問外何事，左右以國忠反對。上杖履出驛門，慰勞軍士，令收隊，軍士不聽。上使高力士問之，玄禮對曰：「國忠謀反，貴妃不宜供奉，願陛下割恩正法。」上曰：「朕當自處之。」入門，倚杖傾首而立。久之，京兆司錄韋諤前言曰：「今眾怒難犯，安危在晷刻，願陛下速決！」因叩頭流血。上曰：「貴妃常居深宮，安知國忠謀反？」高力士曰：「貴妃誠無罪，然將士已殺國忠，而貴妃在陛下左右，豈敢自安！願陛下審思之，將士安，則陛下安矣！」上乃命高力士引貴妃於佛堂，縊殺之。輿屍置驛庭，召玄禮等入視之。玄禮等乃免冑釋甲，頓首請罪，上慰勞之，令曉諭軍士。玄禮等皆呼萬歲，再拜而出，於是始整部伍為行計。〈卷二百一十八・唐紀三十四・肅宗至德元載〉

名家評介：

- 宋神宗：「博而得其要，簡而周於事。」

- 柏楊：「在中國浩如煙海的史籍中，事實上只有兩部史籍才是最有價值的著作，一是司馬遷的《史記》，另一就是司馬光的這部《資治通鑑》。司馬光先生以無比的魄力和高瞻遠矚，而他的編輯群更都是知識淵博的史學專家，所以能使一千三百六十三年紊亂如麻的史跡得以條理分明的呈現於世。」《柏楊版資治通鑑》「柏楊序」

- 黃信怡：「司馬光站在封建統治階級立場上思想保守，曾反對過王安石的變法，但在這部史書中，卻繼承了許多中國史學家的優良傳統，發揚了《史記》、《通典》等史書略古詳今的作風，有它獨到的特色和優點。」〈評《柏楊版資治通鑑》司馬光何辜啊！〉

【卷三】
古典詩文

01
『詩經』

● 成書時間：春秋時期
● 類別：中國古典詩歌

特色：中國第一部詩歌總集，純文學之祖

■作者介紹：

先人的集體創作，春秋時代編集而成。

■內容梗概：

《詩經》是二千五百年前商、周之交到春秋中葉約五百年間的作品，總共收錄三百一十一篇詩，其中六篇，現在只剩下篇目，內容已經不見了，稱作「笙詩」，一般說詩有三百篇是取整數而言。《詩經》分成風、雅、頌三部分，風詩有一百六十首，收有「周南、召南、邶、鄘、衛、王、鄭、齊、魏、唐、秦、陳、檜、曹、豳」等十五國的民間創作，大部分為抒情歌謠，以表達男女之情為最多，風原有「風土、風俗」的意思，因為從這些詩歌中可以觀察各地的風土人情。雅詩有大雅小雅之分，大雅三十一篇，小雅七十四篇，是天子、諸侯及卿大夫燕饗時用的樂曲，流行於中原一帶，多半是貴族、文人的作品，所以雅有「正」、「正聲」的意思。頌詩是讚美詩，乃宗廟祭祀用的樂曲，多數為貴族創作，分為周頌三十一篇、魯頌四篇、商頌五篇，共四十篇。

名言佳句

· 桃之夭夭，灼灼其華。之子于歸，宜其室家。〈周南·桃夭〉
· 手如柔荑，膚如凝脂。領如蝤蠐，齒如瓠犀，螓首蛾眉。巧笑倩兮，美目盼兮。〈衛風·碩人〉
· 一日不見，如三秋兮。〈王風·采葛〉

詩歌是保存古代文化的重要形式，希臘有荷馬詩史，中國代表則爲《詩經》。《詩經》的內容深刻描繪了當時人們的習俗、宗教和制度等，故讀之，可以得知古代周民的社會生活情況，如〈伐檀〉「坎坎伐檀兮，寘之河之干兮！河水清且漣猗，不稼不穡！」描述樵夫辛苦的工作以及對寄生蟲的責怪，此外，《詩經》對於戰爭有深刻與多篇的撰述，如〈東山〉、〈擊鼓〉、〈出車〉等；男女情愛上則有〈南山〉、〈卷耳〉、〈綠衣〉，細讀詩經便能窺見古人的生活樣貌和思想軌跡，分享他們的情感與智慧。

讀《詩經》除了可從內容著手外，更不能忽略形式，因其語言、音律、結構，深遠影響後代詩歌的發展，如用明晰的手法去描繪動物、景物和人的心理，生動且入木三分，如〈蒹葭〉：「蒹葭蒼蒼，白露爲霜。所謂伊人，在水一方。溯洄從之，道阻且長。溯游從之，宛在水中央。」詩句將尋找過程寫得如此的困苦與優美；又《詩經》運用比喻、象徵的手法，加強詩作的感染力，並使人印象深刻，如〈風雨〉的「風雨淒淒，雞鳴喈喈。既見君子，云胡不夷」，就是使用風雨和雞鳴比喻惡劣環境中有人奮不顧身的前來，象徵情感之深厚，除此例子，又如〈碩鼠〉篇，詩人用碩鼠來比擬只會偷竊、傷害他人者，由此可見，《詩經》使用比興技巧之成熟；此外，《詩經》雙聲疊韻的聯綿詞及疊字疊句的語言形式，更是後來詩歌創作者的範本，例如，曹操的〈短歌行〉，詩中「呦呦鹿鳴，食野之

・知我者謂我心憂，不知我者謂我何求？悠悠蒼天，此何人哉？〈王風・黍離〉
・蒹葭蒼蒼，白露為霜，所謂伊人，在水一方。〈秦風・蒹葭〉
・死生契闊，與子成說。執子之手，與子偕老。〈邶風・擊鼓〉

芣。我有嘉賓，鼓瑟吹笙，」，便脫胎換骨自《詩經》詩句。

■精彩篇章推薦：

碩鼠碩鼠，無食我黍！三歲貫女，莫我肯顧。逝將去女，適彼樂土。樂土樂土，爰得我所！碩鼠碩鼠，無食我麥！三歲貫女，莫我肯德。逝將去女，適彼樂國。樂國樂國，爰得我直！碩鼠碩鼠，無食我苗！三歲貫女，莫我肯勞。逝將去女，適彼樂郊。樂郊樂郊，誰之永號？〈魏風・碩鼠〉

呦呦鹿鳴，食野之苹。我有嘉賓，鼓瑟吹笙。吹笙鼓簧，承筐是將。人之好我，示我周行。呦呦鹿鳴，食野之蒿。我有嘉賓，德音孔昭。視民不恌，君子是則是傚。我有旨酒，嘉賓式燕以敖。呦呦鹿鳴，食野之芩，我有嘉賓，鼓瑟鼓琴。鼓瑟鼓琴，和樂且湛。我有旨酒，以燕樂嘉賓之心。〈小雅・鹿鳴〉

名家評介：

- 《論語・季氏篇》：「不學《詩》，無以言。」
- 《論語・陽貨篇》：「子曰：『小子何莫學夫《詩》，《詩》，可以興，可以觀，可以群，可以怨，邇之事父，遠之事君，多識鳥獸草木之名。』」
- 《論語・為政篇》：「子曰：『《詩》三百，一言以蔽之，思無邪！』」
- 李白：「大雅久不作，吾衰竟誰陳。」
- 杜甫：「別裁偽體親風雅，轉益多師是我師。」

深入探索

→ 《詩經植物圖鑑》，潘富俊著，呂勝由攝影，貓頭鷹出版社
→ 《閒坐說詩經》，金性堯著，漢欣出版社
→ 《少年詩經》，鄭毓瑜著，漢藝色研出版社

02 『楚辭』

● 成書時間：西漢
● 類別：詩文的混合體

特色：南方文學的代表，辭賦之祖，開後世漢賦之先河。總集之祖，《隋書經籍志》以《楚辭》為集部之首

■作者介紹：

　　《楚辭》為劉向所編，內收錄宋玉、景差、劉向等人之作，不論從詩歌形式或總集上而言，均以屈原為代表。

　　屈原名平（西元前三四〇年至西元前二七八年），戰國楚人，故鄉在今日湖北秭歸縣，博學多聞，善於辭令，曾任楚懷王左徒、三閭大夫，後因親秦派在懷王面前挑撥毀謗，故開始放逐生涯，旅途中，眼見國家政治日益腐敗，憂心忡忡，卻無力挽救，只好藉著文章來抒發滿懷的愁思，最後因痛苦至極無法排解，投身汨羅江而亡。

■內容梗概：

　　楚辭編輯成書始自西漢劉向（西元前七七年至西元前六年），收屈原〈離騷〉、〈九歌〉、〈天問〉、〈九章〉、〈遠遊〉、〈卜居〉、〈漁父〉、宋玉〈九辯〉、〈招魂〉、景差〈大招〉、賈誼〈惜誓〉、淮南小山〈招隱士〉、東方朔〈七諫〉、嚴忌〈哀時命〉、王褒〈九懷〉、劉向〈九歎〉等十六篇，是部以

名言佳句

・汨余若將不及兮，恐年歲之不吾與。……惟草木之零落兮，恐美人之遲暮。〈離騷〉
・瞻前而顧後兮，相觀民之計極。〈離騷〉

「兮」為主要詩歌形式的作品。今日流傳最古的《楚辭》注本為王逸的《楚辭章句》，劉向所編輯的本子現已亡佚。

■閱讀指導：

　　整體而言，《楚辭》具有濃厚的南方文學味道，可說是楚之地域文學。詩歌隨處可見楚語、楚聲、楚地、楚物，描繪著楚國境內濤濤的長江和浩淼的洞庭湖，迷人壯闊奇麗的風景，詩風浪漫，辭藻華美，形式多變化，然而最具代表地方性的特質在富含濃厚的宗教色彩。楚人重巫術，相信靈的存在，有許多祭祀的儀式和活動，《楚辭》中有不少屬於宗教性質的詩歌，內容甚至採用大量的神話與傳說，例如知名的〈九歌〉就是一套祭祀鬼神的舞曲，「東皇太一」、「雲中君」、「湘君」、「大司命」、「河伯」、「山鬼」等均為詩歌內曾出現的鬼神名詞。運用神話的作品，不只有〈九歌〉，〈離騷〉是篇屈原傳達內心思想情感的詩篇，中間卻穿插許多神話材料，〈天問〉、〈招魂〉等篇也都涉及超自然方面的寫作，現今之湖南還保存著「招魂」儀式，可以說《楚辭》表現出楚地特殊的風格與節奏、民俗文化。

　　觀賞《楚辭》不只專注在地域文學的宗教性詩歌，或表現出南方熱情天性的民間歌謠、雄渾氣魄和瑰麗風格的文字及作品中的比興技巧（如善鳥、香草明喻忠貞；惡禽、臭物象徵讒臣；靈修、美人是指稱君王的隱喻；宓妃、佚女是賢臣；虯

・故眾口其鑠金兮，初若是而逢殆。〈惜誦〉
・吉日兮辰良，穆將愉兮上皇。……蕙肴蒸兮蘭藉，奠桂酒兮椒漿。
　〈東皇太一〉

龍、鸞鳳以託君子等之類），還可以把焦點放在屈原的身上。

《楚辭》以屈原為代表作家，其書寫的詩歌篇章不僅透露著對生命的執著與熱情及內心之苦痛，一段段感人肺腑的抒情詩，更透露出其憂國憂民，面對政治腐敗和國運危殆，卻又無能為力改變的感慨和悲憤。〈橘頌〉，是屈原以歲寒仍不凋零的橘樹，比喻他對國家之忠貞，〈天問〉，問的對象是天，問題卻傳達他對國家之憂心；〈招魂〉，招的是楚懷王之魂，詩乃是屈原對死去國君之哀戚；〈哀郢〉、〈離騷〉字裡行間更充滿對醜惡現實的憎恨，對國土之熱情與百姓的關愛；〈懷沙〉滿紙憤慨，表示他對黑暗政治的失望，因極其痛苦而投江殉國。讀《楚辭》不關心屈原，不但令人不解，甚至喪失認識中國有史以來最具代表之愛國詩人的機會，無法品味其崇高之德行和偉大之人格，對這部中國浪漫文學的代表作也只能有粗淺認識，十分可惜。

■精彩篇章推薦：

屈原既放，游於江潭，行吟澤畔，顏色憔悴，形容枯槁。漁父見而問之。曰：「子非三閭大夫與？何故至於斯。」屈原曰：「舉世皆濁我獨清，眾人皆醉我獨醒，是以見放。」漁父曰：「聖人不凝滯於物，而能與世推移。世人皆濁，何不淈其泥而揚其波？眾人皆醉，何不餔其糟而歠其醨？何故深思高舉，自令放為？」屈原曰：「吾聞之，新沐者必彈冠，新浴者

・與天地兮同壽，與日月兮同光。〈涉江〉
・魂乎歸徠！樂不可言只。〈大招〉

必振衣。安能以身之察察，受物之汶汶者乎？寧赴湘流，葬於江魚之腹中。安能以皓皓之白，而蒙世俗之塵埃乎？」漁父莞爾而笑，鼓枻而去。乃歌曰：「滄浪之水清兮，可以濯吾纓；滄浪之水濁兮，可以濯吾足。」遂去，不復與言。〈漁父〉

名家評介：

- 司馬遷：「其文約，其辭微，其志潔，其行廉，其稱文小而其指極大，舉例邇而見義遠。」
- 班固：「其文宏博麗雅，為辭賦宗，後世莫不斟酌其英華，則眾其從容。」
- 朱熹：「蠻荊陋俗，詞既鄙俚，而其陰陽人鬼之間，又或不能無褻慢荒淫之雜。原既放逐，見而感之，故頗為更定其詞，去其泰甚。」
- 錢鍾書對〈離騷〉的看法：「棄置而復依戀，無可忍而又不忍；欲去還留，難留而亦不易去。即身離故都而去矣，一息尚存，此心安放？江湖魏闕，哀郢懷沙，『騷』終未『離』而愁將焉避！」

深入探索

→《楚辭新論》，張正體著，台灣商務出版社
→《楚辭鑑賞集成》，周嘯天主編，五南出版社
→《詩經與楚辭》，吳宏一著，台灣書店
→《屈原與九歌》，蘇雪林著，文津出版社

⟪樂府詩集⟫

● 成書時間：宋朝
● 類別：古典詩歌

特色：每類樂府詩均有題解，且題解徵引浩博，援據精審，宋以來考樂府者無能出其範圍

■作者介紹：

郭茂倩，北宋渾州須城（今山東東平縣）人，為當時侍讀學士之孫，其他生平不詳。

■內容梗概：

《樂府詩集》凡一百卷，總括歷代樂府歌辭，上起唐虞，下迄五代，共分為十二類，包羅了詩歌的時代、性質、地域、流變等各方面的作品。其將原本收錄在各朝正史的樂志或音樂志中，甚至漢代以前傳說的古歌辭，分類如下：（一）郊廟歌辭（二）燕射歌辭（三）鼓吹歌辭（四）橫吹歌辭（五）相和歌辭（六）清商歌辭（七）舞曲歌辭（八）琴曲歌辭（九）雜曲歌辭（十）近代歌辭（十一）雜歌歌辭（十二）新樂府辭，是本認識宋代以前樂府的總集，代表作如〈孔雀東南飛〉、〈木蘭辭〉。

■閱讀指導：

「樂府」，一詞之由來眾說紛紜，但以漢武帝成立樂府官，掌管俗樂蒐集民間歌詞入樂，樂府詩在文學史上才有了價值。

名言佳句

・開門白水，側近橋樑，小姑所居，獨處無郎。〈青溪小姑曲〉
・少壯不努力，老大徒傷悲。〈長歌行〉
・東壁餘光，魚在江湖，惠而不費，敬我微軀。〈白鳩篇〉
・孔雀東南飛，五里一徘徊。〈焦仲卿妻〉

後來文人的大量仿作，樂府詩成為詩體的一種，它偕同「古體詩」、「近體詩」，為中國古典詩歌中的主要形式之一。「樂府詩」較之其他二種詩體更為靈活多變，因為它可以用古體，也可以用近體，還可以用雜言體、長短句來表達，唯一條件是必須能入樂來唱，所以「樂府詩」又通常指可配樂的詩歌。雖然，文人參與樂府詩的創作，擴大了樂府詩的作者群，基本上較保存原味的仍屬那些採集自民間的歌謠，《樂府詩集》就是這樣一本網羅宋代以前各時代、性質、地域、流變等樂府詩作之集成。

　　觀此書，可以獲知民間百姓的真切情感和生活樣貌，如〈婦病行〉，寫一個即將往生的母親，囑咐著丈夫好好照顧兒子，然而現實令他無法遵守諾言，不但讓兒子挨餓受凍，還讓他獨自留在家中，哭喊著要母親抱。諸如此類文字淺顯，情感深厚的詩歌不少，〈孤兒行〉、〈戰南城〉、〈東門行〉、〈十五從軍行〉等作品，都是透過詩歌中的鮮明形象、悲苦情感，反映著當代普羅大眾們生活的樣貌和心聲。或許時代會讓人的思想有所進步，但在民間有些問題，卻是一而再的反覆，尤其貧窮問題更是綿延不絕，至今仍有家庭為了吃飯問題在發愁，因此讀到這些講述民間生活困苦的橋段，還使人頗能心生哀戚悲憫之情。

　　樂府詩中的社會寫實類作品，不僅是困苦生活、離別閨怨、遊子思鄉，另外還講述婚姻問題，如〈上山采蘼蕪〉中只

・勸君莫惜金縷衣，勸君惜取少年時。花開堪折直須折，莫待無花空折枝。〈金縷衣〉
・老驥伏櫪，志在千里；烈士暮年，壯心不已。〈龜雖壽〉
・東飛勞伯西飛燕，黃姑織女時相見。〈東飛伯勞歌〉

因無法生子而被丈夫拋棄的棄婦，中國難得一見的敘事長詩、知名的焦仲卿妻〈孔雀東南飛〉，再次提到女子在婚姻中的不自主。焦仲卿妻不但被婆婆仲卿母休妻遣返，娘家又逼迫她改嫁，最後為表自己對丈夫的忠貞情感，只好投水而死，仲卿聞之，亦自縊於庭樹。這則愛情故事讓我們見識到為何稱古代為封建社會，因為多少有情人被無情事物所傷害。

讀此書，別忘了翻閱〈木蘭詩〉，這首變裝從軍的詩，藉著淺白流暢的語言，引人興味的情節，刻畫一位柔中帶剛的巾幗英雌，故事有些不可思議，卻也讓人想像女子從軍的情況，並且明白報效國家並非僅是男人的責任，在講求男女平等的現代，這首詩可說是最好的教材。

■**精彩篇章推薦：**

江南可採蓮，蓮葉何田田。魚戲蓮葉間，魚戲蓮葉東，魚戲蓮葉西，魚戲蓮葉南，魚戲蓮葉北。〈江南〉

戰城南，死郭北，野死不葬烏可食。為我謂烏：「且為客豪！野死諒不葬，腐肉安能去子逃？」水深激激，蒲葦冥冥。梟騎戰鬥死，駑馬徘徊鳴。梁築室，何以南，何以北！禾黍不穫君何食？願為忠臣安可得？思子良臣，良臣誠可思，朝行出攻，暮不夜歸。〈戰南城〉

上山采蘼蕪，下山逢故夫。長跪問故夫：新人復何如？新人雖言好，未若故人姝。顏色類相似，手爪不相如。新人從門

· 雄兔腳撲朔，雌兔眼迷離。雙兔傍地走，安能辨我是雌雄。〈木蘭詩〉
· 青青河畔草，綿綿思遠道。遠道不可思，宿昔夢見之。夢見在我傍，忽覺在他鄉。他鄉各異縣，展轉不相見。〈飲馬長城窟行〉

入，故人從閣去。新人工織縑，故人工織素。織縑日一疋，織素五丈餘。將縑來比素，新人不如故。〈上山采蘼蕪〉

青青園中葵，朝露待日晞。陽春布德澤，萬物生光輝。常恐秋節至，焜黃華葉衰。百川東到海，何時復西歸。少壯不努力，老大徒傷悲。〈長歌行〉

深入探索

→《樂府詩集》（共兩冊），郭茂倩編著，里仁書局
→《大地之歌——樂府》，傅錫壬編著，時報文化出版社

『文心雕龍』

● 成書時間：南朝齊和帝中興
元年至二年
● 類別：文學理論批評

特色：中國古代文論史上最傑出、最系統、最富有卓越見解的文學理論專著

■作者介紹：

劉勰，字彥和，祖籍東莞郡莒縣（今屬山東省）。劉勰入梁出仕後，兼任東宮通事舍人，後世因此稱他劉舍人。生卒年，諸家說法不一。一種認為他生於劉宋泰始元年（西元四六六年）前後，卒於梁武帝普通元或二年（西元五○二年至西元五二一年），享年約五十六歲。另一認為卒於梁大通四年（西元五三二年），享年約六十七歲。劉勰篤志好學，深研佛理的同時，又飽覽經史百家之書和歷代文學作品，經過五、六年的努力，寫成《文心雕龍》。著作現除了《文心雕龍》外，只有〈滅惑論〉和〈梁建安王造剡山石城寺石像碑〉兩篇傳於世。

■內容梗概：

《文心雕龍》全書共五十篇，包括總論、文體論、創作論、批評論四大部分。總論共五篇，從〈原道〉到〈辨騷〉，主要在討論「文之樞紐」問題，是全書的理論總綱，論點綱要：一切都要本之於道，稽之於聖，崇之於經。文體論共二十篇文章，首篇〈明詩〉，末篇〈書記〉，每篇章研究一至數種文體，並對

名言佳句

· 情以物遷，辭以情發。……寫氣圖貌，既隨物以宛轉；屬采附聲，亦與心而徘徊。〈物色〉

各種主要文體、源流及作家、作品逐一進行研究和評說。創作論共二十篇，由〈神思〉至〈物色〉，研究作家創作過程所面臨的各方問題，如作家個性風格，文與質的關係，寫作技巧、文辭、聲律等。批評論包括〈時序〉、〈才略〉、〈知音〉、〈程器〉，發表他對文學史和批評鑑賞方面的觀點。末篇是〈序志〉，講述此書的創作動機和全書布局謀篇的原則。整部書雖分為四大部分，其理論觀點卻首尾一致，各個部分相互關照，系統的完整性十分明顯。

■閱讀指導：

　　劉勰以文學批評理論專書的角度寫成《文心雕龍》，此書在這方面的價值也最為突出，在將此書視為理論專書時，閱讀上可以掌握四個要點：

　　（一）文學史觀的建立：他初步地建立用歷史眼光來評論文學的觀點，〈時序〉篇從歷代朝政世風的盛衰並結合時代特點，有系統地探討文學變化的根源及前後代文風變革的關係，〈明詩〉至〈書記〉無異是各文體的發展史提要，〈比興〉、〈誇飾〉、〈麗辭〉等篇也闡述文學語言修辭的歷史發展。

　　（二）提出內容先於形式、內容形式並重的文學主張：〈情采〉：「故情者，文之經；辭者，理之緯；經正而後緯成，理定而後辭暢，此立文之本源也。」此說明內容重於形式，順此理，他主張「為情而造文」，反對「為文而造情」，對於六朝文

・鉛黛所以飾容，而盼倩生於淑姿；文采所以飾言，而辯麗本於情性。〈情采〉
・履端於始，則設情以位體；舉正於中，則酌事以取類；歸餘於終，則撮辭以舉要。〈鎔裁〉

學靡爛之風氣，便十分厭惡。「風骨」一詞，則是劉勰認爲內容形式合一最理想的作品風貌。

（三）總結各環節的創作經驗：在創作論的篇章，劉勰有不少創見並且闡述一些基本原則，如〈神思〉認爲文學創作時，不但作家需要掌握住主觀之神和客觀之物的聯結，「積學以儲寶，酌理以富才，研閱以窮照，馴致以繹辭」之類平時學識、才能、修養和生活閱歷的準備，也是十分重要。個人風格的差異，正由於作家在才、氣、學、習四個方面有所差別。

（四）建立文學批評的方法：〈知音〉篇內，批判了貴古賤今、文人相輕的弊病，進一步對應該具備批評之態度、修養、方法有全面的論述，例如「六觀」，即「觀位體」，檢查內容情理和題材選擇是否恰當；「觀置辭」，看文辭表達是否貼切；「觀通變」，文章是否有所繼承和變化；「觀奇正」，作品是否有創新的表現手法；「觀事義」，所舉例證是否適合；「觀宮商」，聲律是否美好。順六觀，可以深入分析和探討作品，避免片面的愛憎而亂下斷語，正確的理解作品內容。

劉勰分析的對象乃是南朝以前的作品，故明白上述四點，當然有助讀者更加清楚理解六朝以前的美文，然而這部書偉大之處，在於歸納的理論重點，同樣也適用於分析任何朝代的作家和作品，用來認識〈長恨歌〉、《西遊記》、《琵琶行》等大作相信也有所收穫，此標準甚至也可用來分析現代的電影、音樂。總而言之，對文學或文化理論批評有興趣者，是不會錯過

・夫志在山水，琴表其情，況形之筆端，理將焉匿？故心之照理，譬目之照形，目瞭則形無不分，心敏則理無不達。〈知音〉

這本必讀之作，無怪乎，魯迅將它和西方重要文學理論之作亞里士多德的《詩學》相比擬。

■**精彩篇章推薦：**

蓋《文心》之作也，本乎道，師乎聖，體乎經，酌乎緯，變乎騷。文之樞紐，亦云極矣……。〈序志〉

故文能宗經，體有六義：一則情深而不詭，二則風清而不雜，三則事信而不誕，四則義直而不回，五則體約而不蕪，六則文麗而不淫……。〈宗經〉

文之思也，其神遠矣。故寂然凝慮，思接千載；悄焉動容，視通萬里；吟詠之間，吐納珠玉之聲；眉睫之前，卷舒風雲之色，其思理之致乎！……〈神思〉

情者，文之經；辭者，理之緯；經正而後緯成，理定而後辭暢，此立文之本源也。……〈情采〉

●**名家評介：**

・魯迅：「東則有劉彥和之《文心》，西則有亞里士多德之《詩學》。」
・葉嘉瑩：「我在國外中國文學課上，曾講述幾段陸機〈文賦〉與劉勰《文心雕龍》，即使是透過英譯，仍使不少外國學生對於中國古代作家可寫出如此深微之體驗而文字之優美的文學評批，讚賞不已。」

深入探索
→《文心雕龍注釋》，劉勰著，周振甫注，里仁書局
→《文心雕龍札記》，黃侃著，文史哲出版社
→《文心雕龍文體論論中自然崇拜與祖先崇拜之理路成變——從人類學及宗教社會學抉微》，許玫芳著，文史哲出版社

『詩品』

- 成書時間：南北朝
- 類別：文學批評理論

特色：中國第一部詩歌評論專書

■作者介紹：

鍾嶸（約西元四六八年至西元五一八年），字仲偉，潁川長社（今河南長葛）人，他的生平無法詳見，只能約略從《梁書》中些許的記載，推敲其應當於齊梁時代作過參軍、記室等小官，《詩品》是他在梁武帝天監十五年（西元五六六年）時所寫成的，完成後兩年便過世。

■內容梗概：

《詩品》梁書名爲《詩評》，《隨書‧經籍志》中則出現過《詩評》、《詩品》兩種名稱，不知爲何後代只傳《詩品》一詞。書所論的範圍以五言詩爲主。全書品評兩漢至梁代的詩人，共一百二十二人，總計上品十一人，中品三十九人，下品七十二人。寫書的動機在感於永明體詩風的靡爛，故試圖建立一個詩歌系統的理論，以拯救敗壞之風，對後代論詩專著的詩人，在觀點上、方法上、形式上，有不同程度的啓發和影響，如唐代司空圖、宋代嚴羽、明代胡應麟、清代王士禎、袁枚、洪亮吉等文人。

名言佳句

- 動天地，感鬼神，莫近於詩。〈序〉
- 若乃春風春鳥，秋月秋蟬，夏雲暑雨，冬月祁寒，斯四候之感諸詩者也。〈序〉

■閱讀指導：

　　翻閱《詩品》，首先要注意的是鍾嶸分析詩人的方式，仔細觀察，可以發現他所採用的乃屬歷史批評法。書中他將詩歌分門別類成「國風」、「小雅」、「楚辭」三個派流，言作家作品往往肯定其源出於某某人或某某詩體。此分析法當然有其缺點，主觀成見太重，加上作家的作品不見得只單學某一類，尤其國風和小雅的作品很難從風格上區分。然而，批評法卻凸顯著傳統文人思考文學源流的方式。古人分析某人的作品特別注重其師門家風，他的用詞學自誰，格律又受誰影響，若從養成教育而論，此分析法並無不妥，於是古人更大膽的直接論斷，某人學自某師，故其風格不脫「某某」。因此，縱使歷史批評法忽略共同時代可能具共同之色彩，甚至忽略作家也可能從其他前人學到寫作技巧再加以融會貫通，此方法依舊被沿用，成為一種特殊的分析法。

　　《詩品》除了由歷史直線分「國風」、「小雅」、「楚辭」三個派流，橫的方面則列出了上中下三品，此分品的方式除了可能受到漢末之後，士人常相聚評論人物的影響，最直接的可能則是參考「九品中正制」的概念，以品第論人。在他的分品標準下，一些我們所熟悉的優秀文人，竟然被擺在中、下品，如鮑照、陶淵明、曹操，某些頗有正義感的學者紛紛跳出來為這些詩人辯駁，甚至指出鍾嶸的不是之處。實際上，他的分品或許並非先設一個標準，再統一列表放入，而是直接地以優秀文

・言在耳目之內，情寄八荒之表〈晉步兵阮籍〉
・骨氣奇高，詞彩華茂，情兼雅怨，體被文質，粲溢古今，卓爾不群。
　〈魏陳思曹植〉

學應具備的特點來決定，如「有無華美的辭采與典雅而明朗的風格」，他就是因爲此特點而讚賞曹植，也因此對許多詩人與作品提出批評，對玄言詩，指責「理過其辭，淡乎寡味」；對曹丕，不滿「鄙質如偶語」；對嵇康認爲「過爲峻切。訐直露才，傷淵雅之致」；對陶淵明則「歎其質直」。

當然，我們可以吹毛求疵的評價《詩品》，我們卻也不得不佩服書中對詩人風格的概括，不管褒貶如何，大體能做到簡要準確，這是不容易的，也就是如此，歷代詩人雖見到《詩品》的缺失，依舊不得不讀之，以便更了解唐代以前的詩歌觀。

■精彩篇章推薦：

氣之動物，物之感人，故搖蕩性情，形諸舞詠。照燭三才，暉麗萬有，靈祇待之以致饗，幽微藉之以昭告。動天地，感鬼神，莫近於詩。……故詩有三義焉：一曰興，二曰比，三曰賦。文已盡而義有餘，興也；因物喻志，比也；直書其事，寓言寫物，賦也。宏斯三義，酌而用之，幹之以風力，潤之以丹彩，使味之者無極，聞之者動心，是詩之至也。若專用比興，則患在意深，意深則詞躓。若但用賦體，則患在意浮，意浮則文散，嬉成流移，文無止泊，有蕪蔓之累矣。若乃春風春鳥，秋月秋蟬，夏雲暑雨，冬月祁寒，斯四候之感諸詩者也。嘉會寄詩以親，離群託詩以怨。至於楚臣去境，漢妾辭宮。或骨橫朔野，或魂逐飛蓬。或負戈外戍，殺氣雄邊。塞客衣單，

· 名高曩代，而疏亮之士，猶恨其兒女情多，風雲氣少。〈晉司空張華〉
· 然其咀嚼英華，厭飫膏澤，文章之淵泉也。〈晉平原相陸機〉

孋闈淚盡。或士有解佩出朝，一去忘返。女有揚蛾入寵，再盼傾國。凡斯種種，感蕩心靈，非陳詩何以展其義？非長歌何以騁其情？故曰：「詩可以群，可以怨。」使窮賤易安，幽居靡悶，莫尚於詩矣。〈序〉

其源出於國風。骨氣奇高，詞彩華茂，情兼雅怨，體被文質，粲溢古今，卓爾不群。嗟乎！陳思之於文章也，譬人倫之有周孔，鱗羽之有龍鳳，音樂之有琴笙，女工之有黼黻。俾爾懷鉛吮墨者，抱篇章而景慕，映餘暉以自燭。故孔氏之門如用詩，則公幹升堂，思王入室，景陽、潘、陸，自可坐於廊廡之間矣。〈魏陳思曹植〉

名家評介：

- 袁枚：「抄到鍾嶸《詩品》日，該他知道性靈時。」《仿元遺山論詩》
- 章學誠：「《詩品》之於論詩，視《文心雕龍》之於論文，皆專門名家，勒為成書之初祖也。……論詩論文而知溯流別，則可以探源經籍，而進窺天地之純，古人之大體矣。……」《文史通義‧詩話篇》

深入探索

→《新譯詩品讀本》，程章燦著，三民書局
→《詩品注》，汪中選注，正中書局
→《鍾嶸和詩品》，梅運生著，萬卷樓出版社

06 『昭明文選』

● 成書時間：梁武帝普通三年
　至大通元年間
● 類別：古代詩文總集

特色：現存最早的詩文總集

■作者介紹：

　　蕭統（西元五○一年至西元五○三年），字德施，南朝蘭陵（今江蘇徐州市）人，武帝（蕭衍）長子，喜愛招集名士，商榷古今，聚書近三萬卷，研讀不倦。《文選》乃集體力量編成的，成書之後由蕭統一人署名。蕭統死後，諡為昭明，世稱昭明太子，編選的《文選》故又稱《昭明文選》，個人另有《文集》、《正序》、《文章英華》等著作，都已失傳，後人輯有《昭明太子集》。

■內容梗概：

　　《文選》選錄東周至梁八、九百年間、收錄詩歌四百三十四篇，辭賦九十九篇，雜文二百一十九篇，共七百五十二篇，分三十八類。《文選》入選文章範圍很廣，在編撰上，有些大類，下面再分小類；類分之中，又各以時代先後為次。三十八類，可以大致概括為詩歌、辭賦和雜文三大類，呈現當時各種文體的樣貌和代表作，例如賈誼〈過秦論〉、司馬遷〈報任少卿書〉、諸葛亮〈出師表〉，有助於後人研究在此之前的文學史和

名言佳句
・寔迷途其未遠，覺今是而昨非。（迷途，已見〈丘遲與陳伯之書〉。莊子謂惠子曰：孔子行年六十而化，始時所是，卒而非之，未知今之所謂是之非五十九非也。）〈歸去來辭〉《文選卷第四十五辭下》

當代文學審美標準。

■閱讀指導：

《文選》的入選標準是「事出於沉思，義歸乎瀚藻」（蕭統・〈文選序〉），也就是說，入選的作品必須內容與辭采並茂，偏於一面，便不錄取，因此對當時艷體詩、詠物詩等風花雪月或賣弄文筆之作，一概不選。蕭統有意識地把文學作品和學術著作區別開來，在文學作品和非文學作品之間劃出一條界線。因此，在閱讀此書時，可以仔細評鑑一下蕭統選文的標準，思考他如何選出所謂情辭並茂的作品。或受限文字無法有公允判斷，有時也無法明白文章入選的特點，然而此部規模宏大、選擇嚴格的詩文總集，精審地選錄了在思想上和藝術上各種有代表性的文學作品，同時兼顧到各種體裁、各種流派、各種內容，一定程度上反映了齊梁以前，各個朝代的文學面貌和精神。

姑且不論大量選入的辭賦和駢體文，詩歌方面，入選了漢魏以來如曹氏父子及阮籍、嵇康、左思、顏延之、鮑照、謝靈運等代表詩人的名篇；在散文方面，有賈誼〈過秦論〉、司馬遷〈報任少卿書〉、諸葛亮〈出師表〉等名篇章；學術和歷史論文方面，也有卜子夏〈毛詩序〉、孔安國〈尚書序〉、杜預〈春秋左氏經傳集解序〉、干寶〈晉紀總論〉等佳作。就連歷來為人所傳頌的陶潛〈歸去來辭〉，也是由《文選》最早選入，而之後才

・深謀遠慮，行軍用兵之道，非及曩時之士也。（《史記》曰：賢人深謀於廊廟。《論語》曰：人無遠慮，必有近憂。）〈過秦論〉《文選卷第五十一論一》

被古文家所重視。由此觀之，《文選》可說是中國最早一本「國文課本」，是想深入認識中國齊梁之前文學者，不可錯過的集子。

除了欣賞文學美感外，閱讀這本書還可以從文化或文物、美學觀點，例如班固〈兩都賦〉、張衡〈兩京賦〉及王延壽〈魯靈光殿賦〉等作，詩文保存古代都市建築規模的資料，可與現今所遺留的文物相對照之；又如左思的〈三都賦〉、木華的〈海賦〉、郭璞的〈江賦〉著作，從中可對古代自然、人文及經濟地理等知識有進一步的了解；潘岳〈西征賦〉、孫綽〈遊天臺賦〉，則是絕佳的韻文遊記。幾篇關於音樂舞蹈的詩賦，更是寫實記載古代音樂、舞蹈之作；陸機《文賦》則是極精湛的文學理論作品，將文學創作的靈感和過程，以極為形象的語言形容。

■精彩篇章推薦：

微陰翳陽景，清風飄我衣。（《春秋》說題辭曰：陽精為日。《楚辭》曰：陽杲杲兮朱光。）游魚潛淥水，翔鳥薄天飛。（言得所也。《大戴禮》曰：魚游于水，鳥飛于雲。）眇眇客行士，遙役不得歸。（言不如魚鳥也。《楚辭》曰：安眇眇兮，無所歸薄。）始出嚴霜結，今來白露晞。（嚴霜，已見上文。《毛詩》曰：蒹葭淒淒，白露未晞。）遊子歎黍離，處者歌式微。（《毛詩》曰：彼黍離離，彼稷之苗；行邁靡靡，中

· 采菊東籬下，悠然望南山。山氣日夕佳，飛鳥相與還。（管子曰：夫鳥之飛，必還山集谷也。）〈雜詩其二〉《文選卷第三十雜詩下》
· 且勇者不必死節。（言勇烈之人，不必死於名節也，造次自裁耳。）〈報任少卿書〉《文選卷第四十一書上》

心搖搖。又曰：式微式微，胡不歸？）慷慨對嘉賓，悽愴內傷悲。（《毛詩》曰：我有嘉賓。又曰：我心傷悲。）〈情詩・曹子建〉

名家評介：

- 杜甫：「熟讀《文選》理。」
- 陸游：「《文選》爛，秀才半。」《老學菴筆記》
- 張之洞：「此類各書，簡潔豁目，初學諷誦，可以開發性靈。其評點處頗於學爲詞章者有益。」
- 魯迅：「選本可以借古人的文章寓自己的意見。博覽群籍，採其合於自己意見的爲一集，一法也。如《文選》是。」

深入探索

→《文選——文學的御花園》，簡宗梧著，時報文化出版社

07 『顏氏家訓』

● 成書時間：南北朝
● 類別：中國散文雜著

特色：一部影響較為普遍而深遠的中國家訓

■作者介紹：

顏之推（西元五三一年至約西元五九○年），字介，祖籍琅邪臨沂（今屬山東）人。出生於名門，自幼廣受家學，博覽群書，青年時曾遭遇戰亂，所幸後受歷代君王之用，隋朝更被召為學士。晚年為教育後代子弟，鼓勵族人繼承家業，寫下《顏氏家訓》二十篇，目前另傳於世除此書外，僅剩《還冤志》一書。

■內容梗概：

《顏氏家訓》共二十篇。首篇為〈序致〉，是全書的自序，講述撰寫該書的目的。而後十八篇章分為〈教子〉、〈兄弟〉、〈後娶〉、〈治家〉、〈風操〉、〈慕賢〉、〈勉學〉、〈文章〉、〈名實〉、〈涉務〉、〈省事〉、〈止足〉、〈誡兵〉、〈養生〉、〈歸心〉、〈書證〉、〈音辭〉、〈雜藝〉等，除了〈歸心〉篇講佛教思想，不太容易直接看出，其他篇章均可以由篇名得知內容主旨，第二十篇是作者講死後的安葬事宜。可以說，此書一方面能安身立命，懂得倫理應對，也能幫助教養子弟，無怪乎

名言佳句

・少成若天性，習慣如自然。〈教子第二〉
・凡庸之性，後夫多寵前夫之孤，後妻必虐前妻之子。〈後娶第四〉

稱之家訓，顏之推恐怕也是希望此書成為後代子孫警惕自己為人處世的家訓手冊。

■閱讀指導：

　　歷代以來《顏氏家訓》可說佳評如潮，總結起來，大致集中顏之推不以權威口吻講理，淺出深入，讓讀者讀了有親切感。這很重要，要講出一番倫理道理，其實很容易，但要令人無厭惡又能教人信服的，則十分困難。顏之推講解的易懂，用了一些技巧，這些技巧就是我們在閱讀上可以稍加留意的地方。

　　首先，分章列節，顏之推以人生中幾件大事為主要範疇。例如教子，講解為人父子該怎樣教育子女以及教養的重要性，如何做到有威嚴又仁慈，子女不僅畏懼父母且有孝敬之心；兄弟，講解如何當個兄弟，兄弟之間的相處之道；治家，提及風俗習慣的影響力，上行而下執，前人影響後人，惡人乃天生須用刑罰懲戒，不僅靠教育訓斥；慕賢，講述為何有慕賢一事，常人慕賢有何種缺點，又該如何面對此事；歸心，倡導有生命之物均愛惜己身，故戒殺生，喜歡殺生之人，臨死之前會有報應，且恐禍及子孫……等。只要細讀其中一兩章，再比照篇章名，自然可以發現顏之推用心之處。勉學講學習之重要，名實討論名實間之關係，養生論養生之道，音辭、雜藝則談藝術學習和育樂，幾乎人生中所有大事，顏之推都有他特殊的見解和

・以父不慈則子不孝，兄不友則弟不恭，夫不義則婦不順矣。〈治家第五〉
・四海之人，結為兄弟，亦何容易。〈風操第六〉

看法，無一疏漏。

其次，講解篇章的內容，並非以議論的方式，辯論誰是誰非，產生一種強烈的排斥感，而是擅用歷史故事為例證，使人步入其中，受到潛移默化的影響。如討論「慕賢」，他先說出自認的真理，即言「世人多蔽，貴耳賤目，重遙輕近。少長周旋，如有賢哲，每相狎侮，不加禮敬；他鄉異縣，微藉風聲，延頸企踵，甚於飢渴。校其長短，覈其精麤，或彼不能如此矣。」然後再舉出知名的故事。春秋孔子為賢能之人，眾人雖然知其賢，對他的態度卻是虛偽的「慕賢」，即是聽別人說孔子好就延頸企踵、甚於飢渴。書中可見此法屢次出現，如〈教子〉的「王大司馬母魏夫人」與「齊武成子琅邪王」的故事、〈兄弟〉「江陵王玄紹，弟孝英、子敏」友愛的故事、〈後娶〉舉出自《後漢書》記載的「汝南薛包孟嘗」、〈名實〉中的「鄴下少年」，〈歸心〉篇更舉一傳說，即「梁世有人，常以雞卵白和沐，云使髮光，每沐輒二三十枚。臨死，髮中但聞啾啾數千雞雛聲」。故事的講法有助於讀者進入書中的世界，領會作者要傳達的意旨。

或許有人會以儒家舊思想的角度批評此書，然而就踏實的立場，縱使此書難免有時代上的缺失，並非條條道理均通，但在待人處世的道理，不論教育自己或者教育下一代，可說都非常實用，時時翻之，可以警惕自己，也能勸勉後人，甚至懂得知福惜福。總之，古人的智慧，仍有其優點，不可一概抹滅。

・世人多蔽，貴耳賤目，重遙輕近。〈慕賢第七〉
・無多言，多言多敗；無多事，多事多患。〈省事第十二〉
・幼而學者，如日出之光，老而學者，如秉燭夜行，猶賢乎瞑目而無見者也。〈勉學第八〉

夫聖賢之書，教人誠孝，慎言檢跡，立身揚名，亦已備矣。魏、晉已來，所著諸子，理重事複，遞相模效，猶屋下架屋，床上施床耳。吾今所以復為此者，非敢軌物範世也，業以整齊門內，提撕子孫。夫同言而信，信其所親；同命而行，行其所服。禁童子之暴謔，則師友之誡，不如傅婢之指揮；止凡人之鬥鬩，則堯、舜之道，不如寡妻之誨諭。吾望此書為汝曹之所信，猶賢於傅婢寡妻耳。〈序致第一〉

父子之嚴，不可以狎；骨肉之愛，不可以簡。簡則慈孝不接，狎則怠慢生焉。由命士以上，父子異宮，此不狎之道也；抑搔癢痛，懸衾篋枕，此不簡之教也。或問曰：「陳亢喜聞君子之遠其子，何謂也？」對曰：「有是也。蓋君子之不親教其子也，《詩》有諷刺之辭，《禮》有嫌疑之誡，《書》有悖亂之事，《春秋》有邪僻之譏，《易》有備物之象：皆非父子之可通言，故不親授耳。〈教子第二〉

人生在世，會當有業：農民則計量耕稼，商賈則討論貨賄，工巧則致精器用，伎藝則沈思法術，武夫則慣習弓馬，文士則講議經書。多見士大夫恥涉農商，羞務工伎，射則不能穿札，筆則纔記姓名，飽食醉酒，忽忽無事，以此銷日，以此終年。或因家世餘緒，得一階半級，便自為足，全忘修學；及有吉凶大事，議論得失，蒙然張口，如坐雲霧；公私宴集，談古

・天地鬼神之道，皆惡滿盈。〈止足第十三〉
・人有憂疾，則呼天地父母，自古而然。〈風操第六〉

賦詩，塞默低頭，欠伸而已。有識旁觀，代其入地。何惜數年勤學，長受一生愧辱哉！〈勉學〉

名家評介：

· 王三聘：「古今家訓，以此為祖。」《今古事物考》

· 袁裒：「六朝顏之推家法最正，相傳最遠。」《庭幃雜錄》

深入探索

→《顏氏家訓：一位父親的叮嚀》，顏之推著，盧建榮編撰，時報文化出版社

→《顏氏家訓集解》，王利器著，明文書局

『唐詩三百首』

● 成書時間：清乾隆二十八年
● 類別：唐詩選本

特色：中國詩歌讀者最多的選本

■作者介紹：

孫洙，清朝江蘇無錫人，字臨西，號蘅塘退士，此書一般題爲「桁塘退士編」。孫洙繼室夫人徐蘭英也參與了編選工作。作者感於當時兒童就學所讀的《千家詩》「隨手掇拾，工拙莫辨，且止五、七律絕二體，而唐宋人又雜出其間，殊乖體制」，故編選了《唐詩三百首》，意欲勝過《千家詩》；此書「專就唐詩中膾炙人口之作，擇其尤要者，每體數十首，共三百餘首，錄成一編。爲家塾課本，俾同而習之，白首亦莫能廢」。

■內容梗概：

《唐詩三百首》全書共選七十七位作者的詩三百一十首，共分八卷。和《詩經》一樣，「三百首」取的是整數。編選者把入選詩篇按詩體分爲五古、七古、五律、七律、五絕、七絕六類，把樂府詩附入各體之後。《唐詩三百首》的編選標準是只收歷代公認膾炙人口的詩，或者是具有代表性的詩，這本書中選擇的唐詩代表詩人可說無一漏選，選中的詩篇也多爲精品，選本還兼顧同一作家的不同風格的作品，沒有失之偏狹。故讀

名言佳句

· 故人西辭黃鶴樓，煙花三月下揚州。孤帆遠影碧空盡，惟見長江天際流。〈李白·黃鶴樓送孟浩然之廣陵〉
· 功蓋三分國，名成八陣圖。江流石不轉，遺恨失吞吳。〈杜甫·八陣圖〉
· 無邊落木蕭蕭下，不盡長江滾滾來。〈杜甫·登高〉

此書，甚可得知唐詩的大觀。

■閱讀指導：

《唐詩三百首》在當時的流行情況是「風行海內，幾至家置一編」，幾乎已達到每家一冊的普及程度，對普及唐詩產生了極爲重要的作用，也是古今各種唐詩選本影響最大、讀者最多的一種。這個著名的唐詩選本匯集了唐代許多優美動人的詩篇。當讀者翻開這本書時，各種美麗的、雅致的、空靈的、清新的、飛揚的、雄偉的、纏綿的、活潑的詩句逐一躍入眼簾，讓人應接不暇，可以說此著名選本替讀者開闢了一條進入唐詩花園的絕佳捷徑。雖然捷徑開啓了，若要品味花園中的香氣，則需要一些方法：

首先，融合情感經驗。詩歌表現的是詩人內心的世界，對外界事物所感發的情緒詞彙。情緒雖然有差異，總體而言，詩句並非憑空飛來的虛構情境，全都是詩人用血淚所寫下。舉例來說，李白在〈夜思〉中吟詠著：「床前明月光，疑是地上霜。舉頭望明月，低頭思故鄉。」可不是突如其來的隨性唱和，而是凝望著月光，想起許久未曾回到故鄉，加上自己在外漂泊多時，因此心有所感，遂詠出這首看似簡單字詞，卻包含無限思鄉情緒的詩歌。詩人以情感寫詩，讀者若可以結合情感經驗讀詩，相信更能懂得詩句傳達的情意。故若讀到王維「紅豆生南國，春來發幾枝；願君多採擷，此物最相思」，可聯想自

· 商女不知亡國恨，隔江猶唱後庭花。〈杜牧·泊秦淮〉
· 相見時難別亦難，東風無力百花殘。春蠶到死絲方盡，蠟炬成灰淚始乾。〈李商隱·無題〉
· 身無彩鳳雙飛翼，心有靈犀一點通。〈李商隱·無題〉

己是否曾患相思病，期盼著對方快點回到身邊；或者走在公園，聽聞春鳥在啼，落花點點，隨口朗誦孟浩然「春眠不覺曉，處處聞啼鳥。夜來風雨聲，花落知多少」。若懂得融合自身情感經驗，才算是真正進入詩歌花園。

其二，細心留意詩句。《唐詩三百首》所選的詩句，雖然已經是通俗易懂，不須太多的註解，但也因此讀者自信太滿，常常發生一些誤讀的狀況，例如把李白詩「浮雲遊子意，落日故人情」，將落日及浮雲解讀成友情的象徵。這首詩確實涉及到友情，然而浮雲在此作用則是和遊子相互應，兩者都是漂泊不定，並沒有友情的象徵意味，況且詩最後言「揮手自茲去，蕭蕭班馬鳴」，可見此乃一首送別之作。諸如此類的情況很多，雖然我們沒法全懂唐詩中所有隱藏的典故或詩境，但在推敲詩人所傳達的詩意時，總得細心留意詩句，別太急著囫圇吞棗，光認為詩歌就是直覺最美，這樣或許可以自得其樂，卻永遠無法真正品味到花園芬芳的香氣。

■**精彩篇章推薦：**

白日依山盡，黃河入海流；欲窮千里目，更上一層樓。〈王之渙・登鸛鵲樓〉

紅豆生南國，春來發幾枝；願君多採擷，此物最相思。〈王維・相思〉

床前明月光，疑是地上霜。舉頭望明月，低頭思故鄉。

・莊生曉夢迷蝴蝶，望帝春心託杜鵑。……此情可待成追憶？只是當時已惘然。〈李商隱・錦瑟〉

〈李白・夜思〉

劍外忽傳收薊北,初聞涕淚滿衣裳。卻看妻子愁何在,漫卷詩書喜欲狂。白日放歌須縱酒,青春作伴好還鄉。即從巴峽穿巫峽,便下襄陽向洛陽。〈杜甫・聞官軍收河南河北〉

向晚意不適,驅車登古原;夕陽無限好,只是近黃昏。〈李商隱・登樂遊原〉

遶池閒步看魚游,正值兒童弄釣舟;一種愛魚心各異,我來施食爾垂鉤。〈白居易・觀游魚〉

慈母手中線,遊子身上衣;臨行密密縫,意恐遲遲歸。誰言寸草心,報得三春暉。〈孟郊・遊子吟〉

● **名家評介:**

・清朝人云:「熟讀《唐詩三百首》,不會作詩也會吟。」

深入探索

→《唐詩鑑賞集成》,蕭滌非等著,五南書局

→《唐詩三百首詳析》,喻守真編撰,中華書局

→《唐詩三百首新注》,金性堯編撰,書林出版有限公司

→《唐詩植物圖鑑》,潘富俊著,貓頭鷹出版社

『唐宋八大家文鈔』

- 成書時間：明朝
- 類別：古文總集

特色：正式提出「唐宋八大家」的名稱，選取八家文以推廣唐宋古文

■作者介紹：

　　韓愈（西元七六八年至西元八二四年），字退之，河南南陽人，唐宋八大家的第一位，著有《昌黎先生集》四十卷。文章氣勢磅礡、條理清晰、變化多端、平中有奇、雄峻高明、能大能小，影響力是八人最大的一位，文學史上地位崇高。

　　柳宗元（西元七七三年至西元八一九年），字子厚，河東蒲東（今山西永濟）人，著有《柳河東集》。最擅長的是遊記和寓言。遊記細膩而幽冷，精彩美妙，寓言也妙趣橫生，自然而然地寄託國家人生的大道理。

　　歐陽修（西元一〇〇七年至西元一〇七二年），字永叔，吉州廬陵（今江西吉安）人，著有《歐陽文忠公集》、《新五代史》、《毛詩本義》、《集古錄》，曾與宋祁合著《新唐書》。擅長詩、詞、文、賦，寫有《六一詩話》，開一代文風，是勇於革新的散文家，亦是宋代古文運動的卓越領袖。

　　蘇洵（西元一〇〇九年至西元一〇六六年），字明允，號老

名言佳句
・師者，所以傳道、受業、解惑也。〈韓愈・師說〉

泉，眉州眉山（今四川眉山）人，著有詩文集《嘉祐集》、《老泉文鈔》。蘇軾、蘇轍之父，後人因此稱他「老蘇」，父子三人並稱「三蘇」。散文以議論文最出色，史論和政論縱橫恣肆、雄健奔放、簡勁質樸。

曾鞏（西元一○一九年至西元一○八三年），字子固，建州南豐（今江西南豐）人，著有《元豐類稿》。文章善於說理、文字精實、結構謹嚴、氣勢壯盛、簡潔含蓄。

王安石（西元一○二一年至西元一○八六年），字介甫，號半山，撫州臨川（今江西臨川）人，著有《臨川集》、《三經新義》，散文獨具特色，非常強調文章有補於世，爲現實政治和社會教化服務。

蘇軾（西元一○三六年至西元一一○一年），字子瞻，又字和仲，號東坡，眉山（今四川眉山）人，著有《東坡全集》、《易傳》、《書傳》、《東坡志林》。他的詩、詞、文、繪畫、書法、音樂全都出類拔萃。散文氣勢磅礴，自然流暢，波瀾迭出，變化無窮，往往融寫景、抒情、議論於一爐，說理透徹，寫景生動，感染力很強，成爲北宋古文運動的主將。

蘇轍（西元一○三九年至西元一一一二年），字子由，一字叔同，蘇軾之弟，著有《詩傳》、《春秋傳》、《古史》、《老子解》、《欒城集》。散文作品甚豐，其中較好的是議論文、書、序、遊記。

編撰者茅坤，明代散文家。字順甫，號鹿門，浙江歸安

· 庭下如積水空明，水中藻荇交橫，蓋竹柏影也。〈蘇軾·記承天寺夜遊〉

（今吳興）人。嘉靖進士。不滿前後七子「文必秦漢」的觀點，提倡學習唐宋古文。對於作品內容，則主張必須闡發「六經」之旨。曾編選《唐宋八大家文鈔》，對韓愈、歐陽修和蘇軾尤加推崇，流傳廣泛。與王慎中、唐順之、歸有光等，同被稱爲「唐宋派」。著有《白華樓藏稿》，刻本罕見，流傳於世爲《茅鹿門集》。

■內容梗概：

明散文家茅坤所編的《唐宋八大家文鈔》，共一百六十卷，收錄唐宋八家的古文，其目的是舉出學習典範，揭示入門方法，推廣唐宋古文。全書選錄八大家各種類型、不同內容的代表作，茅坤更在書中評點八家之文，藉此揭示文章的法度規矩，後人讀之可以學到前人文章的精妙之處，是研讀唐宋八大家的最重要入門書。

■閱讀指導：

「散文」創作的特點，可說是隨事而發，針對某些人事物，作者抒發自身的觀點。總體而言，八大家的作品都能以精練的語言，表現出深刻的思想與感情，篇幅簡短而力透紙背，乃文學史上的晶瑩珠玉。翻閱此書，可試著從下面的角度欣賞作品。

演講底稿。八大家的散文大多非無病呻吟之作，均因對當

・世有伯樂，然後有千里馬。〈韓愈・雜說四〉

時的政治、社會、教育、經濟或文化等範疇有話想說，立下某個標題，寫成文章抒發己感，故我們可以把這些文章視爲未演說的演講底稿，如韓愈的〈師說〉。唐代採科舉取士，士大夫不憑靠門第或祖先餘蔭，即可躋身朝廷、飛黃騰達，故他們不在乎師生關係，就連一般士子，縱使身在學校，其目的僅希望透過關係，爲決定前途命運的科舉考試做準備。韓愈有感當時師道淪喪，藉著〈師說〉，發表自己對於師道的意見，力陳此弊端。因此我們可以把此層次分明之文，視爲一篇極佳的演講稿。除此文，又如蘇洵的〈六國論〉，是篇說明「六國破滅」原因在於賂秦的文章，作者「以古爲鑒」，批判北宋當時對契丹、西夏納幣求和的屈辱政策。當然表示意見的方式不一定要辯論直說，寓言也是可以，柳宗元特擅此法，其文關心時政，常以「寓言」方式，揭露世態人情的流弊與病態，從而發揮諷諭或鑑戒的功能，如〈蝜蝂傳〉借用「蝜蝂」善負、好上高、至死不變的行爲，諷刺世人貪得無饜的本性。此手法如同演講者有時會說一些寓言故事，一方面吸引觀眾的注意力，一方面將論說主旨寄託在故事之內。

心情雜記。「散文」並非全然重在議論，發表對時事的看法，作者有時寫作散文僅是爲了記錄「當時心情」，猶如現在的「心情雜記」。如蘇軾被貶謫黃州後的第三年，有回與友人駕著小舟，暢遊赤壁下的長江，主客對談間，激盪出精彩的人生哲理，而後寫下名垂千古、流芳百世的〈赤壁賦〉（又稱〈前赤壁

卷三 古典詩文

·濤瀾洶湧，風雲開合。〈蘇轍·黃州快哉亭記〉

賦〉），紀念當時的對話和心境。蘇軾有不少心情雜記，像〈記承天寺夜遊〉也是知名的代表作。除蘇軾外，歐陽修的〈醉翁亭記〉（記述遊「醉翁亭」的感想，並闡發「醉翁之意不在酒，在乎山水之間」的要旨）、王安石的〈遊褒禪山記〉（借遊褒禪山爲題，抒發遊山探洞的感想與心得）、蘇轍的〈黃州快哉亭記〉（張懷民寓居承天寺，在寓所西南臨江處，自建一亭，稱「快哉亭」，蘇轍寫此篇〈記〉，除了湊趣，一方面慰藉哥哥與兄友，另一方面勸勉自己擺脫貶謫的困境）……等。整體來說，若宏觀八大家的作品，可發現不少諸如此類的「心情雜記」。

　　以「演講底稿」和「心情雜記」視之，只是一種閱讀的態度，八大家的散文也有許多書、狀、表、記等應用文，如柳宗元的〈段太尉逸事狀〉、蘇軾的〈答謝民師書〉、王安石的〈答司馬諫議書〉等，分類旨在幫助閱讀，況且，個人所處的時代環境也有差異，各自發展出不同風格，因爲如此，才能寫出千古流傳、曠世巨作的好文章。

■精彩篇章推薦：

　　世有伯樂，然後有千里馬。千里馬常有。故雖有名馬，祇辱於奴隸人之手，駢死於槽櫪之間，不以千里稱也。馬之千里者，一食或盡粟一石。食馬者，不知其能千里而食也。是馬也，雖有千里之能，食不飽，力不足，才美不外見，且欲與常馬等不可得，安求其能千里也？策之不以其道，食之不能盡其

深入探索
→《唐宋八大家》，吳小林著，里仁書局
→《唐宋八大家散文鑑賞》，陳有冰著，五南出版社

材，鳴之而不能通其意，執策而臨之曰：「天下無馬。」嗚呼！其真無馬邪？其真不知馬也！〈韓愈・雜說四〉

若夫日出而林霏開，雲歸而巖穴暝，晦明變化者，山間之朝暮也。野芳發而幽香，佳木秀而繁陰，風霜高潔，水落而石出者，山間之四時也。朝而往，暮而歸，四時之景不同，而樂亦無窮也。〈節錄歐陽修・醉翁亭記〉

元豐六年十月十二日夜，解衣欲睡，月色入戶，欣然起行。念無與樂者，遂至承天寺尋張懷民。懷民亦未寢，相與步於中庭。庭下如積水空明，水中藻荇交橫，蓋竹柏影也。何夜無月？何處無竹柏？但少閒人如吾兩人耳。〈蘇軾・記承天寺夜遊〉

士生於世，使其中不自得，將何往而非病？使其中坦然，不以物傷性，將何適而非快？今張君不以謫為患，竊會計之餘功，而自放山水之間，此其中宜有以過人者。將蓬戶甕牖，無所不快；而況乎濯長江之清流，揖西山之白雪，窮耳目之勝以自適也哉？不然，連山絕壑，長林古木，振之以清風，照之以明月，此皆騷人、思士之所以悲傷憔悴而不能勝者，烏睹其為快也哉？〈節錄蘇轍・黃州快哉亭記〉

深入探索

→《唐宋八大家選趣》，吳晨陽編著，旗磊文化出版社

『歷代詞選注』

● 成書時間：西元一九九二年
● 類別：中國詞選集

特色：一部對中國詞之發展及內容有貫串性的選注書

■作者介紹：

閔宗述、劉紀華、耿湘沅等學者，選注者大多任教於政治大學中國文學系，講授「詞選及習作」多年。

■内容梗概：

《歷代詞選注》所選詞家，自唐玄宗時之李白，至民國初年之喬曾劬，跨越一千兩百餘年，共計八十八家三百一十五闋。按照編注在〈凡例〉所言，選入者以能卓然自立，或別開風氣為主。其餘尚有若干名篇，以其流傳既廣，不宜忽略，亦酌量選入。每家之前，列有傳略。作品後，附有考調、注釋、評語、集評四欄，藉供參證，對詞之發展及內容有貫串性之介紹。此外，詞盛於兩宋，故選注側重宋詞，尤以周邦彥、姜夔、蘇軾、辛棄疾四家分量較重，其他詞家則依其重要性遞減，取精用宏，以彰顯詞之流變與風格。所附「實用詞譜」，不但標明平仄，協韻；且注明句法、倒裝句、疊句……等，極為詳盡。「簡明詞韻」則是就戈載「詞林正韻」刪去若干僻字，並改以詩韻標韻目，可視為「詞林正韻」之簡篇。

名言佳句

· 翦不斷，理還亂，是離愁。別是一般滋味在心頭。〈李煜·相見歡〉
· 大江東去，浪濤盡、千古風流人物。〈蘇軾·念奴嬌〉

詞是繼唐詩後，中國另一大詩歌類型，文學史上另一顆璀璨明珠。唐人偶爾作之，宋代以後許多文人均曾寫詞，著名的作者如溫庭筠、李煜、柳永、蘇軾、周邦彥、李清照、辛棄疾等，此書則網羅唐自民國為止諸多重要作家的作品，以及重要評點，故閱讀此書，可以從幾個方面著手。

首先，詞的發展。詞並非始終均維持既定的風貌。就格式上來說，早先的詞嬌小短巧，稱之小令，如白居易〈長相思〉「汴水流，泗水流。流到瓜洲古渡頭，吳山點點愁。思悠悠，恨悠悠。恨到歸時方始休，月明人倚樓」；而後到了五代、南北宋，上下片的詞漸多，如李煜〈相見歡〉「無言獨上西樓，月如鉤。寂寞梧桐深院鎖清秋。翦不斷，理還亂，是離愁。別是一般滋味在心頭」，甚至出現如柳永般一闋三段、總字數為一百四十七字的詞。形式和字數的擴張，凸顯詞迫切需要新形式滿足新內容。除了格式字數之外，風格的演變、修辭的轉換、典故的增多……等發展，都是我們在閱讀此書應該留意的部分。

其次，掌握詞人風格。詞常被冠以「婉約」，偶爾添增「豪放」兩字，彷彿詞中除此二種風格，別無他類。這二分對初學者來說，的確是區分寫作風格差異的便捷途徑，然而，深入分析，實際上每個詞人都擁有各自獨立的風格，此風格是人品性格、用詞習慣、人生態度、學習環境……等條件所決定。舉例

卷三 古典詩文

· 此情無計可消除，才下眉頭，卻上心頭。〈李清照·一剪梅〉
· 問人間、情是何物，直教生死相許？〈元好問·摸魚兒〉

來說，李煜習慣寫「流水」，如「恰似一江春水向東流」、「自是人生長恨水長東」、「世事漫隨流水」、「流水落花春去也」，象徵愁緒奔洩、時光流逝；蘇軾也喜愛言流水，如「只有多情流水伴人行」、「大江東去，浪濤盡、千古風流人物」、「江海寄餘生」等。兩人同言流水江河，詩篇卻呈現不同的氣勢，塑造不同的風格。因此當我們閱讀各個詞篇，不應該千篇一律視之，若能留意詞人所散發的特殊風格，詞才算讀到精要處。之後便可回推，選擇最適合作者個人性格、藝術風格、美好語言的角度理解該詞的內涵，藉此令自己能沐浴其中，獲得心靈上的美化和昇華。

最後，是詞中意境和名家評論。詞和詩一樣，均注重意境的營造，例如蘇軾的「回首向來蕭瑟處，歸去，也無風雨也無晴」、李清照的「尋尋覓覓，冷冷清清，悽悽慘慘戚戚」、辛棄疾的「眾裏尋他千百度，驀然回首，那人卻在，燈火闌珊處」，這些詩句均各自營造出深遠的意境，或感慨悲壯、沉鬱悲涼、盪氣迴腸，抑或哀感低吟、柔腸寸斷，讀之可以由此引發美感。此外，此書和其他選集不同，除考調外，更摘錄一些名家評論，像歐陽修「淚眼問花花不語」，王國維以有我之境評論；范仲淹「酒入愁腸，化作相思淚」，許昂霄評為「鐵石心腸人，亦作此銷魂語」。這些評論可幫助我們從其他的角度，認識或品味作品，進一步了解古人是如何評價詞作。

最後，若讀者有興趣填詞，此書最後所附的詞牌、詞韻，

・眾裏尋他千百度，驀然回首，那人卻在，燈火闌珊處。〈辛棄疾・青玉案〉

相信有助於習作。

歐陽修〈蝶戀花〉

庭院深深深幾許◎楊柳堆煙，簾幕無重數◎玉勒雕鞍遊冶處◎樓高不見章台路◎雨橫風狂三月暮◎門掩黃昏，無計留春住◎淚眼問花花不語◎亂紅飛過鞦韆去◎

【考調】

蝶戀花，毛先舒塡詞名解：「蝶戀花，商調曲也。采梁簡文帝樂府翻階蛺蝶戀花情爲名。」詞譜收石孝友、馮延巳、沈會宗三體，皆雙調六十字，謂此調本名鵲踏枝，宋晏殊詞改今名。馮延巳有「楊柳風輕，展盡黃金縷」句，名黃金縷，趙令時詞有「不捲珠簾，人在深深院」句，名捲珠簾，司馬槱詞有「夜涼明月生南浦」句，名明月生南浦，韓詞有「細雨吹池沼」句，名細雨吹池沼，賀鑄詞名鳳棲梧，李石詞名一籮金，衷元吉詞名魚水同歡，沈會宗詞名轉調蝶戀花。

【評語】

張宗橚詞林記事：南部新書記嚴惲詩：「盡日問花花不語，爲誰零落爲誰開」，此闋結二語似本此。

王國維人間詞話：有有我之境，有無我之境。「淚眼問花花不語，亂紅飛過秋千去。」……有我之境也。

俞平伯唐宋詞選擇：「三月暮」點季節，「風雨」點氣

・滾滾長江東逝水，浪花濤盡英雄。是非成敗轉頭空，青山依舊在，幾度夕陽紅。〈楊慎・臨江仙〉

候，「黃昏」點時刻，三層渲染，才逼出「無計」來。

蘇軾〈永遇樂〉──彭城夜宿燕子樓，夢盼盼，因作此詞

明月如霜，好風如水，清景無限◎曲港跳魚，圓荷瀉露，寂寞無人見◎如三鼓，鏗然一葉，黯黯夢雲驚斷夜茫茫、重尋無處，覺來小園行遍◎天涯倦客，山中歸路，望斷故園心眼◎燕子樓空，佳人何在？空鎖樓中燕◎古今如夢，何曾夢覺？但有舊歡新怨◎異時對、黃樓夜景，為余浩歎◎

【考調】

此調一○四字，雙調，一名消息，有平韻仄韻兩體，仄韻始自北宋，樂章集注林鍾商，平韻者始自南宋陳允平。

【評語】

藝苑雌黃云：「東坡問少游別後作何詞，少游舉其近作『小樓連苑橫空，下窺繡轂雕鞍驟。』以告，東坡云：『十三個字，只說得一個人騎馬樓前過。』秦問先生近著，坡云：『亦有一詞說樓上事。』乃舉『燕子樓空，佳人何在？空鎖樓中燕。』晁無咎在座云：『三句說盡張建封燕子樓一段事，奇哉！』」

鄭文焯云：公以燕子樓空三句語淮海，殆以示詠古之超宕，貴神情不貴跡象也。

先著詞潔：野雲孤飛，去留無跡，石帚之詞也，此詞亦當不愧此品目。僅歡賞「燕子樓空」十三字者，猶屬附會淺夫。

深入探索
→《唐宋詞鑑賞集成》，唐圭璋等著，五南出版社
→《唐宋詞選》，林明德編著，時報文化出版社

（按：石帚指姜夔。）

　　劉體仁七頌堂詞繹：「燕子樓空，佳人何在？空鎖樓中燕。」平生少年之篇也。

深入探索
　→《唐宋詞十七講》（上下兩冊），葉嘉瑩著，桂冠出版社

11 『竇娥冤』

● 成書時間：元代
● 類別：元雜劇

特色：感天動地的小人物悲劇

■作者介紹：

關漢卿（約西元一二〇〇年至西元一三〇〇年）號己齋叟，元大都（今北平人）。生卒年與生平事蹟無法確知。前人說他曾任金朝「太醫院尹」，金亡終身不仕，也有人說他隸籍「太醫院戶」，說法都無定論。關漢卿是元雜劇的奠基者，也是開創期的大功臣，有記載之作多達六十餘種，流傳至今也有十五種，題材很廣泛，形式兼有悲劇與喜劇，《竇娥冤》、《救風塵》、《望江亭》、《拜月亭》、《單刀會》……等作品，無論在思想上、藝術上都有著鮮明的個人風格與卓越成就，後人將他列爲「元曲四大家」之首。

■內容梗概：

《竇娥冤》全名《感天動地竇娥冤》，取材自《漢書·于定國傳》中「東海孝婦的故事」。關漢卿將之鋪展，塑造成歷史上偉大的悲劇。劇情敘述書生竇天章因家貧喪妻，向蔡婆婆借銀子卻無錢償還，只好將竇娥抵債，當蔡家的童養媳，另得蔡婆婆資助前往京城赴考，從此無消息。竇娥成人後與蔡家之子成

名言佳句

· 花有重開日，人無再少年。不須長富貴，安樂是神仙。〈楔子〉

親，不久丈夫病死，守寡中與蔡婆婆相依爲命。後來兩人遭受張家父子欺負，張驢兒更想毒死蔡婆婆好吞沒家產，誰知陰錯陽差毒死張父，張驢兒便誣告竇娥謀殺其父。在嚴刑拷打下，竇娥屈打成招，被判死罪。臨刑前她發下三個誓願，死後誓願全實現了。三年後，竇天章當官，竇娥鬼魂請求父親爲她翻案，最後終於沉冤得雪。

■**閱讀指導：**

從結局來看，《竇娥冤》一劇以沉冤昭雪爲結，看似喜劇收場，實際上全文依舊帶有相當濃厚的悲劇色彩。從蔡婆婆到外討債，差點反被人勒死就揭開悲劇序幕。又從鬼門關逃回來的蔡婆婆，原以爲遇上貴人，沒想到竟是引狼入室，張家父子屢次相逼，以此要脅她和竇娥分嫁父子倆。再來竇娥性情貞烈，不願自己和婆婆貞潔受損而不從，竟換得張驢兒設計陷害，這一切的一切在觀眾眼底不就是一幕幕的悲劇？但若要說到此劇最悲的一幕，相信是竇娥臨刑前的橋段。竇娥被判死罪，來到刑場，即將行刑。她一面哭著和婆婆告別，一面對天發了三個毒誓：一是血噴懸掛的八尺白布；二要六月飛雪遮蓋其屍首；三要楚州從此大旱三年，藉此讓天地證實自己的清白。這樣的場景讓人讀來沒有不哀傷和悲憤的，哀傷著竇娥無辜受此陷害，一個可憐人兒命喪黃泉；悲憤奸賊竟計謀得逞，竇娥冤屈恐怕無處可伸。雖然關漢卿嫉惡如仇的性格，使他在

卷三　古典詩文

・地也，你不分好歹何爲地？天也你錯勘賢愚枉做天！〈第三折・滾繡球〉

故事結局懲罰了壞人，卻也只是慰藉群眾悲憤之心，整部戲仍是一齣大悲劇，畢竟竇娥的生命終究無法挽回啊！

像這樣一齣可歌可泣難得的大悲劇，讀之當然可以好好宣洩一下淚水，感受人間的至善與至惡，如竇娥的純潔善良和堅毅、蔡婆婆的怯弱與猶疑、張氏父子的無賴與惡毒和地方官的昏昧與兇殘。然而，也別忘了作者藉著戲劇表達小人物的心聲，他們面對著恃強凌弱的社會、黑暗的官場與無能的官吏等欺壓時，心中是多麼怨恨氣憤。冷酷無情的是，他們微弱的吶喊卻無人聽見，因此欺凌屢生，冤獄不斷，只好塑造竇娥那種反抗惡勢力、渴望公理正義與勇敢堅強、至死不屈的藝術形象，紓解一下內心的不滿。或許有人說，現在是個法治的社會，如竇娥劇情的冤案不會發生，然而若在社會新聞上聽到類似此齣戲的劇情時，或許可以想想，悲劇可能從未停止。

■**精彩篇章推薦：**

……（卜兒云）孩兒！痛殺我也！（正旦云）婆婆，那張驢兒把毒藥放在羊肚兒湯裏，實指望藥死了你，要霸佔我為妻。不想婆婆讓與他老子吃，倒把他老子藥死了。我怕連累婆婆，屈招了藥死公公，今日赴法場典刑。婆婆，此後遇著冬時年節，月一十五，有瀽不了的漿水飯，瀽半碗兒與我吃，燒不了的紙錢，與竇娥燒一陌兒，則是看你死的孩兒面上。

（唱）【快活三】念竇娥葫蘆提當罪愆，念竇娥身首不完

・滿腹閒愁，數年禁受，天知否？天若是知我情由，怕不待和天瘦。
〈第一折〉

全，念竇娥從前已往幹家緣，婆婆也，你只看竇娥少爺無娘面。

【鮑老兒】念竇娥服侍婆婆這幾年，遇時節將碗涼漿奠；你去那受刑法屍骸上烈些紙錢，只當把你亡化的孩兒荐。

（卜兒哭科，云）孩兒放心，這個老身都記得。天那！兀的不痛殺我也！

（正旦唱）婆婆也，再也不要啼啼哭哭，煩煩惱惱，怨氣衝天。這都是我做竇娥的沒時沒運，不明不暗，負屈銜冤。

（劊子做喝科，云）兀那婆子靠後，時辰到了也。（正旦跪科）（劊子開枷科）（正旦云）竇娥告監斬大人，有一事有依竇娥，便死而無怨。（監斬官云）你有什麼事？你說。（正旦云）要一領淨席，等我竇娥站立；又要丈二白練，掛在旗鎗上，若是我竇娥委實冤枉，刀過處頭落，一腔熱血休半點兒沾在地下，都飛在白練上者。（監斬官云）這個就依你，打什麼不緊。（劊子做取席站科，又取白練掛旗上科）（正旦唱）

【耍孩兒】不是我竇娥罰下這等無頭願，委實的冤情不淺；若沒些兒靈聖與世人傳，也不見得湛湛青天！我不要半星熱血紅塵灑，都只在八尺旗鎗素練懸。等他四下裏皆瞧見，這就是咱萇弘化碧，望帝啼鵑。

（劊子云）你還有甚的說話，此時不對監斬大人說，幾時說那？（正旦再跪科，云）大人如今是三伏天道，若竇娥委實冤枉，身死之後，天降三尺瑞雪，遮掩了竇娥屍首。（監斬官云）

深入探索
→《關漢卿戲曲集》（上下冊），關漢卿著，吳國欽校注，里仁書局
→《中國古典名劇故事選》，關漢卿等著，業強出版社

這等三伏天道，你便是有衝天的怨氣，也召不得一片雪來，可不胡說！（正旦唱）

【二煞】你道是暑氣暄，不是那下雪天，豈不聞飛霜六月因鄒衍。若果有一腔怨氣噴如火，定要感得六出冰花滾似綿，免著我屍骸現；要什麼素車白馬，斷送出古陌荒阡？

（正旦再跪科，云）大人，我竇娥死的委實冤枉，從今以後，著這楚州亢旱三年。（監斬官云）打嘴！那有這等說話！（正旦唱）

【一煞】你道是天公不可期，人心不可憐，不知皇天也肯從人願。做甚麼三年不見甘霖降？也只為東海曾經孝婦冤。如今輪到你山陽縣，這都是官吏每無心正法，使百姓有口難言。

（劊子做磨旗科，云）怎麼這一會兒天色陰了也？（內做風科，劊子云）好冷風也！（正旦唱）

【煞尾】浮雲為我陰，悲風為我旋，三樁兒誓願明題遍。（做哭科，云）婆婆也，直等待雪飛六月，亢旱三年呵，（唱）那其間纔把你個屈死的冤魂這竇娥顯！〈第三折〉

● **名家評介：**

- 王國維：「列之於世界大悲劇中，亦無愧色也。」《宋元戲曲考》
- 劉大杰：「竇娥那種反抗罪惡勢力、渴望美滿生活、勇敢堅強、至死不屈、充滿著堅強意志的藝術形象，刻劃得非常動人，使這悲劇具有感人至深的藝術力量。」《中國文學發展史》

深入探索

→ 《元人雜劇注》，關漢卿等著，世界書局

12 『西廂記』

● 成書時間：元元貞、大德年間
● 類別：戲曲

特色：才子佳人浪漫愛情劇的經典

■作者介紹：

　　王德信，字實甫，元大都（今北京）人，生卒年與詳細事蹟都不可考，從散曲作品可知他早年曾當過小官，仕途並不順遂，壯志難酬，晚年退隱後，兒女婚嫁，衣食無憂，生活還算舒適。由賈仲明〈凌波仙〉的弔詞得知他經常出入於歌場戲院，為伶人編寫劇本，指導演出，是當時的文士所推崇稱服的偶像。主要活動的時期大約在大德年間，比關漢卿稍晚，所作的雜劇有存目的有十四種，流傳到今天只剩下《崔鶯鶯待月西廂記》、《四丞相高會麗春堂》、《呂蒙正風雪破窰記》三種和《韓彩雲絲竹芙蓉亭》、《蘇小卿月夜販茶船》各一折。

■內容梗概：

　　《西廂記》原名《崔鶯鶯待月西廂記》，共五本二十折，可說是元雜劇中僅有的長篇。故事題材源自唐代元稹的傳奇〈會真記〉（又名〈鶯鶯傳〉），後經金代董解元改編為《西廂記諸宮調》，將原本以悲劇收場的故事改為大團圓的結局。王實甫寫作《西廂記》就是以「董西廂」為底本，將諸宮調改為雜劇形式，

名言佳句

・蘭麝香仍在，佩環聲漸遠。東風搖曳垂楊淺，遊絲牽惹桃花片，珠簾映芙蓉面。〈驚豔・寄生草〉

故事情節也再加以鋪陳，遂成為傳誦不絕的千古佳作。故事描述相國女崔鶯鶯與書生張君瑞在寺中巧遇，一見鍾情，兩人在婢女紅娘的幫助下，終於衝破禮教的束縛，私下結合並經歷大小困難，成就「有情人終成眷屬」的團圓喜劇。

■閱讀指導：

此劇最吸引人之處在於愛情故事，若細讀，可發現故事表現了中國古代愛情小說的規律，即「私定終身後花園、落難公子中狀元、金榜題名大團圓」，此種規律後人稱之「才子佳人模式」。

《西廂記》非原創故事，前文有言其改編唐代元稹的傳奇〈鶯鶯傳〉。傳奇的版本描寫一對男女，機緣下認識進而相戀，故事中女子依舊美貌，男子卻是個負心漢，考上科舉後，便忘了戀人，追求功名利祿去也。這樣的愛情故事雖美，仍有些缺陷，精神內涵方面也無突出之意，彷彿故事就只是故事。董解元便不滿這樣的結局和精神，改編故事時，硬生生地重寫結尾，將其變成大團圓，王實甫則接續下去，甚至點綴穿插討喜有趣的橋段，創造了典型的人物性格。如故事主角鶯鶯，原先是養在深閨的被動嬌弱、羞怯性格，經愛情與禮教之間長期的內心衝突後，性格變成主動堅強，成為一個為愛願意勇敢向前的女性。張生的忠厚誠樸、一往情深，是現今女性理想中的白馬王子。兩人在大膽機智的婢女紅娘穿針引線下，燃起了愛的

・落紅成陣，風飄萬點正愁人。池塘夢曉，闌檻辭香；蝶粉輕沾飛絮雪，燕泥香惹落花塵。繫春心情短柳絲長，隔花陰人遠天涯近。香消了六朝金粉，清減了三楚精神。〈寺警・混江龍〉

火花。

　　通俗才子佳人的模式，不可能都十分順遂，總有一些反面人物出來進行破壞的工作，此劇中，擔任這樣的角色者就是孫飛武、鄭夫人、鄭桓，他們在故事的過程中，想盡辦法阻止相愛的兩人在一起。這就很像後來「梁山伯與祝英台」中的馬文才和祝老爺。較為不同的是，董解元和王實甫不願意屈服傳統媒妁之言的權威，認為愛情勝過一切禮教限制，應該要獲得美滿的結局，所以安排落難公子（張生）中狀元，金榜題名，最後回來迎娶鶯鶯，反面角色鄭桓則羞愧撞樹而亡，故事結束在大團圓中。

　　直到現代的連續劇，「才子佳人模式」依舊常出現，或許是廣大群眾對愛情的嚮往，卻也可見此劇的影響力。當然，除用通俗才子佳人的觀點來閱讀此劇外，劇中文辭妍麗豔冶，敘事抒情均高超，如初見的驚豔、相思的折磨、戀愛的矛盾心理、別離的哀怨……無不精彩絕倫、淒美動人，文字力透紙背深入人心，富有概括性與形象性。清麗中有本色，細膩中有粗豪，說白曲文均能切合不同身分和性格的人物。寫景的文辭雄渾灑脫，並且常有情景交融、詞意纏綿、風光旖旎的絢麗描繪，表現本色白描的語句也相當活潑清新，在藝術技巧上有很高的表現。

・其聲壯，似鐵騎刀槍冗冗；其聲幽，似落花流水溶溶；其聲高，似清月朗鶴唳空；其聲低，似兒女語，小窗中，喁喁。〈禿廝兒〉

■精彩篇章推薦：

第四本〈草橋店夢鶯鶯雜劇〉第三折（長亭送別）

【正宮】【端正好】碧雲天，黃花地，西風緊，北雁南飛。曉來誰染霜林醉？總是離人淚。【滾繡球】恨相見得遲，怨歸去得疾。柳絲長玉驄難繫，恨不倩疏林掛住斜暉。馬兒迍迍的行，車兒快快的隨，卻告了相思迴避，破題兒又早別離。聽得道一聲去也，鬆了金釧；遙望見十里長亭，減了玉肌：此恨誰知？

（紅云）姐姐今日怎麼不打扮？（旦云）你那知我的心裡呵？

【叨叨令】見安排著車兒、馬兒，不由人熬熬煎煎的氣；有甚麼心情花兒、靨兒，打扮得嬌嬌滴滴的媚？準備著被兒、枕兒，則索昏昏沉沉的睡；從今後衫兒、袖兒，都搵做重重疊疊的淚。兀的不悶殺人也麼哥！兀的不悶殺人也麼哥！久已後書兒信兒，索與我悽悽惶惶的寄。……

【上小樓】合歡未已，離愁相繼。想著俺前暮私情，昨夜成親，今日別離。我諗知這幾日相思滋味，卻原來此別離情更增十倍。

【么篇】年少呵輕遠別，情薄呵易棄擲。全不想腿兒相挨，臉兒相偎，手兒相攜。你與俺崔相國做女婿，妻榮夫貴，但得一個並頭蓮，煞強如狀元及第。（夫人云）紅娘把盞者！（紅把酒科）（旦唱）

深入探索

→《西廂記》（白話本），王實甫原著，世一出版社

【滿庭芳】供食太急，須臾對面，頃刻別離。若不是酒席間子母每當迴避，有心待與他舉案齊眉。雖然是廝守得一時半刻，也合著俺夫妻每共桌而食。眼底空留意，尋思起就裡，險化做望夫石。（紅云）姐姐不曾吃早飯，飲一口兒湯水。（旦云）紅娘，甚麼湯水嚥得下！

【快活三】將來的酒共食，嘗著似土和泥。假若便是土和泥，也有些土氣息，泥滋味。

【朝天子】暖溶溶玉醅，白泠泠似水，多半是相思淚。眼面前茶飯怕不待要吃，恨塞滿愁腸胃。「蝸角虛名，蠅頭微利」，拆鴛鴦在兩下裡。一個這壁，一個那壁，一遞一聲長吁氣。……

【耍孩兒】淋漓襟袖啼紅淚，比司馬青衫更濕。伯勞東去燕西飛，未登程先問歸期。雖然眼底人千里，且盡生前酒一杯。未飲心先醉，眼中流血，心內成灰。

【五煞】到京師服水土，趁程途節飲食，順時自保揣身體。荒村雨露宜眠早，野店風霜要起遲！鞍馬秋風裡，最難調護，最要扶持。

【四煞】這憂愁訴與誰！相思只自知，老天不管人憔悴。淚添九曲黃河溢，恨壓三峰華岳低。到晚來悶把西樓倚，見了些夕陽古道，衰柳長堤。

【三煞】笑吟吟一處來，哭啼啼獨自歸。歸家若到羅幃裡，

深入探索
→《西廂記》，王實甫原著、王季思校注，里仁書局

昨宵個繡衾香暖留春住，今夜個翠被生寒有夢知。留戀你別無意，見據鞍上馬，閣不住淚眼愁眉。（末云）有甚言語囑咐小生咱？

【二煞】你休憂文齊福不齊，我則怕你停妻再娶妻。休要一春魚雁無消息！我這裡青鸞有信頻須寄，你卻休金榜無名誓不歸！此一節君須記，若見了那異鄉花草，再休似此處棲遲。

（末云）再誰似小姐？小生又生此念！（旦唱）

【一煞】青山隔送行，疏林不做美，淡煙暮靄相遮蔽。夕陽古道無人語，禾黍秋風聽馬嘶。我為甚麼懶上車兒內，來時甚急，去後何遲？（紅云）夫人去好一會，姐姐，咱家去！（旦唱）

【收尾】四圍山色中，一鞭殘照裡。遍人間煩惱填胸臆，量這些大小車兒如何載得起？……

名家評介：

- 賈仲明：「新雜劇、舊傳奇，《西廂記》天下奪魁。」〈凌波仙〉
- 劉大杰：「《西廂記》的現實主義藝術力量，在善於分析事件發展衝突的戲劇效果上，創造了典型的人物性格。」《中國文學發展史》
- 王季思：「《西》劇的曲詞漂亮極了，讀來真是像《紅樓夢》中所形容的『詞句警人』，感到餘香滿口。」

→《西廂記的戲曲藝術》，陳慶煌著，里仁書局

『牡丹亭』

- 成書時間：西元一五九八年
- 類別：明代戲曲

特色：積極浪漫主義在戲曲上，最淋漓盡致的呈現

■作者介紹：

湯顯祖（西元一五○○年至西元一六一六年），字義仍，號海若、若士，又號清遠道人，江西省臨川縣人，出身書香門第，明代有名的戲曲大家。雖早負盛名，卻一直科舉不順，榜上無名，張居正死後，才舉中進士，人已三十四歲。因不肯趨炎赴勢，一生只做過幾任小官，仕途並不順遂。後任遂昌知縣時，又因縱囚放牒，不廢嘯歌，也不攀附權貴，以致被人彈劾，便棄官回到臨川縣，從事創作，《牡丹亭》即作於此年。歸家三年後，才被正式免職。死於萬曆四十四年，享年六十七歲。代表作有《紫釵記》（原名《紫簫記》）、《還魂記》（《牡丹亭》之別名）、《邯鄲記》與《南柯記》，合稱「玉茗堂四夢」。

■內容梗概：

《牡丹亭》全劇共五十五齣，敘述南安太守杜寶的女兒杜麗娘在夢中和折柳書生相遇，為夢情傷，後寫真留記而死。經三年，杜麗娘起死回生與柳生結為秦晉之好，而後杜寶以兩人的婚姻是私自野合的違禮行為，強迫女兒離異。這場禮教與愛情

名言佳句

- 謾說書中能富貴，顏如玉，和黃金哪裡？貧薄把人灰，且養就這浩然之氣。（柳夢梅）〈言懷〉
- 嬌鶯欲語，眼見春如許。寸草心，怎報的春光一二！（杜麗娘）〈訓女〉
- 則為你如花美眷，似水流年，是答兒閒尋遍。（柳夢梅）〈驚夢〉

的衝突與糾紛，一直鬧到皇帝出面協調，才終於有了「有情人終成眷屬」的圓滿大結局。

■**閱讀指導**：

愛情故事不論中西方通常有個俗套，即最後結尾為大團圓，滿足群眾希望結局圓滿的心理，然而，這樣的俗套卻不妨礙作品的高格調精神，不論是之前所介紹的《西廂記》，或是湯顯祖的此齣名著《牡丹亭》。

浪漫愛情故事的愛好者，相信也會喜歡《牡丹亭》這一部浪漫主義的傑作。劇中充滿著豐富的幻想，熱烈的感情，誇張的描寫，絢爛的言辭，使這一作品，織成曲折離奇、富於詩情畫意而又具有現實意義的抒情歌劇。然而，其浪漫色彩最重要的表現在「夢而死」、「死而生」的幻想情節。夢裡，杜麗娘可以突破現實的藩籬、禮教的局限、社會的束縛，追求內心想要的情感，像在〈驚夢〉一折，麗娘在夢中見一位貌美的書生（柳夢梅）手執半枝垂柳向她求愛，私會牡丹亭；死後，也敢於忠實表現情感，如〈冥判〉中，杜麗娘勇於向閻羅殿的胡判官訴說其感夢而死的過程，也因此獲得了判官的允許，離開冥府，自由地尋找夢中情人。

超現實的幻想情節不只如此。麗娘尋獲柳夢梅後，人鬼還渡過了一段幸福的時光，之後麗娘老實說出自己終究是個鬼魂，希望有天能復活，與情人終生相守，聽到此話，柳生為對

・經史腹便便，畫夢人還倦。欲尋高聳看雲煙，海色光平面。（柳夢梅）〈悵眺〉
・原來奼紫嫣紅開遍，似這般都付與斷井頹垣。良辰美景奈何天，賞心樂事誰家院！（杜麗娘）〈驚夢〉

方挖土開棺，麗娘果眞也起死回生。諸如此類不合現實的情節，在作者以「情」爲敘述之基礎下，變得讓人可以接受，相信這些事都可能發生，甚至感受讓劇中人爲追求理想（愛情），超越生死界線的至情力量（「生者可以死，死者可以生」）。

《牡丹亭》的魅力不限於超現實的浪漫愛情故事，身爲一齣戲曲，在曲詞的創作上，也有其特點，即「典雅秀麗」的文字。〈驚夢〉中幾支曲向來爲人稱道，如「【皂羅袍】原來是姹紫嫣紅開遍，似這般都付與斷井頹垣。良辰美景奈何天，賞心樂事誰家院！」詞藻典雅，音律優美；又〈尋夢〉中的「【懶畫眉】最撩人春色是今年。少甚麼低就高來粉畫垣，原來春心無處不飛懸。睡荼蘼抓信裙衩線，恰便是花似人心好處牽。」也是一絕，跟文學史上的著名詞作相比，有過之而無不及啊！故在沉讀杜麗娘不滿現實約束、反傳統、追求解放的人生觀，或柳夢梅忠於愛情、勇於進取的性格外，別忘了以詩詞韻文的角度，玩味典雅秀麗之詞，相信能讓你在戲劇性的故事外，另獲得不一樣的閱讀美感。

■**精彩篇章推薦：**

【山坡羊】沒亂裡春情難遣，驀地裡懷人幽怨。則爲俺生小嬋娟，揀名門一例，一例裡神仙眷。甚良緣，把青春拋的遠！俺的睡情誰見？則索因循靦腆。想幽夢誰邊，和春光暗流轉？遷延，這衷懷那處言！淹煎，潑殘生，除問天！身子困乏了！

· 是那處曾相見，相看儼然，早難道這好處相逢無一言？（杜、柳合）〈驚夢〉
· 偶然間心似繾，梅樹邊。這般花花草草由人戀，生生死死隨人願，便酸酸楚楚無人怨。（杜麗娘）〈尋夢〉

且自隱几而眠。（睡介）（夢生介）（生持柳枝上）「鶯逢日暖歌聲滑，人遇風情笑口開。一徑落花隨水入，今朝阮肇到天臺。」小生順路兒跟著杜小姐回來，怎生不見？（回看介）呀！小姐！小姐！（旦作驚起介）（相見介）（生）小生那一處不尋訪小姐來，卻在這裡！（旦作斜視不語介）（生）恰好花園內，折取垂柳半枝。姐姐，你既淹通書史，可作詩以賞此柳枝乎？（旦作驚喜，欲言又止介）（背想）這生素昧平生，何因到此？（生笑介）小姐，咱愛殺你哩！

【山桃紅】則為你如花美眷，似水流年，是答兒閒尋遍。在幽閨自憐。……（生）轉過這芍藥欄前緊靠著湖山石邊。（旦低問）秀才，去怎的？（生低答）和你把領扣鬆，衣帶寬，袖稍兒搵著牙兒苫也，則待你忍耐溫存一晌眠。……（合）是那處曾相見，相看儼然，早難道這好處相逢無一言。……

【綿搭絮】雨香雲片，纏到夢兒邊。無奈高堂，喚醒紗窗睡不便，潑新鮮，冷汗黏煎。閃的俺心悠步嚲，意軟鬟偏。不爭多費盡神情，坐起誰忺，則待去眠。（貼上）〔晚妝銷粉印，春潤費香篝〕小姐，熏了被窩，睡罷。

【尾聲】（旦）困春心遊賞倦，也不索香熏繡被眠。天呵！有心情那夢兒還去不遠。……〈第十齣·驚夢〉

深入探索
→《牡丹亭》，湯顯祖原著，徐朔方、楊笑梅校注，里仁書局
→《牡丹亭全二卷——遊園／驚夢／尋夢》（錄影帶），張繼青主演，里仁書局

● 名家評介：

- 沈德符：「湯義仍《牡丹亭》一出，家傳戶誦，幾令《西廂》減價。奈不諳曲譜，用韻多任意處，乃才情自足不朽也。」《顧曲雜言》
- 劉大杰：「《牡丹亭》是一部積極浪漫主義的優秀作品，他是用浪漫主義的藝術力量，來反映現實生活，來表現主題思想。作者在這方面，得到了高度的成功。」
- 徐朔方：「《牡丹亭》所具有的感人的力量，在於它強烈地追求幸福，反對封建婚姻制度的積極浪漫主義理想。這個理想作為與封建思想對立的一種力量而出現，而且在傳奇裡佔了上風。」《牡丹亭》前言

深入探索

→ 《牡丹亭研究》，楊振良著，台灣學生書局
→ 《姹紫嫣紅牡丹亭：四百年青春之夢》，白先勇著，遠流出版社

『閒情偶寄』

14

● 成書時間：清康熙十年
● 類別：筆記雜文

特色：生活藝術的袖珍指南

■作者介紹：

　　李漁，明末清初戲曲作家，字笠翁，號覺世稗官，浙江蘭谿人。自幼聰穎，又得伯父悉心培植，很早顯露文學才華。他是傳統社會中典型的文人，性愛自由，喜好山水，一生追求藝術化、趣味化的生活。在清廷統治時代，依靠賣文爲生，旅居杭州期間，創作完成了短篇小說集《無聲戲》、《十二樓》、傳奇《憐香伴》、《玉搔頭》、《風箏誤》、《奈何天》等作品。而後移居南京，帶著家庭劇團，浪跡江湖，以賣藝爲生，與此同時，也結交一些有名的詩人、戲曲家、文學家，一同飲酒賦詩，切磋藝術。這段時間裡，他陸續完成《愼鸞交》、《比目魚》、《凰求鳳》、《閒情偶寄》等著作。康熙十九年（一六八〇年），因遷家勞累，積勞成疾，正月十三日正式辭世。

■內容梗概：

　　《閒情偶寄》屬於文學雜著，共分詞曲、演習、聲容、居室、器玩、飲饌、種植、頤養等八部，內容論及戲曲、妝扮、園藝、古玩、烹調、花卉、養生等，相當豐富，觸及中國古代

名言佳句

・古人作文一篇，定有一篇之主腦。主腦非他，即作者立言之本意也。
〈詞曲部・結構第一〉

生活的各個領域，具有極強的娛樂性和實用價值，可稱古代生活藝術之大全。其中戲曲理論（詞曲部和演習部）的論述則是他長期編劇的經驗結晶，十分精彩，富有美學價值，是中國探討戲劇藝術規律和特點的一部重要著作，不少見解在今仍不失其重要的參考價值。

■閱讀指導：

閱讀李漁的這本雜著，建議從兩方面著手，以便迅速掌握作品之要點，其一是戲劇論述，另一則是藝術生活。

雖然《閒情偶寄》並非一本專業的戲曲理論之作，此書頗受文人重視的部分卻仍是他的戲劇理論。誠如上述所言，李漁具有戲劇之背景，故若能夠略懂一些他的戲曲觀點，相信有助於我們欣賞現代戲劇。舉例來說，李漁十分講究戲劇的整體性。他以「工師建宅和縫紉師縫衣」為比喻，認為戲曲創作須從全局出發，然後再逐一安排局部，此局部又得以全局為主。戲劇的結構最好前有埋伏，後有照映，如此一來，才能做到穿針引線、天衣無縫的效果；起頭要開得好，結尾也要有「趣」味。若遵循此創作論述，有助於我們欣賞作品並對其評價，像是觀看情節是否集中或起伏，主要人物和事件是否前後合理、呼應，作者欲表達的主題是否明確……等。除整體創作原則，在細部寫作上，作者也提供了一些建議，例如「填詞之設，專為登場」、「借優人說法與大眾齊聽」等強調語言尚淺顯、通

・傳奇不比文章，文章作與讀書人看，故不怪其深；戲文作與讀書人與不讀書人同看，故貴淺而不貴深。〈詞曲部・詞彩第二〉

俗；賓白之重要；雷同題材，務須新穎、奇特，寫出人間眞情。

上述所言，主在李漁的戲劇論述，此書另一個重要部分在於教人把日常生活變成藝術化的享受，其中有許多平凡話題，都可以說得很有意思。像是在〈荼〉一文，作者先說一般認爲荼花貧賤，但就是因爲他量多興盛才難能可貴，正有如「君輕民貴」，此聯想就十分奇特。接著這段話，作者繼續描繪：「園圃種植之花，自數朵以至數十百朵而止矣，有至盈阡溢畝，令人一望無際者哉？曰無之，無則當推荼花爲盛矣。一氣初盈，萬花齊發，青疇白壤，悉變黃金，不誠洋洋乎大觀也哉！當是時也，呼朋拉友，散步芳塍，香風導酒客尋簾，錦蝶與遊人爭路，郊畦之樂，什伯園亭，惟荼花之開，是其候也。」諸如此類的文章，或許稱不上有崇高的思想，然而文字讀來情感眞實、活潑自然，沒有高談闊論之艱澀，倒是有閒雅、幽默之文學趣味。又如在〈飲饌〉部，此乃中國傳統的飲食之美，並傳達養身之道，像「重蔬食」、「主清淡」、「忌油膩」等，在現代看來，都是很正確的養生觀。總之，李漁在此書將日常生活藝術化，成爲一種生活美學，這是我們在閱讀時應稍加留意的部分。

■精彩篇章推薦：

「機趣」二字，塡詞家必不可少。機者，傳奇之精神，趣

・能從淺處見才，方是文章高手。〈詞曲部・詞彩第二〉

者，傳奇之風致。少此二物，則如泥人土馬，有生形而無生氣。因作者逐句湊成，遂使觀場者逐段記憶。稍不留心，則看到第二曲，不記頭一曲是何等情形，看到第二折，不知第三折要作何勾當。是心口徒勞，耳目俱澀，何必以此自苦，而復苦百千萬億之人哉？故填詞之中，勿使有道續痕，勿使有道學氣。所謂無斷續痕者，非止一出接一出，一人頂一人，務使承上接下，血脈相連，即於情事截然絕不相關之處，亦有連環細筍伏於其中，看到後來方知其妙，如藕於未切之時，先長暗絲以待，絲于絡成之後，才知作繭之精，此言機之不可少也。所謂無道學氣者，非但風流跌宕之曲、花前月下之情，當以板腐為戒，即談忠孝節義與說悲苦哀怨之情，亦當抑聖為狂，寓哭於笑，如王陽明之講道學，則得詞中三昧矣。陽明登壇講學，反覆辨說「良知」二字，一愚人訊之曰：「請問『良知』這件東西，還是白的？還是黑的？」陽陰曰：「也不白，也不黑，只是一點帶赤的，便是良知了。」照此法填詞，則離合悲歡，嘻笑怒罵，無一語一字不帶機趣而行矣。予又謂填詞種子，要在性中帶來，性中無此，做殺不佳。人問：性之有無，何從辨識？予曰：不難，觀其說話行文，即知之矣。說話不迂腐，十句之中，定有一二句超脫；行文不板實，一篇之內，但有一二段空靈，此即可以填詞之人也。不則另尋別計，不當以有用精神，費之無益之地。噫，「性中帶來」一語，事事皆然，不獨填詞一節。凡作詩文書畫、飲酒鬥棋與百工技藝之事，無一不

深入探索
→《閒情偶寄》，李漁著，明文書局

具夙根，無一不本天授。強而後能者，畢竟是半路出家，止可冒齋飯吃，不能成佛作祖也。〈詞曲部・詞彩第二〉

名家評介：

・林語堂：「李笠翁的著作中，有一個重要的部分，是專門研究生活樂趣，是中國生活藝術的袖珍指南。」

→《閑情偶寄圖說》（全二冊），李漁著，山東畫報出版社

『長生殿』

●成書時間：清康熙二十七年間
●類別：戲曲

特色：敘事濃麗婉轉，寫情哀感纏綿，辭藻富麗典雅，是現實主義與浪漫主義結合，寫生死情愛的歷史悲劇

■作者介紹：

洪昇，字昉思，號稗畦。清順治二年（西元一六四五年）生，康熙四十三年（西元一七○四年）卒，浙江錢塘人。生長名門，爲國子監生。他作詩詞不主神韻，與趙執信相善，其妻黃蘭次乃大學士黃機孫女，精通音樂，弦歌唱和，一門風雅。所著《長生殿》，名滿京都。康熙帝頗贊其才。當時親貴盛宴，必演此劇助興。康熙四十三年，出遊吳興潯溪，在舟中與客歡宴，不幸醉後失足落水而死，年五十餘歲。傳世之曲，見於曲錄者有《四蟬娟》雜劇一種，此外另有《迴文錦》、《迴龍院》、《錦繡圖》、《鬧唐宮》及《節孝坊》諸傳奇，詩集《稗畦集》以及《稗畦續集》，今除《長生殿》外，其餘都已失傳。

■內容梗概：

《長生殿》取材於〈長恨傳〉、〈長恨歌〉及〈太眞外傳〉諸篇，是現實主義與浪漫主義結合的優美作品。全劇共五十齣，主要情節寫天寶年間，唐玄宗寵愛天姿國色楊貴妃。其兄

名言佳句

· 笑人間兒女悵緣慳，無情耳。感金石，回天地；昭日月，垂青史。〈滿江紅〉

楊國忠因她而達於宰相高位。貴妃善舞霓裳羽衣曲，甚得玄宗歡心。天寶七月七日，玄宗為貴妃在長生殿祭牽牛織女雙星，密誓永為夫妻。而後安祿山造反，玄宗攜妃與文武大臣向四川逃奔，兵到馬嵬坡，六軍突然叛變，殺死楊國忠並逼迫貴妃自殺，貴妃不得已用白巾自縊。玄宗到成都，懷念不已。亂後，玄宗還京，命道士招魂，八月十五日夜，楊通幽道士引玄宗上月宮與貴妃重圓。

■閱讀指導：

自唐代開始，玄宗和貴妃的事蹟就頗受文人留意，甚至為兩人寫下作品以示紀念（或滿足作者的妄想），白居易、陳鴻即是如此，元代白樸的雜劇《梧桐雨》則是這類故事在戲曲界的代表作。有了這些先人的作品，洪昇的《長生殿》還能在文學史佔有一席之地，可見其具有優越處，故建議閱讀時，可以採取比較策略，留意他和前人的差異處，由此獲得作品精神。

舉例來說，和前人不同，雖然洪昇也寫玄宗和貴妃的愛情故事，故事的結局，硬是寫成一方雖然已死，仍然抱著癡情，一方縱使活著，卻痛不欲生，共守前盟，由於兩人對愛的堅持，感動天地鬼神，最後得以共升仙宮，永久團圓。對於一個源自歷史的故事，某方面來說，此結局安排破壞了現實範疇，將故事變成了神話。然而作者改編故事的宗旨也在此處，他在開場的〈滿江紅〉詞中說：「今古情場，問誰個真心到底？但

・態懨懨輕雲軟，影蒙蒙空花亂雙眼；嬌怯怯柳腰扶難起，困沉沉強抬嬌腕。〈南撲燈蛾〉

果有精誠不散，終成連理。萬里何愁南共北，兩心哪論生和死。笑人間兒女悵緣慳，無情耳。感金石，回天地；昭日月，垂青史。看臣忠子孝，總由情至。先聖不曾刪鄭、衛，吾儕取義翻宮徵。借太眞外傳譜新詞，情而已。」這段話說明此劇的創作動機是在重寫一件「精誠不散，終成連理」的愛情故事。順之，也就能理解作者爲何安排（改變）某些劇情和結局。可以說，戲中從定情、密誓、埋玉到月宮團圓，從生到死，從人間到天上，從現實世界到幻想世界，都是作者爲了顯示出愛情的力量。

除了以愛情的角度欣賞作品，這齣歷史劇的另一個可讀點，在於前半段對於「天寶遺事」的考據，作品中的人物、情節都是作者根據文史、傳說、筆記……等材料編寫，十分尊重史實。可以說作者在寫「情」的同時，也用了相當大的篇幅寫安史之亂及社會政治概況，使此劇顯得場面宏大、人物眾多、情節曲折，既是一部浪漫愛情劇，又具有歷史劇的特色。因此，閱讀此劇如同看本盛唐史，窺探唐代盛與衰的原因。須注意的是，或許有些讀者會認爲，作品前後在表現手法上充滿著矛盾，是結構的缺失，或許正因爲此現實和幻想的對立，凸顯事實和理想常常無法圓滿的無奈。最後，此劇在曲文上融合了唐詩、元曲的特點，形成清麗流暢的風格，文中甚至常化用名句如「驚變」、「雨夢」之詞文，便是脫自《梧桐雨》，在欣賞這齣名劇時，絕對別忘了品味詞中的韻味，那種具中國韻文的

・語娉婷，相將早晚伴幽冥。一慟空山寂，鈴聲相應，閣道崚嶒，似我迴腸恨怎平？〈武陵花〉

美感。

■**精彩篇章推薦：**

「天淡雲閒，列長空數行新雁。御園中秋色爛斑；柳添黃，萍減綠，紅蓮脫瓣。一抹雕欄，噴清香桂花初綻。」〈北中呂〉

「攜手向花間，暫把幽懷同散。涼生亭下，風荷映水翩翩；愛桐陰靜悄，碧沉沉並繞迴廊看。戀香巢秋燕依人，睡銀塘鴛鴦蘸眼。」〈南泣顏回〉

「不勞你玉纖纖高捧禮儀煩，子待借小飲對眉山。俺與你淺斟低唱互更審，三盃兩盞，遣興消閒。回避了御廚中，回避了御廚中，烹龍炰鳳堆盤案，咿咿啞啞，樂聲催趲，只幾味脆生生，只幾位脆生生，蔬和果清餚饌，雅稱你仙肌玉骨美人餐。」〈北石榴花〉

「花繁，穠豔想容顏，雲想衣裳光璨，新妝誰似？可憐飛燕嬌嬾，名花國色，笑微微常得君王看，向春風解釋春愁，沉香亭同倚欄杆。」〈南泣顏回〉

「態懨懨輕雲軟四肢，影蒙蒙空花亂雙眼；嬌怯怯柳腰扶難起，困沉沉強抬嬌腕；軟設設金蓮倒褪，亂鬆鬆香肩嚲雲鬟；美甘甘思尋鳳枕，步遲遲倩宮娥攙入繡幃間。」〈南撲燈蛾〉

「你道失機的哥舒翰，稱兵的安祿山，赤緊的離了漁陽，陷了東京，破了潼關。唬得人膽顫心搖，唬得人膽顫心搖，腸慌腹熱，魂飛魄散，早驚破月明花粲。」〈北上小樓〉

→《長生殿》，洪昇著，徐朔方校著，里仁書局

「穩穩的宮庭宴安，擾擾的邊庭造反；冬冬的鼙鼓喧，騰騰的烽火煙。的溜撲碌臣民兒逃散，黑漫漫乾坤覆翻，磣磕磕社稷摧殘，磣磕磕社稷摧殘，當不得蕭蕭颯颯西風送晚，黯黯的逼輪落日冷長安。」〈南撲燈蛾〉

「淅淅零零，一片悽然心暗驚。遙聽隔山隔樹，戰合風雲，高響低鳴。一點一滴又一聲，一點一滴又一聲，和愁人血淚相迸。對這傷情處，轉自憶荒塋，白楊蕭瑟雨縱橫，此際孤魂淒冷。鬼火光寒，草間濕亂螢。只悔倉皇負了卿，負了卿！我獨在人間，委實的不願生。語娉婷，相將早晚伴幽冥。一慟空山寂，鈴聲相應，閣道崚嶒，似我迴腸恨怎平？」〈武陵花〉

「我只道誰驚殘夢飄，原來是亂雨蕭蕭。恨殺他枕邊不肯相饒，聲聲點點到寒梢，只待把潑梧桐鋸倒。」〈江神子〉

名家評介：

- 梁廷枏：「《長生殿》為千百年曲中巨擘，以絕好題目，作絕大文章；學人才人，一齊俯首。自有此曲，毋論驚鴻、綵毫、空慚形穢；即白仁甫（樸）〈秋夜梧桐雨〉，並不能穩佔元人詞壇一席矣。」《曲話》
- 王季烈：「其審音協律，則姑蘇徐靈昭為之指點，故能恪守韻調，無一字一句踰越，其敘事之濃麗婉轉，寫情之哀感纏綿，與夫辭藻之富麗典雅，洵為近代曲家第一。」《螾盧曲》

深入探索
→《洪昇和長生殿》，王永健著，萬卷樓出版社

16 『古文觀止』

● 成書時間：清康熙三十三年
● 類別：歷代散文選集

特色：學習古文的最佳入門讀物

■作者介紹：

　　吳楚材、吳調侯，二人為叔姪關係，均為清康熙年間文士，出身書香世家，學識淵博精深。兩人事蹟名不見經傳，僅知曾編訂《綱鑑易知錄》和《古文觀止》兩本當時廣為流傳的普及讀物。後者編撰起源於兩人試圖為民眾編選一本適合雅俗共賞的古文選輯，此書付梓之後，成為清代以來傳播最廣、影響最大的散文讀本。

■內容梗概：

　　《古文觀止》中所選錄的古文，以散文為主，偶有少數幾篇韻文。收錄排列以朝代為順序，上自東周，下迄明末，總篇章十二卷，二百二十二篇。內含書簡、詔令、論辯、雜記、贊頌、墓銘、序跋、傳奇、祭文、寓言……等各種文章體式，每個時期均收有重要作家的作品。所選古文大多文辭平易、語言琅琅上口，內含慷慨悲憤之音，文後附有簡要的註釋和短評，或句下批，或篇末總評，點明文章旨趣和藝術特點，很適合想學習文言文的入門者閱讀。

名言佳句

・不宜妄自菲薄，引喻失義，以塞忠諫之路也。〈諸葛亮・前出師表〉
・臣鞠躬盡瘁，死而後已。〈諸葛亮・後出師表〉

中國古文博大精深，經過漫長的時間，在形式和撰寫上均有些繼承和改變，因此雖然《古文觀止》選錄了許多從古至今的優秀古文，不免存在歷史的局限性，如無法概括古代散文發展的全貌，但作爲一本能流傳三百多年以上的書籍而言，必定有其優點。以下筆者根據自己的觀察，一方面列舉優點，一方面提供讀者在閱讀時的參考。

首先，文類的認識。散文是我們對古文的統稱，實際上，古人對於每個類別都有各自的專有名詞，類別的作用也不盡相同。上述曾提及《古文觀止》內容上包含書簡、詔令、論辯、雜記、讚頌、墓銘、序跋、傳奇、祭文、寓言……等各種文章體式，因此，在閱讀文章的首要，即是辨別文類。舉例來說，〈蘭亭集序〉的體式就是序跋體，序跋文撰寫的內容大多是寫作此書的心路歷程、緣由，若是他序則表明自己跟作者的關係，此書的特點和長處，王羲之此序文，則屬自序；又如〈岳陽樓記〉，屬於雜記類，雜記類似現在的手札，文章記載著某地、某事、某人之經過，范仲淹此文則記錄他在岳陽樓所見、所聞、所感。關於文類的認識，可以結合清代姚鼐編的《古文辭類纂》，互相參照，相信能對古代文類有進一步的了解。

其次，美文的欣賞。《古文觀止》文辭平易的特點，有助於一般讀者初步地了解古文的內容、文體及風格，並透過這些文章增長歷史、文學知識，並且提高閱讀古文的能力。更重要

的，是可從中欣賞中國散文幾千年來所累積的美文。此書所收錄的文章，一篇篇均有可看之處，姑且不論之前介紹過的如《左傳》、《史記》、「唐宋八大家」等文章，從陶淵明〈歸去來辭〉中「乃瞻衡宇，載欣載奔。僮僕歡迎，稚子候門。三徑就荒，松菊猶存。攜幼入室，有酒盈樽。引壺觴以自酌，眄庭柯以怡顏，倚南窗以寄傲，審容膝之易安」等敘述，讀之立即感受到是一篇優美的散文，十分賞心悅目。又如〈北山移文〉中之「鍾山之英，草堂之靈，馳煙驛路，勒移山庭」，這段文章開頭，字句便具有如電影般畫面的美感。雖然，現在讀者較為習慣白話文，對文言文總覺得有道隔閡，然而若能試著逐句逐字讀之，這本充滿美感的散文選集，絕對讓你有意外的收穫。

■精彩篇章推薦：

臣密言：

臣以險釁，夙遭閔凶。生孩六月，慈父見背。行年四歲，舅奪母志。祖母劉愍臣孤弱，躬親撫養。臣少多疾病，九歲不行；零丁孤苦，至於成立。既無叔伯，終鮮兄弟；門衰祚薄，晚有兒息。外無期功彊近之親，內無應門五尺之僮；煢煢獨立，形影相弔。而劉夙嬰疾病，常在床蓐；臣侍湯藥，未曾廢離。逮奉聖朝，沐浴清化。前太守臣逵，察臣孝廉；後刺史臣榮，舉臣秀才；臣以供養無主，辭不赴命。詔書特下，拜臣郎中；尋蒙國恩，除臣洗馬。猥以微賤，當侍東宮，非臣隕首，

・夫人之相與，俯仰一世，或取諸懷抱，晤言一室之內；或因寄所託，放浪形骸之外。〈王羲之・蘭亭集序〉

所能上報。臣具以表聞，辭不就職。詔書切峻，責臣逋慢。郡縣逼迫，催臣上道；州司臨門，急於星火。臣欲奉詔奔馳，則劉病日篤；欲苟順私情，則告訴不許；臣之進退，實為狼狽。

伏惟聖朝以孝治天下，凡在故老，猶蒙矜育；況臣孤苦，特為尤甚。且臣少事偽朝，歷職郎署，本圖宦達，不矜名節。今臣亡國賤俘，至微至陋，過蒙拔擢，寵命優渥；豈敢盤桓，有所希冀！但以劉日薄西山，氣息奄奄，人命危淺，朝不慮夕。臣無祖母，無以至今日；祖母無臣，無以終餘年。母孫二人，更相為命；是以區區，不能廢遠。臣密今年四十有四，祖母劉今年九十有六，是臣盡節於陛下之日長，報養劉之日短也。烏鳥私情，願乞終養！臣之辛苦，非獨蜀之人士，及二州牧伯，所見明知；皇天后土，實所共鑒。願陛下矜愍愚誠，聽臣微志；庶劉僥倖，保卒餘年。臣生當隕首，死當結草。臣不勝犬馬怖懼之情，謹拜表以聞。

大意：

（一）「臣密言」句

前稱（應用文的形式成分）。

（二）自「臣以險釁」至「未曾廢離」

記敘作者孤苦獨立，與祖母相依景況。

（三）自「逮奉聖朝」至「實為狼狽」

描寫作者進赴辭退兩難的狼狽之狀。

（四）自「伏惟聖朝以孝治天下」至「願乞終養」

・雲無心以出岫，鳥倦飛而知還。景翳翳以將入，撫孤松而盤桓。〈陶淵明・歸去來辭〉

抒寫作者與祖母更相爲命之情。

（五）自「臣之辛苦」至「死當結草」

抒寫作者希冀乞孝終養祖母之情。

（六）自「臣不勝犬馬怖懼之情」至「謹拜表以聞」

後署（應用文的形式成分）。

主旨：抒寫希冀乞孝終養祖母之情。（篇末）

文體：形式爲應用文（表）；內容爲抒情文。

〈李密・陳情表〉

→《古文觀止》（上、下），吳楚材、吳調侯編，中國社會科學出版社

→《古文觀止》（合訂本），吳楚材、吳調侯編，吳兆基譯，正展（旭昇代
理）

『桃花扇』

● 成書時間：清康熙三十八年
● 類別：戲曲

特色：在清代傳奇諸劇中，要以《桃花扇》最為哀豔，結構最完整，藝術最超異；在描寫被壓迫民族的反抗上和亡國遺民的誓死奮鬥上，具有愛國思想和教育功效

■作者介紹：

孔尚任，字季重，號東塘，又號肯堂，山東曲阜人，孔子六十四世孫，早歲結廬隱居雲山，自稱雲亭山人。生於順治五年（西元一六四八年），死在康熙五十七年（西元一七一八年）。《桃花扇》寫成之後，震動劇壇，孔尚任也因而「名滿京華」，不久便罷官，原因不解，可能與《桃花扇》寫弘光南渡（南明）的佚史不無關係。罷官之後，在朋友的勸導下，孔尚任回到山東曲阜，過著隱居生活，直到逝世為止。其著作有《孔子世家譜十卷》（書成於康熙二十三年，搜羅資料很豐富，鑑別也很嚴謹）、《闕里新誌》、《出山異數記》、《人瑞錄》、《節序同風錄》、《享金簿》、《享金簿摘鈔》、《會心錄》、《湖海集》、《岸堂稿》、《孔尚任詩集》、《孔尚任詩文集》、《岸堂文集》、《桃花扇》傳奇、《小忽雷》傳奇、《大忽雷》傳奇諸書。

名言佳句
・秋水長天人過少，冷清清的落照，賸一樹柳彎腰。〈沽美酒〉

■內容梗概：

　　全劇是以明末風流名士侯方域與秦淮名妓李香君的愛情故事為經，以南明的亡國史為緯，反映一代興亡的歷史劇。劇情描寫侯方域到南京應試，不幸落第，在舊院結識李香君，共訂婚約。閹黨餘孽阮大鋮得知侯方域經濟拮据，暗送妝奩，藉此拉攏侯方域，結交復社。香君識破他的圈套，退還妝奩，對方自此懷恨在心，南明朝建立後，誣告侯方域，迫使他倉皇逃離南京。而後農民起義，攻破北京，崇禎自縊，阮大鋮等人擁立福王，重新得勢，強迫香君改嫁田仰，香君誓死不從，血濺定情扇（楊龍友將扇上跡點染成折枝桃花，故名桃花扇）。昏君奸臣荒廢下，南明朝政腐敗不堪，清兵南下，把河防前線的三鎮兵馬調走，史可法孤立無援，敵軍長驅直入，南明亡，香君趁亂逃出。幾經波折，侯、李又得重逢。劇情結束在「張道士撕破桃花扇，點醒兩人，各自出家」。

■閱讀指導：

　　大時代與小人物，此乃書寫歷史劇（時代劇）最重要的兩個原則之一，也是我們欣賞此類戲劇應該關注的焦點，閱讀《桃花扇》也是如此。

　　《桃花扇》寫作的時代雖然已經是清朝政權步入穩定時期，然而仍有不少文人屬於明朝遺族，依舊緬懷過去的那段歷史，故冒著文字獄的危險寫下相關性的著作。孔尚任在小引言：

・收酒旗重九無聊。白鳥飄飄，綠水滔滔。嫩黃花有些蝶飛，新紅葉無個人瞧。〈折桂令〉

「《桃花扇》一劇，皆南朝新事，父老猶有存者。場上歌舞，局外指點，知三百年之基業，隳于何人？敗于何事？消于何年？歇于何地？不獨令觀者感慨涕零，亦可懲創人心，爲末世之一救矣。」這一段話說明了劇本的宗旨，在寫了一個「大時代」，爲後人提供歷史借鑒。的確，在作品中他描繪南明弘光王朝由建立到覆滅、動盪而短暫的歷史，並由此帶出明朝的崩潰。身爲孔子的後代，此劇寫的雖是戲曲，仍試圖以修史（《春秋》）的筆法，來誅伐亂臣賊子。爲了達到此效果，作者於文字情節上，努力的貼近歷史眞實，劇中人物和事蹟幾乎都有憑有據，非作者胡亂編造，當然有時爲了讓情節較爲合理，作者修剪了某些橋段，然而並不妨礙情境營造。整體而言，作品重現那個動亂大時代的風貌，總結歷史教訓和抒發興亡之感。

　　若單單寫史，戲劇的效果恐怕會打折扣，故劇情以「風流名士侯方域與秦淮名妓李香君的愛情故事」爲經，這在上面已經提過。實際上作者也曾說：「借離合之情，寫興亡之感。」（《桃花扇‧先聲》）由此可知透過描繪個人悲歡離合，以傳達時代興亡，是作者書寫的想法。然而反推回去，或許我們可由時代動亂，觀看劇中小人物的性格及其命運。如女主角李香君，作品中，她是個不受威脅、有著崇高品德的婦女，雖然生在腐敗的大時代，面對賊臣的詭計，仍聰明看出，而後縱使被囚，誓不屈服，甚至怒斥權臣害民誤國。又如侯方域，一個手無縛雞之力的文弱書生，被人陷害，四處逃難，仕途之路恐怕無

深入探索
　→《桃花扇》，孔尚任著，里仁書局
　→《桃花扇》，孔尚任原著，不署撰人選譯，微風草堂出版社

望。諸如此類的小人物還有「柳敬亭」、「蘇昆生」……等，各自都有各自的性格和在大時代底下被逼迫走向的命運。

■**精彩篇章推薦：**

「山松野草帶花挑，猛抬頭，秣陵重到。殘軍留廢壘，瘦馬臥空壕。村郭蕭條，城對著夕陽道。」〈北新水令〉

「橫白玉八根柱倒，墮紅泥半堵牆高。碎琉璃瓦片多，爛翡翠窗櫺少。舞丹墀燕雀常朝，直入宮門一路蒿，住幾個乞兒餓殍。」〈沉醉東風〉

「你記得跨青谿半里橋，舊紅板沒一條。秋水長天人過少，冷清清的落照，膡一樹柳彎腰。」〈沽美酒〉

「野火頻燒，護墓長楸多半焦。山羊群跑，守陵阿監幾時逃？鴿鴒蝠糞滿堂拋，枯枝敗葉當階罩；誰祭掃？牧兒打碎龍碑帽。」〈駐馬聽〉

「問秦淮舊日窗寮，破紙迎風，壞檻當潮，目斷魂消。當年粉黛，何處笙蕭？罷燈船端陽鬧，收酒旗重九無聊。白鳥飄飄，綠水滔滔。嫩黃花有些蝶飛，新紅葉無個人瞧。」〈折桂令〉

名家評介：

- 梁庭枏：「其豔處似臨風桃蕊，其哀處似著雨梨花。」《曲話》
- 周貽白：「凡一齣目，語必有徵，事必求實，雖極細微之事，亦有所本。」

深入探索

→《孔尚任和桃花扇》，胡雪岡著，萬卷樓出版社

18 『浮生六記』

● 成書時間：大約清嘉慶十三年
● 類別：古典散文

特色：至情至性散文名篇

■作者介紹：

　　沈復（西元一七六三年至？），字三白，蘇州人，其生平事蹟由於無資料記載，僅能依《浮生六記》勾勒概況，書中自述：「余生乾隆二十八年癸未（即西元一七六三年）冬十一月二十有二日。」文再敘夫婦貧困的生活，其婦芸娘雖賢慧識字，但不得舅姑喜愛，因此被擯逐，搬於揚州，夫妻倆賣畫自足，常三餐不繼，然而不改唱隨之樂。不料，命運捉弄，芸娘早逝，兒子也隨之早夭，女兒嫁人，沈復最終隨友人四處遊歷，以寄哀思。

■內容梗概：

　　《浮生六記》是由〈閨房記樂〉、〈閒情記趣〉、〈坎坷記愁〉、〈浪遊記快〉、〈中山記歷〉、〈養生記道〉等六記而成。分別記述閨房記樂（寫夫妻之間情愛生活）、閒情記趣（生活中閒情逸致）、坎坷記愁（家庭變故）、浪遊記快（記敘漫遊各地的樂趣）、中山記歷（記敘遊歷琉球的經歷。琉球在以前稱為中山國）、養生記道（談論養生之道）。

名言佳句

・夏蚊成雷，私擬作群鶴舞空，心之所向，則或千或百，果然鶴也。
　〈閒情記趣〉

■閱讀指導：

書寫散文以記錄生活，是古人的習慣，然而，其中有文采且又具情感的佳篇並不多見，沈復算是精華中的精華。因此筆者建議以閱讀「日記」的角度觀看此書，從中體會作者生活中的喜樂哀愁。例如讀〈閨房記樂〉，你可以體驗沈復與芸娘相處的歡樂。從婚前的一見鍾情，到婚後的恩愛，相與論文、七夕拜天孫……，水仙廟芸娘改成男裝同去觀燈，之後兩人共遊太湖……等的歡樂時光，總之是「鴻案相莊二十三年」的恩愛歡娛。又如觀看〈坎坷記愁〉，將發現夫妻至情至愛卻遭受各種殘酷現實的迫害，芸娘失歡翁姑的始末，而遭逐二次，寄居友人處。夫婦倆淒別兒女，到無錫華家居住，又因經濟拮据，沈復到靖江姊丈處索欠，後有女婢阿雙捲款逃走，芸娘病情轉劇，未幾死去。沈三百攜芸神主回家，兒女抱頭痛哭，復賣畫度日。不久父死，回家奔喪，其弟竟然唆使外人索逋防沈復要分家產，三白正言誡弟，痛不欲生。最後奔友人石琢堂，卻得愛子死訊，三白恍若置身夢中。本回歷寫不如意事，紛至沓來，生離死別相繼之，人情冷暖，倍嚐艱辛，其淒苦酸楚處，讀之催人淚下。

嚐盡了歡樂和死別，沈復的日記另記載閒趣、流浪和遊記。如〈閒情記趣〉描寫著沈復小時目力異常的物外之趣，成人後愛花與盆栽之趣，以及夫妻兩人平居飲食恬淡之趣，與友人春日野飲之樂，內容淡泊自然，放情物外，極具幽馨之趣。

- 世間反目，多由戲起。〈閨房記樂〉
- 花以蘭為最，取其幽香韻致也。〈閒情記趣〉

〈浪遊記快〉記錄沈復浪跡漫遊之經過，寫在外求學、習幕之際，遇名勝則遊，曾遊杭州幾處，再寫遊金焦二山、嚴陵釣臺、安徽火雲洞。歸來後，遊無隱庵與無錫虞山，再寫與夏氏家人同遊蘇州。末寫與石琢堂去川，遊沿途武昌、荊州、函谷關、潼關、華陰及濟南的大明湖、趵突泉。本回寫各地的風光名勝，尋幽探勝美不勝收之快。〈中山記歷〉描繪琉球的航線，沿途經歷的風光，記載琉球建孔廟一事和當地人對朱熹、蘇軾的景仰、尊崇及奇風異俗、節令俗尚的異同。

　　總之，讀此書，彷彿跟著沈復活一遍，感受他人生中七情六慾、悲歡離合，宏觀中國文學，少有著作能如此濃縮和寫實記載各種生涯歷程，猶如看場豐富的傳記電影，陪著劇中主角品味人生。

■**精彩篇章推薦：**
　　芸作新婦，初甚緘默，終日無怒容。與之言，微笑而已。事上以敬，處下以和，井井然未嘗稍失。每見朝暾上窗，即披衣急起，如有人呼促者然。余笑曰：「今非吃粥比矣，何尚畏人嘲耶？」芸曰：「曩之藏粥待君，傳為話柄，今非畏嘲，恐堂上道新娘懶惰耳。」余雖戀其臥，而德其正，因亦隨之早起。自此耳鬢相磨，親同形影，愛戀之情有不可以耳語形容者。而歡娛易過，轉瞬彌月。時吾父稼夫公在會稽幕府，專役相迓，受業於武林趙省齋先生門下。先生循循善誘，余之日之

・一輪明月已上林梢，漸覺風生袖底，月到波心，俗慮塵懷，爽然頓釋。〈閨房記樂〉

尚能握管，先生力也。歸來完姻時，原訂隨侍到館；聞信之餘，心甚悵然。恐芸之對人墮淚，而芸反強顏勸勉，代整行裝。是晚但覺神色稍異而已。臨行，向余小語曰：「無人調護，自去經心。」及登舟解纜，正當桃李爭妍之候，而余則恍同林鳥失群，天地異色。到館後，吾父即渡江東去。居三月如十年之隔。芸雖時有書來，必兩問一答，半多勉勵詞，餘皆浮套語，心殊怏怏。每當風生竹院，月上蕉窗，對景懷人，夢魂顛倒。先生知其情，即致書吾父，出十題而遣余暫歸，喜同戌人得赦。登舟後，反覺一刻如年。及抵家，吾母處問安畢，入房，芸起相迎，握手未通片語，而兩人魂魄恍恍然化煙成霧，覺耳中惺然一響，不知更有此身矣！〈閨房記樂〉

名家評介：

· 王韜：「筆墨間纏綿哀戚，一往情深，於伉儷尤敦篤。」（《浮生六記》原跋）

· 林語堂：「讀了沈復的書，每使我感到這安樂的奧妙，遠超乎塵俗之壓迫與人身之痛苦——這安樂，我想，很像一個無罪下獄的人心地之泰然，也就是心靈已戰勝了肉身。因為這個緣故，我想這對伉儷的生活是最悲慘而同時是最活潑快樂的生活——那種善處憂患的活潑快樂。」（《浮生六記》新序）

· 陶恂若：「《浮生六記》所敘多為無甚驚險離奇的日常生活，然其寫來，不只可捫可觸感人，且一絲不顯支離瑣屑。」（《浮生六記》引言）

深入探索

→ 《浮生六記》，沈三白著，陶恂若校注，三民書局

→ 《新讀浮生六記》，沈復原著，漢藝色研出版社

19 『人間詞話』

● 成書時間：西元一九一○年
（於一九○八年發表）
● 類別：古典詩詞評論

特色：以「境界」論詩詞，是中國詩歌評論的劃時代之作

■作者介紹：

王國維（西元一八七七年至西元一九二七年），字靜安（一作靜庵）、伯隅，初號禮堂，晚號觀堂，是二十世紀初期中國著名學者，在史學、哲學、美學和藝術史上，都有劃時代的成就。梁啓超、汪康年創辦《時務報》時，請他擔任書記、校對的工作，而後受羅振玉資助，赴日學習。在日期間，隨羅氏專心研究顧亭林、戴震諸家之作，建立經史考證之學的研究基礎，這方面的主要著作則有《戩壽堂所藏殷墟文字》、《殷卜辭中所見先公先王考》、《觀堂集林》……等。文學上的主要成就則是《人間詞話》和《宋元戲曲史》、《紅樓夢評論》三書。

■內容梗概：

《人間詞話》是本雜記式的詩歌評論著作，共有六十四條（後人整理原稿，發現刪掉的一些條目，遂收錄，以成現在一百餘條的版本）。著作的中心概念是「意境」，前九條是有關意境基本理論的論述，第十條開始到第五十二條，是對歷代詞人和

名言佳句

‧境非獨謂景物也。喜怒哀樂亦人心中之一境界。故能寫真景物，真感情者，謂之有境界，否則謂之無境界。

其作品的評論，第五十三條到最後，則是論述詞和其他詩歌的關聯和區別。總結來說，內文論詞，標舉境界，並指出諸家詩詞的得失與境界的高下；用外來觀念，評論傳統文學，言之條理井然，卓然有理，是中國詩話詞話中價值最高的一本評論作品。

■**閱讀指導：**

　　此書乃是王國維接受了西洋美學思想的洗禮後，以嶄新的眼光，對中國傳統詩歌所作的評論，具有劃時代的意義，向來備受學術界重視。翻開此書，將發現論述中心全圍繞在「境界」或「意境」上的美學課題。故閱讀此書，須從美學的角度吸收。

　　若試圖掌握作品的美學精神，首先要理解作品撰寫的方式。王國維在闡述一觀點，通常喜愛以實例來論證，用此說明理論的內容，例如討論到有有我之境，有無我之境。作者言：「淚眼問花花不語，亂紅飛過秋千去」、「可堪孤館閉春寒，杜鵑聲裏斜陽暮」有我之境也；「采菊東籬下，悠然見南山」、「寒波澹澹起，白鳥悠悠下」無我之境也。作者喜愛例證的程度，甚至無較深入論述，僅僅舉出古人的詩歌，像他論及「隔、不隔」理論時，便引用大量例子，即「以一人一詞論，如歐陽公【少年遊】詠春草上半闋云：『闌干十二獨憑春，晴碧遠連雲。二月三月，千里萬里，行色苦愁人。』語語都在目

・自然中之物，互相限制。然其寫之於文學及美術中也，必遺其關係，限制之處。故雖寫實家，亦理想家也。又雖如何虛構之境，其材料必求之於自然，而其構造，亦必從自然之法則。故雖理想家，亦寫實家也。

前，便是不隔。至云：『謝家池上，江淹浦畔』則隔矣。白石【翠樓吟】：『此地。宜有詞仙，擁素雲黃鶴，與君遊戲。玉梯凝望久，嘆芳草、萋萋千里。』便是不隔。至『酒祓清愁，花消英氣』則隔矣。」獲知作者寫作此書的習慣和規律後，起初可能還是無法讀通這些觀點，至少先讓我們熟悉了古代詩詞名著，以及該用何種特點、方式、語言等去掌握、欣賞逐漸陌生的傳統詩歌精華。

　　掌握此書美學精神的第二步驟，也是最難的步驟，則是逐一通曉各個詞彙，甚至詞彙和詞彙間的關係，由此建構王國維的詩詞美學。或許，有人會認為我又不是在做研究，何須如此，然而，若要弄懂一個人的美學思想，這些步驟是不可偷懶的。上述曾言，此書的中心概念在「境界」或曰「意境」，故當讀到這兩個詞彙時，得先暫緩閱讀的速度，思考作者是以什麼樣的批評角度論之。如他說到：「有境界則自成高格，自有名句，五代、北宋之詞，所以獨絕者在此！……而境非獨謂景物也；喜、怒、哀、樂，亦人心中之一境界；故能寫景物，真感情者，謂之有境界；否則謂之無境界。」便須知道此段的論述重心在說明境界的美感之高，又此境界並非僅是客觀的外在景物，情感也是境界的一部分，境界美感需要人心的參與。在約略體會到「境界」兩字的意義後（過程可搭配王國維所舉的例證，如「紅杏枝頭春意鬧」，著一「鬧」字，而境界全出。「雲破月來花弄影」，著一「弄」字，而境界全出矣），必須融會其

・古今之成大事業大學問者，必經過三種之境界，「昨夜西風凋碧樹，
　獨上高樓，望盡天涯路。」此第一境也；「衣帶漸寬終不悔，為伊消
　得人憔悴。」此第二境也；「眾裏尋他千百度，驀然回首，那人正在
　燈火闌珊處。」此第三境也。

他跟「境界」有關的論述，像「有造景、有寫境、有有我之境、有無我之境」……等，如此才能更爲接近王國維心中的境界，品嘗這中西合璧的美學果實，藉此提升自己的美學素養。最後，行有餘力，建議可再讀《紅樓夢評論》一書，相信將會有助於你更爲認識王國維的美學觀。

■**精彩篇章推薦：**

「詞家多以景寓情，其專作情語而絕妙者，如牛嶠之『甘作一生拼，盡君今日歡』、顧夐之『換我心，爲你心，始知相憶深』、歐陽修之『衣帶漸寬終不悔，爲伊消得人憔悴』、美成之『許多煩惱，只爲當時，一晌留情』，此等詞，求之古今詞人中，曾不多見。」

「有造境，有寫境，此理想與寫實二派之所由分，然二者頗難分別，因大詩所造之境必合乎自然，所寫之境亦必鄰於理想故也。」

「『我瞻四方，蹙靡所騁。』詩人之憂生也，『昨夜西風凋碧樹，獨上高樓，望盡天涯路』似之；『終日馳車走，不見所問津。』詩人之憂世也，『百草千花寒食路，香車繫在誰家樹』似之。」

「客觀之詩人不可不多閱世，閱世愈深則材料愈豐富愈變化，《水滸傳》、《紅樓夢》之作者是也；主觀之詩人不必多閱世，閱世愈淺則性情愈眞，李後主是也。」

→《人間詞話新注》，王國維原著，滕咸惠校注，里仁書局

「尼采謂一切文學余愛以血書者，後主之詞眞所謂以血書者也。宋道君皇帝〈燕山亭〉詞亦略似之，然道君不過自道身世之戚，後主則儼有釋迦基督擔荷人類罪惡之意，其大小固不同矣。」

「『君主枉把平陳業，換得雷塘數畝田。』政治家之言也；『長陵亦是閒丘壟，異日誰知與仲多？』詩人之言也。政治家之眼，域於一人一事；詩人之眼，則通古今而觀之。詞人觀物須用詩人之眼，不可用政治家之眼。」

名家評介：

- 王德毅：「先生詩詞，在近半世紀的作者中，佔據重要地位，不僅意境高妙，而且在內容上融入歐西哲理。」
- 朱光潛：「近二三十年來，就我個人讀過的來說，似以王靜安先生的《人間詞話》爲最精到。」
- 夏承燾：「可以作爲王氏一家的藝術論讀。」《詞論十評》

深入探索

→《王國維與人間詞話》，祖保泉等著，萬卷樓出版社

【卷四】

古典小說

『山海經』

● 成書時間：約戰國至漢代年間
● 類別：神話傳說

特色：中國古籍中保存神話資料最豐富、最古老的地理書

■作者介紹：

作者的考定，現今仍無定論。前人有以爲是禹、益所作，如漢代劉歆、王充，現今學者都認爲不可信。經過考證，此書非一人一時所作，乃是古代人民的集體創作。書中以〈五藏山經〉創作時代最早，大約成於戰國初年，〈大荒經〉及〈海內外經〉有可能是秦漢人的作品，或爲秦漢人所增益補充的。

■內容梗概：

《山海經》全書共十八篇，其中〈五藏山經〉五篇，簡稱〈山經〉；另有〈海外經〉四篇，〈海內經〉四篇，〈大荒經〉四篇，〈海內經〉一篇，共十三篇，簡稱〈海經〉。全書記載約一百以上的邦國和山水地理關係，活動在其中的歷史人物以及當時的風土民情、珍禽異獸，保存不少上古時代的神話傳說。

■閱讀指導：

《山海經》記載古代的山川大澤、歷史人物、珍禽異獸，甚至所居住的鬼神，所以敘述事物現今大多不可考，因此有人推

名言佳句

・常銜西山之木石，以堙于東海。漳水出焉，東流注于河。〈精衛填海〉

論，文乃先民根據傳聞或是想像的，有三首國、君子國、大人國、三身國、一臂國、無腸國等，裡面住著奇怪的鳥獸蟲魚和草木，幾乎大多學者視爲神話之作，作品爲集體創作。

確實在書中你可以找到類近其他民族的神話因子，到處有神，有的是人形神，更多是非人形神。神的力量廣大無窮，不可思議，有的是人面蛇身，有的是馬身人面，有的是鳥身人面，有的是三頭六臂，這些神的出現，常常伴著狂風暴雨或紅光滿天等特異現象。這些神靈形象，正是先民以其思維認識和組織外界事物，對自然現象的萬物有靈論解釋，如同射日傳說中會出現十個太陽。然而神話非憑空捏造，內容表現出初民堅強勇敢，克服自然桎梏的決心，較著名的篇章例如〈精衛填海〉，這則神話是講有位女娃，因爲在東海淹死，其靈魂便化成精衛鳥，終年堅持不懈、勇往直前，啣著一塊塊石頭、一根根樹枝，試圖填平波濤洶湧的東海。故事呈現初民對大海的恐懼以及有天終能征服的渴望。諸如此類的文章，另有〈夸父逐日〉、〈鯀禹治水〉、〈黃帝戰蚩尤〉、〈刑天舞干戚〉等，各篇均有其自然與人爲的對應。

以奇幻神話的角度閱讀《山海經》，可以有不少收穫，並了解祖先如何理解世界萬物。此外，以考古學和社會學的角度閱讀也是不錯。縱使大多人將其視爲神話，然而，這些怪力亂神的文字或許僅是因爲初民描繪上的特點，有些曾到過外地的初民歸來後，將其所見聞告知巫者，再由他們根據口述記錄下

・西王母其狀如人，豹尾虎齒而善嘯，蓬髮戴勝，是司天之厲及五殘。
〈西山經〉

來，因此，雖非絕對相同，但或許書中所載之地理、事物，正可能是現今的某個地方、事物。假使你少了一點想像力，也可以社會心理的角度，來分析和理解作品，他們為何把正常的事物寫成怪異的模樣，是執筆的巫者為讓自己的能力更為顯赫，口述者為了嚇唬想到外地旅遊的人嗎？還是在開墾新地的過程中，初民喪失太多人口，故在記載過往的事蹟、異國的景物，不禁誇大化、靈異化，以便凸顯不可思議的神效。總之，試著以多元的角度閱讀《山海經》，相信能有不少啟發，千萬別當成古書，埋沒了這本先人智慧的結晶。

■**精彩篇章推薦：**

夸夫與日逐走，入日。渴欲得飲，飲于河渭；河渭不足，北飲大澤。未至，道渴而死。棄其杖，化為鄧林。〈海外北經・夸父逐日〉

又北二百里，曰發鳩之山，其上多柘木。有鳥焉，其狀如烏，文首、白喙、赤足，名曰精衛，其鳴自詨。是炎帝之少女曰女娃，女娃游于東海，溺而不返，故為精衛，常銜西山之木石，以堙于東海。漳水出焉，東流注于河。〈北山經・精衛填海〉

崑崙之丘，是實惟帝之下都，神陸吾司之，其神狀虎身而九尾，人面而虎爪，是神也，司天之九部及帝之囿時。……玉山，是西王母所居也。西王母其狀如人，豹尾虎齒而善嘯，蓬

深入探索
→《山海經校注》，袁珂校注，里仁書局
→《古中國的X檔案》，丁振宗著，昭明出版社
→《中國妖怪大圖鑑》，王存立著，金炫辰、金炯均圖，藍墨水出版社
→《淮南子》，劉安編著，許匡一譯注，台灣古籍出版社

髮戴勝，是司天之厲及五殘。〈西山經〉

　　西北海之外，大荒之隅，有山而不合，名曰不周負子，有兩黃獸守之。有水曰寒暑之水。水西有濕山，水東有幕山。有禹攻共工國山。有國名曰淑士，顓頊之子。有神十人，名曰女媧之腸，化爲神，處粟廣之野，橫道而處。〈大荒西經〉

名家評介：

· 胡應麟：「古今語怪之祖。」

· 魯迅：「蓋古之巫書也。」

深入探索

→《中國神話傳說》（共三冊），袁珂著，里仁書局

→《西洋神話故事》，林崇漢編譯，志文出版社

→《原住民的神話與文學》，巴蘇亞·博伊哲努（浦忠成）著，臺原出版社

02 『搜神記』

● 成書時間：南北朝
● 類別：志怪小說

特色：中國短篇奇幻小說之代表作

■作者介紹：

干寶，字令升，晉朝新蔡（今河南新蔡縣）人，曾任佐著作郎之官，並奉命領修國史，著《晉紀》，生卒年不詳，是東晉知名的史學家、文學家。性好陰陽術數，迷信鬼神，《搜神記》是他這類喜好的代表作。根據記載，其作品另有《春秋左氏義外傳》、《周易》、《周官》、《百志詩》，目前僅剩《搜神記》流傳於世。

■內容梗概：

《搜神記》是本搜羅古今神怪、靈異的故事集，共有四百多條，分二十卷，是漢魏六朝最著名的志怪小說。目前流傳的二十卷本，並非干寶原著，後人增改之處相當多，若就作品部分原貌，也有許多改編自民間傳說。大體上而言，內容描寫極盡怪異之事，反映了當時社會動亂、普遍迷信的風氣以及儒釋道三家雜流的思想，許多大家耳熟能詳的故事，例如左慈戲曹操、神醫華佗、神卜管輅等人的事蹟，都出自於此書，可以說舉凡奇人異事無不搜錄。

名言佳句

・然而國家不廢注記之官，學士不絕誦覽之業，豈不以其所失者小，所存者大乎。〈序〉

　　魏晉南北朝是個動盪不安，戰亂頻仍的時代，時人對未來充滿不安，士大夫將部分精力投注於虛幻縹緲的鬼神世界，藉此找尋心靈寄託，干寶的《搜神記》就是在這樣的背景底下完成，故在閱讀此書，須注意「虛幻」和「真實」兩部分。

　　在虛幻部分，主要是盡情享受書中荒誕不經、匪夷所思的怪事。例如書中描述晉永嘉中，有個天竺胡人來到了江南，其人有套術數，像是斷舌復續、吐火，當在場人士聚觀，此人便準備切斷，先將舌吐出給賓客看，然後刀截，血流頓時覆地，接著放入器皿，等到傳閱完畢後，再取回來接續另一半的舌頭。又如，趙固的馬兒突然死去，他非常悲傷，問郭璞有無解決之法，郭璞便告訴他，派遣數十人手持竹竿，向東行走三十里，有個山林陵樹，隨意的攪打，當發現有一物從中竄逃，趕快抓他回來，果然眾徒真抓回一個似猿的怪物，此怪物見到死馬，跳樑走往死馬頭，噓吸其鼻。頃之，馬即能起。奮迅嘶鳴，飲食如常。諸如此類怪力亂神的奇幻事蹟，在書中隨處可見，像是馬化為狐、狗生角、兒啼腹中……等，這不僅是民間傳說而已，故事代表著古人也有豐富的想像力，所以能創造出如此奇幻的現象世界。

　　在現實部分，則須注意到虛幻背後的現實精神。干寶編輯此書，並非在勸人全然迷信鬼神，有時甚至藉著鬼神討論人事，如「董永」、「紫玉」等人鬼或人神相戀的愛情故事，傳達

・流血臭腥不可耐。〈卷一〉
・方伯分威，厭妖牡馬生子。上無天子，諸侯相伐，厭妖馬生人。〈卷六〉

當時男子對美好婚姻或愛情的嚮往，女子對生育的渴望；又如「韓憑夫婦」，故事如同孔雀東南飛般的淒美動人，死後化成相思樹或鴛鴦，正表現出反抗不合理制度的現實精神；又如「干將莫邪」，乃尋常百姓對帝制的仇恨，欽佩著忠義之士；「東海孝婦」敘一孝婦遭逢冤獄被殺，精誠感天，死時頸血依誓言緣旗竿而上，死後郡中三年不雨，關漢卿的名作《竇娥冤》即以此為藍本；此外還有勇於挑戰傳統的女子「李寄」，自告奮勇地殺蛇救人，不讓昏庸官府的無能白白犧牲了寶貴性命……等。可以說，每一則奇幻故事的背後，都藏有豐富的現實精神，因此若僅僅迷失在虛幻情境而忘了深入思考作品的現實意義，實際上辜負了作者的一番好意，當然也就不了解作品反映當代婚姻、政治、社會等思想內容。除了書讀懂一半，有時還誤讀了作品的內涵，以為干寶是個鼓吹靈異事件之人，沉溺在虛構的世界中，不知現實世界的悲苦，這就大錯特錯了啊！

■精彩篇章推薦：

漢，董永，千乘人。少偏孤，與父居肆，力田畝，鹿車載自隨。父亡，無以葬，乃自賣為奴，以供喪事。主人知其賢，與錢一萬，遣之。永行，三年喪畢，欲還主人，供其奴職。道逢一婦人曰：「願為子妻。」遂與之俱。主人謂永曰：「以錢與君矣。」永曰：「蒙君之惠，父喪收藏，永雖小人，必欲服勤致力，以報厚德。」主曰：「婦人何能？」永曰：「能織。」

・妖怪者，蓋精氣之依物者也。氣亂於中，物變於外，形神氣質，表裡之用也。〈卷六〉

主曰：「必爾者，但令君婦爲我織縑百疋。」於是永妻爲主人家織，十日而畢。女出門，謂永曰：「我，天之織女也。緣君至孝，天帝令我助君償債耳。」語畢，凌空而去，不知所在。

〈卷一〉

　　楚干將莫邪爲楚王作劍，三年乃成，王怒，欲殺之。劉有雌雄，其妻重身，當產，夫語妻曰：「吾爲王作劍，三年乃成；王怒，往，必殺我。汝若生子，是男，大，告之曰：『出戶，望南山，松生石上，劍在其背。』」於是即將雌劍往見楚王。王大怒，使相之，劍有二，一雄，一雌，雌來，雄不來。王怒，即殺之。莫邪子名赤，比後壯，乃問其母曰：「吾父所在？」母曰：「汝父爲楚王作劍，三年乃成，王怒，殺之。去時囑我：『語汝子：出戶，往南山，松生石上，劍在其背。』」於是子出戶，南望，不見有山，但睹堂前松柱下石砥之上，即以斧破其背，得劍。日夜思欲報楚王。王夢見一兒，眉間廣尺，言欲報讎。王即購之千金。兒聞之，亡去，入山，行歌。客有逢者。謂：「子年少，何哭之甚悲耶？」曰：「吾干將莫邪子也。楚王殺吾父，吾欲報之。」客曰：「聞王購子頭千金，將子頭與劍來，爲子報之。」兒曰：「幸甚。」即自刎，兩手捧頭及劍奉之，立僵。客曰：「不負子也。」於是屍乃仆。客持頭往見楚王，王大喜。客曰：「此乃勇士頭也。當於湯鑊煮之。」王如其言。煮頭三日，三夕，不爛。頭踔出湯中，躓目大怒。客曰：「此兒頭不爛，願王自往臨視之，是必

卷四　古典小說

深入探索
→《搜神記：怪力亂神奇幻冒險版》，干寶著，小知堂出版社
→《搜神記》，干寶著，台灣古籍出版社

爛也。」王即臨之。客以劍擬王，王頭隨墜湯中；客亦自擬己頭，頭復墜湯中。三首俱爛，不可識別。乃分其湯肉葬之。故通名三王墓。今在汝南北宜春縣界。〈卷十一〉

名家評介：

· 日本盤谷溫：「情節古雅，文字簡潔，實六朝小說中白眉。」

· 章培恒、駱玉明：「其文字簡潔質樸，有魏晉史家之文的特徵。」《中國文學史》

劉大杰：「語言簡樸，敘事生動，結構完整，情節豐富，很能引人入勝。」《中國文學史》

深入探索

→《漢魏六朝鬼怪小說》，葉慶炳編輯，國家出版社

→《教你看懂六朝志怪小說》，許麗雯著，高談出版社

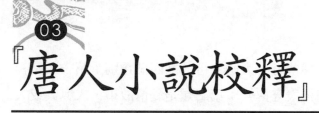

03 『唐人小說校釋』

● 成書時間：西元一九八三年
● 類別：文言短篇小說

特色：短小精悍、幽深靈動，是文言小說裡的珍品

■作者介紹：

　　從代宗大曆至宣宗大中（西元七六六年至西元八五九年）的近百年時間，是唐代傳奇小說的黃金時期。這時期作者輩出，佳作如林，如今流傳之名篇，大多數屬此期之作。此期主要作家有：（一）王度：王通之弟，作〈古鏡記〉。（二）沈既濟：蘇州吳人，精通經學，以史才見稱於時，著〈枕中記〉、〈任氏傳〉。（三）李公佐：主要活動在貞元、元和時期，著有〈古岳瀆經〉、〈南柯太守傳〉、〈謝小娥傳〉、〈廬江馮媼傳〉等篇，（四）蔣防：字了徵，義興人，年少才高，〈霍小玉傳〉是其成名之作。（六）白行簡：字知退，詩人白居易之弟，其作〈李娃傳〉採自民間傳說〈一枝花〉。（七）元稹：字微之，河南人，與白居易齊名，稱為「元白體」，傳奇作品為〈鶯鶯傳〉。除上述外，另有諸多作者，大體而言，作者以士大夫為主。

深入探索

→《唐代傳奇——唐朝的短篇小說》，廖玉蕙編撰，時報文化出版社
→《唐代傳奇》，李金枝著，益群出版社

■內容梗概：

　　唐代小說泛稱傳奇，大體上可分為四個類別：第一類是神怪故事，如〈南柯太守傳〉；第二類是愛情故事，人與人或人與神的戀愛，前者像〈李娃傳〉，後者像〈柳毅傳〉及〈游仙窟〉；第三類是豪俠故事，如〈虬髯客傳〉；第四類是歷史故事，說它是歷史故事，實際上不過鋪陳若干史實，重點仍在故事的描繪、人物的刻畫，〈長恨歌傳〉便是。唐人小說與唐詩是唐代文學的兩朵奇葩。《唐人小說校釋》乃是王夢鷗所校釋並注譯唐人小說中許多照耀古今的文學作品，對想一窺唐人小說中幽深穠麗的傳奇世界的讀者，不可不看。

■閱讀指導：

　　觀看唐人小說，當然能從小說的角度讀之，若用現代通俗小說的類型分析，可以說十分受歡迎的愛情小說、歷史小說、奇幻小說、武俠小說等題材都已經出現在唐人小說，因此，若願耐心的細讀唐傳奇，將可發現某些題材小說在描述方面，古今皆同，如愛情小說，男女主角之間勢必有所阻礙，命運弄人。

　　然而，除了單純體驗小說的虛構外，唐傳奇較之前的志怪或志人小說，內容擴展到人情世態的撰述，文字也猶如史筆記載著當代各種的社會樣貌，著重人物的心底分析和形象塑造，故以唐代文化學的角度來品味，想必也有不少的收穫。像在愛

情類型的〈李娃傳〉、〈霍小玉傳〉、〈鶯鶯傳〉等作，小說多寫才子佳人的離合，身分各是秀才、妓女，由此演出可歌可泣的故事。作者們喜歡將愛情類小說角色設定成這樣，主要是唐代商業發達，都市繁榮，隨之而來的商業化活動也多，唐代歌妓盛極一時。愛錢的妓女攀附富人，愛才的佳人則傾羨那些新進有才華的秀才，〈李娃傳〉就是白行簡根據當時頗為盛傳的「秀才妓女」的故事編撰寫下。

　　文化學的角度不僅適用於愛情類的傳奇，在知名的〈南柯太守傳〉、〈枕中記〉裡，我們可以看到小說用虛幻的情節，敘述著人間變化，象徵富貴功祿乃過往雲煙，充斥著佛道出家的消極閉世思想。當然這類小說可能承接志怪，但較多方面可能受到唐代一度將道教視為國教，道教盛行後，一些受此啟發的文人，借傳奇勸人別沉迷名利，該早點看開，遁入道門。

　　除了上述兩種文化角度，武俠傳奇的主人翁，可視為藩鎮割據後，天下紛亂，俠客們各自流浪或依附權貴的一種文化類型，他們認為武功才能足以救國、救己，加上佛道教中的練武養生而形成的功夫，武俠文化頓時流行起來；歷史傳奇則是延續過去人們總愛以故事批判歷史或時政的一種文化態度，安祿山之亂平息後，關於它的野史頗多，傳奇也是順著此潮流寫下不少篇章。

　　總之，讀傳奇之作，不能只停留在小說內容的新奇，應該更深地挖掘傳奇的時代性，可以說，沒有其他書籍比得上唐傳

奇更令人容易了解唐代文化的！

■**精彩篇章推薦：**

　　「玉沉綿日久，轉側須人。忽聞生來，欻然自起，更衣而出，怳若有神。遂與生相見，含怒凝視，不復有言。羸質嬌姿，如不勝致，時復掩袂；返顧李生。感物傷人，坐皆欷歔。頃之，有酒餚數十盤，自外而來。一座驚視，遽問其故，悉是豪士之所致也。因遂陳設，相就而坐。玉乃側面轉身，斜視生良久，遂舉杯酒，酬地曰：『我為女子，薄命如斯。君是丈夫，負心若此。韶顏稚齒，飲恨而終。慈母在堂，不能供養。綺羅弦管，從此永休。徵痛黃泉，皆君所致。李君李君，今當永訣！我死之後，必為厲鬼，使君妻妾，終日不安！』乃引左手握生臂，擲盃於地，長慟號哭數聲而絕。」〈節錄霍小玉傳〉

名家評介：

・李肇國：「沈既濟撰〈枕中記〉，莊生寓言之類，韓愈撰〈毛穎傳〉，其文尤高，不下史遷，二篇良史才也。」

・劉貢父：「小說至唐，鳥花猿子，紛紛蕩漾。」

・洪邁：「唐人小說，不可不熟，小小情事，淒婉欲絕，洵有神遇而不自知者，與詩律可稱一代之奇。」

・胡應麟：「凡變異之談，盛於六朝，然多是傳錄舛訛，未必盡幻設語，至唐人乃作意好奇，假小說以寄筆端。」

・汪辟疆：「唐代文學，詩歌小說，並推奇作。」

04 『太平廣記』

● 成書時間：宋太宗太平興國
　三年編成（約西元九七八年）
● 類別：古典小說

特色：中國最大的小說集

■作者介紹：

　　根據《太平廣記》內文所載，參與編撰此書的文人有呂文仲、吳淑、王克貞等十三人，其中李昉是主要編撰者。李昉（西元九二五年至西元九九六年），字明遠，北宋深州饒陽（今隸屬河北）人，曾在五代的後漢、後周兩朝擔任官職，後受到宋太宗的賞識，官至戶部侍郎。其性情和厚多恕，不念舊惡，在位小心循謹，無赫赫稱（宋史載）。因文章淺近易曉，陸續參與書籍的編撰，例如《舊五代史》，更監修《太平御覽》、《文苑英華》，眾多編撰書籍中以《太平廣記》最廣為人知。

■內容梗概：

　　因為此書編成於太平興國三年（西元九七八年），故命名《太平廣記》。全書五百卷，目錄十卷，以收錄野史、傳記和小說家為主的雜著。按題材分成九十二大類，一百五十多小類，如「神仙」、「女仙」、「鬼」、「精怪」，如畜獸部下又分牛、馬、駱駝、驢、犬、羊、豕等細目，查閱較為方便。就內容上來說，可說是宋代之前的小說總集，其中有不少書本現在已經

深入探索
　→《太平廣記五百卷》，（宋）李昉編，宏業書局
　→《太平廣記傳奇》，禾青著，林鬱出版社

失傳，只能靠此書看到遺文，如九卷雜傳記所收的〈李娃傳〉、〈東城老父傳〉、〈柳氏傳〉、〈長恨傳〉、〈無雙傳〉、〈霍小玉傳〉、〈鶯鶯傳〉等名篇。此書內容收錄之多，故有人稱之為中國最大的小說集。

■閱讀指導：

　　電影中的恐怖片、靈異片和鬼片一直頗受讀者的愛好，實際上，古代人同樣好奇這一個異世界，《太平廣記》的某部分可說是收錄古代人對這類事情所編造的各種故事，在「神仙卷」中部分，你可看到從古至今所知名的仙人，如「東王公」、「彭祖」、「徐福」、「張果」；「女仙卷」中可見「西王母」、「董永妻」、「白水素女」；其他有道術、方士、異人、異僧、釋證和草木鳥獸的精怪、鬼、妖怪……等，一個記載十分豐富的靈異世界。因此我們可以就這角度，欣賞古人的靈異故事。例如〈鬼一〉講述，有個人名叫公孫達，即將入殮，此時，其五歲孩兒竟然發出如父的聲音，勸戒著諸子，甚至安慰他們「時之運，猶有始終。人修短殊，誰不致此？」，最後索紙筆作書，辭義滿紙，投地遂絕。此故事敘述的現象，正是目前仍被相信（也被流傳）的靈魂附身。又如〈報應一〉，描述唐代文人劉弼，在貞觀元年任江南縣尉。忽然有天，有隻烏鴉在房前的樹上鳴叫。當地人說：「這烏鴉停落的地方是不吉祥的。」劉弼聽說之後十分恐懼害怕，想要建立功德，不知道做什麼最好。

一夜，夢見一個和尚，只是讚頌金剛般若經，要他誦讀一百遍。等到劉弼醒來，按照和尚的話，誦讀到一百遍。忽然刮起大風，從東北來。拔掉了這棵樹，隔著房舍遠遠扔到村外。拔掉樹之地的土坎，長寬一丈五尺。再看那風暴來的地方，小枝細葉，一起隨著風飄舞，風停止之後復原像當初那樣，才知經書力量是如此不可思議。諸如此類怪力亂神的故事，在《太平廣記》中可說層出不窮，書中許多現象至今還有許多人相信。不論事實如何，從「靈異故事」閱讀此書，相信有不少的收穫，再加上李昉等編輯者在編撰上早就分類好了（如「神仙」、「女仙」、「報應」、「鬼」、「精怪」……等），這方面有特別喜好某個類型故事的讀者，僅須按照目錄一查，便能找到一大堆同類又稀奇的故事，大飽眼福。

除了視覺上享受古代的靈異故事外，我們還可從字裡行間觀察到古人的思維，如「因果報應」、「勸善懲惡」等，甚至藉此理解他們如何構思「神仙」、「妖怪」、「鬼」、「龍」……等物種，然而，從這面鏡子窺知古人的生活貌、世界觀，如此一來，自然能讀出故事外另一深層的意義。

■精彩篇章推薦：

徐福，字君房，不知何許人也。秦始皇時。大宛中多枉死者橫道，數有鳥銜草，覆死人面，皆登時活。有司奏聞始皇，始皇使使者齎此草，以問北郭鬼谷先生。云是東海中祖洲上不

死之草，生瓊田中，一名養神芝，其葉似菰，生不叢，一株可活千人。始皇於是謂可索得，因遣福及童男童女各三千人，乘樓船入海。尋祖洲不返，後不知所之。逮沈羲得道，黃老遣福爲使者，乘白虎車，度世君司馬生乘龍車，侍郎薄延之乘白鹿車，俱來迎羲而去。由是後人知福得道矣。又唐開元中，有士人患半身枯黑，御醫張尙容等不能知。其人聚族言曰：「形體如是，寧可久耶？聞大海中有神仙，正當求仙方，可癒此疾。」宗族留之不可，因與侍者，賫糧至登州大海側，遇空舟，乃賫所攜，掛帆隨風。可行十餘日，近一孤島，島上有數百人，如朝謁狀。須臾至岸，岸側有婦人洗藥，因問彼皆何者。婦人指云：「中心床坐，須鬢白者，徐君也。」又問徐君是誰。婦人云：「君知秦始皇時徐福耶？」曰：「知之。」「此則是也。」頃之，眾各散去，某遂登岸致謁，具語始末，求其醫理。徐君曰：「汝之疾，遇我即生。」初以美飯哺之，器物皆奇小，某嫌其薄。君云：「能盡此，爲再饗也，但恐不盡爾。」某連啖之，如數甌物致飽。而飲亦以一小器盛酒，飲之致醉。翌日，以黑藥數丸令食，食訖，痢黑汁數升，其疾乃癒。某求住奉事。徐君云：「爾有祿位，未宜即留，當以東風相送，無愁歸路遙也。」復與黃藥一袋，云：「此藥善治一切病，還遇疾者，可以刀圭飲之。」某還，數日至登川，以藥奏聞。時玄宗令有疾者服之，皆癒。（出《仙傳拾遺》及《廣異記》）

『三國演義』

- 成書時間：西元一五二二年（現存最早的刻本）
- 類別：歷史小說

特色：中國古代歷史小說的巨著

■作者介紹：

羅貫中（生卒年不詳），元末明初人。名本，字貫中。賈仲明《錄鬼簿續編》云：「羅貫中，太原人，號湖海散人，與人寡合。」傳聞他曾師事施耐庵，做過元末義軍領袖張士誠幕僚。他在文學上有重要的貢獻，是致力於通俗小說的偉大作家，在民間傳說和講史基礎上，完成了長篇小說《三國志通俗演義》、《隋唐志傳》、《三遂平妖傳》……等，戲曲方面則有《宋太祖龍虎風雲會》、《三平章死哭蚩虎子》、《忠正孝子連環諫》三種，後兩種已失傳。

■內容梗概：

羅貫中將元朝的《三國志平話》加以改編，描寫東漢靈帝中平元年（西元一八四年）起，到晉武帝太康元年（西元二八〇年）孫吳被滅亡，天下復歸統一止，歷時長達一百年之久，魏、蜀、吳三國的興衰過程。全書共一百二十回。第一回到第三十三回，主述東漢末年黃巾起義的亂象到曹操平定北方以及桃園三結義的經過。第三十四回到第五十回是寫赤壁之戰的經

名言佳句

・滾滾長江東逝水，浪花淘盡英雄。是非成敗轉頭空：青山依舊在，幾度夕陽紅。白髮漁樵江渚上，慣看秋月春風，一壺濁酒喜相逢：古今多少事，都付笑談中。

過和戰後三國平分天下。第五十一回到第一百一十五回，集中寫蜀國劉備陣營的活動，如諸葛亮神機妙算，數度化險爲夷，及劉備死後託孤，治理蜀國，南征北討，六出祁山等。第一百一十六回到一百二十回，寫司馬氏一統天下。

■閱讀指導：

《三國演義》整部書在敘述上以時間爲經、事件爲緯，雖爲編年體，卻不忘寫人，因此閱讀此書仍可關注一些歷史人物，挖掘他們的各項事蹟。舉例來說，劉備的兄弟關羽，一個眾所皆知的英雄人物，書中屢載其過人之事，像「虎牢關之戰」，他手提青龍偃月刀，飛身上馬，在熱酒冷卻之前，便已殺敵而歸，可見武功之高超；「樊城之戰」，關羽中箭，箭頭之毒逐漸攻心，名醫華陀爲救其性命，欲刮骨療傷，治療過程，關羽一面和馬良下棋，一面任由華陀在其手臂切肉刮骨，神色自若，可見耐苦之神勇；除上述外，「單刀赴會」、「過五關、斬六將」……等，都是關羽在小說裡令人注目之處。當然這本歷史小說除了寫關羽，諸葛亮、呂布、曹操、周瑜……等，作者也花了不少力氣書寫，故若將閱讀焦點放在歷史人物身上，觀看他們應對的處世哲學（三顧茅廬、連環計；曹操名言「寧教我負天下人，休教天下人負我」），相信也有一番的收穫和認識。

歷史上的三國，是個紛爭不斷、戰火迭起、枯骨遍野的時代，強調重擬歷史的《三國演義》當然不忘描寫這些戰爭場

· 良禽擇木而棲，賢臣擇主而事。〈第三回〉
· 寧教我負天下人，休教天下人負我。〈第四回〉
· 無謀之輩，見利必喜……喜，則不思遠圖矣。〈第十六回〉

面，幾乎最主要的情節，都在描述戰爭，例如「赤壁之戰」、「官渡之戰」、「三英戰呂布」、「過五關、斬六將」等。觀賞這些戰爭場面，主要是學其中爾虞我詐的計謀。例如，軍師諸葛亮屢次在戰役中展現其聰明智慧，在「草船借箭」中，不僅準確地預測東風，由敵人手中取到所需之箭，更是實現承諾周瑜之事；在「七擒孟獲」中，用巧計屢敗孟獲，藉此顯現其足智多謀，擄獲對方效忠之心；「空城記」更是諸葛亮最經典的代表戰役。戰爭本來鬥的就不一定是武力，也包含智力，三國藉著戰爭場面所表現的智力智慧，更是歷代文人所讚揚，故若迷失在血腥的戰爭場面中，忘了沉澱計謀智慧，可是一大損失。

以「歷史人物傳記」和「戰爭計謀智慧」來閱讀《三國演義》後，或許還可思考作者藉著小說所透露的歷史觀、世界觀、人生觀。小說開頭言：「話說天下大勢，分久必合，合久必分。……傳至獻帝，遂分三國。」此話內涵乃是歷史循環定律，天下局勢沒有永恆不變的。此歷史觀恰好也是中國人的世界觀，宇宙乃是陰陽組成，彼消則我長，我長則彼消。最後在人生觀上，我們可說小說教導我們人生如同一場戰役，但別以成敗論英雄，該觀看自己付出了什麼，做了些什麼。

■**精彩篇章推薦：**

瑜問孔明曰：「即日起將與曹軍交戰，水路交兵，當以何兵器為先？」孔明曰：「大江之上，以弓箭為先。」瑜曰：

- 得何足喜，失何足憂！〈第十四回〉
- 為吾一人而使百姓遭此大難，吾何生哉！
- 紛紛世事無窮盡，天數茫茫不可逃；鼎足三分已成夢，後人憑弔空牢騷。

「先生之言，甚合愚意。但今軍中正缺箭用，敢煩先生監造十萬枝箭，以爲應敵之具。此係公事，先生幸勿推卻。」孔明曰：「都督見委，自當效勞。敢問十萬枝箭，何時要用？」瑜曰：「十日之內，可完辦否？」孔明曰：「操軍即日將至，若候十日，必誤大事。」瑜曰：「先生料幾日可完辦？」孔明曰：「只消三日，便可拜納十萬枝箭。」瑜曰：「軍中無戲言。」

　　孔明曰：「怎敢戲都督！願納軍令狀：三日不辦，甘當重罰。」瑜大喜，喚軍政司當面取文書，置酒相待曰：「待軍事畢後，自有酬勞。」孔明曰：「今日已不及，來日造起。至第三日，可差五百小軍到江邊搬箭。」飲了數盃，辭去。魯肅曰：「此人莫非詐乎？」瑜曰：「他自送死，非我逼他。今明日對眾要了文書，他便兩脅生翅，也飛不去。我只吩咐軍匠人等，教他故意遲延，凡應用物件，都不與齊備。如此，必然誤了日期，那時定罪，有何理說？公今可去探聽他的虛實，卻來回報。」

　　肅領命來見孔明。孔明曰：「吾曾告子敬，休對公瑾說，他必要害我。不想子敬不肯爲我隱諱，今日果然又弄出事來。三日內如何造得十萬箭？子敬只得救我！」肅曰：「公自取其禍，我如何救得你？」孔明曰：「望子敬借我二十隻船，每船要軍士三十人，船上皆用青布爲縵，各束草千餘個，分布兩邊。吾別有妙用。第三日包管有十萬枝箭。只不可又教公瑾得知；若彼知之，吾計敗矣。」肅允諾，卻不解其意，回報周

・人情勢利古猶今，誰識英雄是白身？〈第一回〉
・既生瑜，何生亮！〈第五十七回〉

瑜，果然不提借船之事；只言孔明並不用箭竹、翎毛、膠漆等物，自有道理。瑜大疑曰：「且看他三日後如何回覆我！」

　　卻說魯肅私自撥輕快船二十隻，各船三十餘人，並布縵束草等物，盡皆齊備，候孔明調用。第一日卻不見孔明動靜；第二日亦只不動。至第三日四更時分，孔明密請魯肅到船中。肅問曰：「公召我來何意？」孔明曰：「特請子敬同取箭。」肅曰：「何處去取？」孔明曰：「子敬休問，前去便見。」遂命將二十隻船，用長索相連，逕望北岸進發。是夜大霧漫天，長江之中，霧氣更甚，對面不相見。孔明促舟前進，果然是好大霧！……

　　當夜五更時候，船已近曹操水寨。孔明教把船隻頭西尾東，一帶擺開，就船上擂鼓吶喊。魯肅驚曰：「倘曹兵齊出，如之奈何？」孔明笑曰：「吾料曹操於重霧中必不敢出。吾等只顧酌酒取樂，待霧散便回。」

　　卻說曹操寨中，聽得擂鼓吶喊，毛玠、于禁二人慌忙飛報曹操。操傳令曰：「重霧迷江，彼軍忽至，必有埋伏，切不可輕動。可撥水軍弓弩手亂射之。」又差人往旱寨內喚張遼、徐晃各帶弓弩軍三千，火速到江邊助射。比及號令到來，毛玠、于禁怕南軍搶入南寨，已差弓弩手在寨前放箭；少頃，旱寨內弓弩手亦到，約一萬餘人，盡皆向江中放箭；箭如雨發。孔明教把船掉回，頭東尾西，逼近水寨受箭，一面擂鼓吶喊。待至日高霧散，孔明令收船急回。二十隻船兩邊束草上，排滿箭

深入探索

→《三國智謀精粹》，霍雨佳編著，漢藝色研出版社

→《爭鋒奇術三國策》，吳琦著，遠流出版社

→《三國演義與人才學》，葛楚英著，遠流出版社

→《三國演義藝術新論》，劉永良著，商鼎出版社

枝。孔明令各船上軍士齊聲叫曰：「謝丞相箭！」〈第四十六回・用奇謀孔明借箭　獻密計黃蓋受刑〉

名家評介：

- 魯迅：「至於寫人，亦頗有失，以致欲顯劉備之長厚而似偽，狀諸葛之多智而近妖；惟於關羽，特多好語，義勇之概，時時如見矣。」《中國小說史略》
- 胡適：「《三國志演義》究竟是一部絕好的通俗歷史。在幾千年的通俗教育史上，沒有一部書比得上他的魔力。……從這部書裡學會了看書看信作文的技能，從這部書裡學得了做人與應世的本領。」〈三國志演義序〉
- 孟瑤：「評論《三國志演義》是一件非常困難的工作，……但是仔細歸納它的重點也不外兩方面，一是以社會觀點來討論它，那麼我國還沒有一本書（包括《四書》、《五經》在內）能夠超越它對廣大市民層的影響；一是以文學觀點來討論它，那麼有許多人認為這本書不足以躋身於第一流文學作品之林。」《中國小說史》

深入探索
→《歡樂三國志 1-20》，侯文詠、蔡康永著，平安有聲出版社
→《英雄魅力學》，松本一男著，廖為智譯，遠流出版社
→《關公傳說與三國演義》，李福清著，雲龍出版社

06 『水滸傳』

● 成書時間：西元一五八九年
（現存最早的百回刻本）
● 類別：英雄傳奇小說

特色：英雄小說的代表作

■作者介紹：

《水滸傳》的作者有三種說法，其一為施耐庵（學者研究，施為元朝淮安人，名子安，字耐庵，著有《三國志演義》、《隋唐志傳》、《三遂平妖傳》、《江湖豪客傳》）；其二為羅貫中；其三說法，是兩人合編（即自七十回後，金聖嘆斷為耐庵弟子羅貫中所續）。最近較多學者認為施耐庵僅是某位文學家的託名，並非真有其人。

■內容梗概：

小說《水滸傳》是以北宋末年宋江起義為大綱，並融合宋朝以來相關的說書、戲曲等民間材料，加上自創的情節和特殊的筆法，完成這部英雄小說。全書情節大致可分為兩大部分。前七十回，先描述貪官高俅的發跡，引出當時政治的腐敗，再寫以宋江、晁蓋為首之盜匪，如何逐漸吸收四方豪傑上梁山的過程。後五十回，則描寫梁山好漢接受朝廷招安，進而為國效力，如北征遼國、剿滅田虎和王慶，起初爭戰，威震四方，直到南征方臘，梁山泊英雄七損八傷，生存者也並未獲得合理報

名言佳句
· 殺人須見血，救人須救徹。〈第九回〉
· 赤日炎炎似火燒，野田禾稻半枯焦。農夫心內如湯煮，樓上王孫把扇搖。〈第十六回〉

酬，反遭奸臣所害，結局是一百零八條好漢幾乎無一善終。

■閱讀指導：

《水滸傳》最吸引人以及和其他小說差異最大之處，在於書中的英雄形象與盜匪世界。

若提到《水滸傳》，相信絕大多數讀者首要想到的人物是「武松」，及他英勇打虎的事件。小說描述武松和宋江告別後，來到某間客棧，喝了點烈酒，矇矓間乘著酒興，硬上景陽岡，果真遇上白額大蟲（老虎），起了衝突，在幾經纏鬥後，武松一棒打死老虎，贏得「打虎英雄」的美名。這最經典的情節，正是說明小說走的是俠義之風，塑造草莽英雄，武松而後在書中屢次出場，展現其英雄魅力。《水滸傳》的英雄好漢當然不可能只有武松一人，另一個代表人物要屬「林沖」，在〈豹子頭誤入白虎堂〉、〈林沖棒打洪教頭〉、〈林沖雪夜上梁山〉、〈梁山泊林沖落草〉、〈林沖水寨大併火〉中都可見到他英勇的表現，其卓越形象還令明代李開先根據小說改編成戲曲（即《林沖夜奔》）。除上述兩人，宋江、魯智深、晁蓋、李逵……等，雖然乍看和《三國演義》的關羽、張飛、趙雲之類的歷史英雄有些差異，卻都是具有英雄氣概和高超本領的人物。

以「英雄形象」的角度，我們關注的是人，若就小說的背景，實際上是一個綠林的世界，充滿著爾虞我詐。如武松被控殺人後，在押往服刑之地，途中路經一間酒店，遇上了最毒婦

・入門休問榮枯事，觀著容顏便得知。〈第二十三回〉
・他時若遂凌雲志，敢笑黃巢不丈夫。〈第三十九回〉
・平日若無真義氣，臨時休說死生交。〈第四十七回〉

人心的「母夜叉孫二娘」，差一點成了她肉包子的餡料（人肉叉燒包的始祖），所幸其丈夫張青及時阻止，解救武松，二娘才沒有下手。除此例，像〈魯智深火燒瓦官寺〉、〈宋江怒殺閻婆惜〉、〈李逵打死殷天賜〉等章回，都可看到人物如何被逼從事盜匪之勾當。幾乎可以說，整本小說在描述一個非正常秩序的世界，誇張一點，讀《水滸傳》猶如看香港的「古惑仔」電影，或是黑社會面面觀之類的書。

盜匪的世界是非正常秩序的空間，常常不是你死就是我亡，四周充滿危機，人們因此發展出一套謀略，以應對外界的變化，《水滸傳》也是如此。現代有些學者整理出小說中的謀略，如「施苦肉計干戈化玉帛」、「巧裝扮英雄智闖關」等，對於喜歡閱讀人生智慧、商業謀略類型書籍的讀者來說，讀《水滸傳》絕對可以獲得不少珍寶。

最後，還可以從一個角度來閱讀小說，即正邪、善惡的分界。此本小說特殊之處，在於原本應該保護人民的官方做盡了壞事，貪官污吏橫行，勾結強豪惡霸，殘害忠良，欺壓善良；相反地，擾亂秩序的盜匪反而與惡勢力鬥爭，如蔡京、童貫、高俅等荒淫無恥之貪官，或是危害百姓的惡棍土霸，甚可說，一百零八條好漢齊聚梁山泊忠義堂的目的是替天行道，除暴安良。小說中，官變邪（惡），盜變正（善），這似乎和我們原先的價值觀有所衝突。但就是因為此衝突，幫助我們重新思考什麼叫公理正義，什麼叫盜匪竊賊，是以人的身分、地位、職業

・但見上下天光一色，金碧交加，香風細細，瑞靄飄飄，有如二三月間天氣。〈第八十八回〉
・瓦罐不離井上破，將軍必在陣前亡。〈第一百一十回〉

作為衡量標準，或應以此人所作所為為主，正邪、善惡又是否真的可以以二分法簡單區分。

■精彩篇章推薦：

　　只見那婆惜柳眉踢豎，星眼圓睜，說道：「老娘拿是拿了，只是不還你！你使官府的人拿我去做賊斷！」宋江道：「我須不曾冤你做賊。」婆惜道：「可知老娘不是賊哩！」宋江見這話，心裡越慌，便說道：「我須不曾歹看承你娘兒兩個。還了我罷！我要去幹事。」婆惜道：「閑常也只嗔老娘和張三有事：他有些不如你處，他不該一刀的罪犯，不強似你和打劫賊通同！」宋江道：「好姊姊，不要叫！鄰舍聽得，不是耍處！」婆惜道：「你怕外人聽得，你莫做不得！這封書，老娘牢牢地收著！若要饒你時，只依我三件事罷！」宋江道：「休說三件事，便是三十件事也依你！」婆惜道：「只怕你依不得。」宋江道：「當行即行。敢問那三件事？」閻婆惜道：「第一件，你可從今日便將原典我的文書來還我，再寫一紙任從我改嫁張三，並不敢再來爭執的文書。」宋江道：「這個依得。」婆惜道：「第二件，我頭上戴的，我身上穿的，家裡使用的，雖都是你辦的，也委一張文書，不許日後來討。」宋江道：「這個也依得。」閻婆惜又道：「只怕你第三件依不得。」……婆惜道：「可知哩！常言道：『公人見錢，如蠅子見血。』他使人送金子與你，你豈有推了轉去的？這話卻似放屁！做公

深入探索
　→《水滸傳》，施耐庵著，聯經出版社
　→《水滸傳故事選》，施耐庵著，業強出版社

人的，『哪個貓兒不吃腥？』『閻羅王面前，須沒放回的鬼！』你待瞞誰！便把這一百兩金子與我，直得什麼！你怕是賊贓時，快熔過了與我！」宋江道：「你也須知我是老實的人，不會說謊。你若不信，限我三日，我將家私變賣一百兩金子與你。你還了我招文袋！」婆惜冷笑道：「你這黑三倒乖！把我一似小孩兒般捉弄？我便先還了你招文袋這封書，歇三日卻問你討金子？正是『棺材出了討挽歌郎錢』，我這裡一手交錢，一手交貨。你快把來，兩相交割！」……〈二十一回・虎婆醉打唐牛兒　宋江怒殺閻婆惜〉

◯ 名家評介：

- 李贄（李卓吾）：「《水滸傳》者，發憤之所作也。……故有國者不可以不讀，一讀此傳，則忠義不在《水滸》而皆在君側矣。賢宰相不可不讀，一讀此傳，而皆在朝廷矣。」《忠義水滸傳序》
- 金聖嘆：「別一部書，看過一遍即休。獨有《水滸傳》，只是看不厭，無非爲他把一百八箇人性格，都寫出來。」《讀第五才子書法》
- 胡應麟：「嘉、隆間，一巨公案無他書，僅左置《南華經》，右置《水滸傳》各一部；又近一名士聽人說《水滸》，作歌謂奄有丘明、太史之長。」《少室山房筆叢》
- 鄭振鐸：「活潑潑的如生鐵鑄就的造語遣辭。」〈水滸傳的演進〉

深入探索
→ 《水滸傳的組織謀略》，王北固著，遠流出版社
→ 《水滸傳的政治與謀略觀》，金聖嘆等著，老古出版社

『西遊記』

● 成書時間：西元一五九二年
● 類別：神魔小説

特色：中國第一部結合神魔與現實的長篇小説

■作者介紹：

因《西遊記》的各種刻本都沒署名，至今不曉得作者爲誰，吳承恩則是較爲大眾所接受的通說。吳承恩（西元一五〇〇年至西元一五八二年），字汝忠，號射陽山人，明代山陽（今江蘇淮安山陰）人，出生書香門第，文采雖好，參加科考卻是屢試不中，四十多歲才補爲貢生，五十多歲後歸居鄉里，貧老而終，《西遊記》爲晚年的作品，另有《射陽先生存稿》、《禹鼎志》等著作。

■內容梗概：

目前學界大多認爲《西遊記》是自《大唐取經詩話》才開始將唐三藏的歷史故事轉變成神魔小説的，至此書，西遊記主要大綱及人物也大致完成，除偷仙桃的猴行者外，另有獅子林、鬼母子國、女人國等情節，而後又陸續夾雜如元朝的戲曲《西遊記雜劇》、元明之際的話本《西遊記平話》等素材，最後經吳承恩的修飾而完成如今常見的小説基本樣貌。

通行的《西遊記》版本爲百回本。小説前七回主講孫悟空

名言佳句
・鳥盡弓藏，兔死狗烹。〈第二十七回〉
・不看僧面看佛面。〈第三十一回〉
・救人一命，勝造七級浮屠。〈第三十三回〉
・黃梅不落青梅落，老天偏害沒兒人。〈第四十七回〉

在花果山破石誕生，發現水濂洞，遠赴東海拜師求仙，自封「齊天大聖」，又大鬧龍宮、地府、天庭，最後逃不出佛祖的手掌心被押在五指山的過程。第八回到第十三回則是講述魏徵斬涇龍王、太宗入冥、劉全進瓜等民間傳說，安排觀音探「高僧」、「江流兒」三藏出生，奉詔取經，巧遇孫悟空，解除其五百年的桎梏。第十四回到百回為全書主要的情節，描述取經團前往雷音寺、歷劫八十一難的經過，期間遭遇各式考驗，最後抵達「雷音寺」，修成正果。

■閱讀指導：

《西遊記》的主旨眾說紛紜，閱讀時也有很多的角度和觀點，筆者有以下四點建議：

其一，一部成長小說。若以戲分來論《西遊記》的主角，我想孫悟空是不二人選，這趟取經過程，悟空由頑石修成正果，性格從藐視生命的輕浮到處世周延的沉穩，甚至成為取經團倚靠的重心，若無他經書恐怕無法順利取回，眾人也無法成佛成聖。故閱讀此書時，可仔細觀察悟空的變化，將發現一個人若是有心絕對可以自我成長，改頭換面，另啟嶄新的生命。

其二，笑話輯錄。《西遊記》充滿詼諧的語言，是本笑話大全，笑話常常用對話的方式呈現。例如第五十三回，唐三藏和八戒誤喝子母河中的河水，有了身孕，兩人苦苦哀求悟空解救，他卻很幽默的說：「古人云：『瓜熟蒂落。』」若到那個時

・寧教花下死，做鬼也風流。〈第五十五回〉
・放屁添風。〈第七十五回〉
・單絲不線，孤掌難鳴。〈第八十一回〉

節，一定從脅下裂個窟窿，鑽出來也。」實際上，男人無子宮，怎麼受孕，作者這麼寫除了讓故事能進行外，也讓人對這諧趣之事會心一笑。這事的笑話還沒完結。後來，悟空取回了「落胎泉之水」讓兩人喝下，一時間兩人從下體排出肉塊，八戒自我解嘲的說不用補身子，僅需要燒些熱水清洗、喝些粥，呆愣的沙悟淨竟說：「二哥，洗不得澡。坐月子的人弄了水漿致病。」（指剛生產不能碰水的禁忌）八戒順水推舟的回笑：「我又不曾大生，左右只是個小產，怕他怎的？洗洗兒乾淨。」對話聽來不像在說相聲嗎？裡頭充滿幽默的語言。

其三，社會寫實錄。《西遊記》雖是部神魔小說，作者描述的卻是社會的各層面相，細心刻劃著人際關係，可說是本社會寫實錄。如孫悟空學仙術回來後，聚集各處妖魔，令他們參拜，儼然成為花果山山大王，之後到龍宮硬搶「如意金箍棒」、夢中大鬧地府，這不如同山賊倭寇般的行徑嗎？又比丘國王聽信讒言，誤信小人，為求長生不老，竟取一千一百一十一個小孩的心肝，豈不是個人人謾罵的昏君？只要用心體會，觀察入微，《西遊記》這幅活靈活現的社會寫實圖自然如卷軸般一幕幕的出現，甚至得到古今社會的共鳴，也正如同得到一面《西遊記》照妖鏡般，照出社會的真實樣貌。

其四，奇幻之美。《西遊記》擅長用誇張的筆法，勾勒詭異的想像空間，創作一個光怪陸離卻又合情合理的奇幻世界，上至天庭、下至地府、深至海底龍宮，出現火焰山、通天河之

· 打虎還得親兄弟，上陣須教父子兵。〈第八十一回〉
· 海闊任魚躍，天空任鳥飛。〈第八十四回〉
· 畫虎不成反類狗。〈第八十八回〉

類的特殊景觀，這空間內，孫悟空翻江倒海、上天入地、斬妖除魔、興玩寶物都顯得十分自然，故閱讀此書，猶如欣賞一部比《魔戒》還精彩的小說電影，深切感受文學的奇幻之美。

■精彩篇章推薦：

一日，在本洞吩咐四健將安排筵宴，請六王赴飲，殺牛宰馬，祭天享地，著眾怪跳舞歡歌，俱吃得酩酊大醉。送六王出去，卻又賞赤大小頭目，倚在鐵板橋邊松陰之下，霎時間睡著。四健將領眾圍護，不敢高聲。

只見那美猴王睡裡見兩人拿一張批文，上有「孫悟空」三字，走近身，不容分說，套上繩，就把美猴王的魂靈兒索了去，跟跟蹌蹌，直帶到一座城邊。猴王漸覺酒醒，忽抬頭觀看，那城上有一鐵牌，牌上有三個大字，乃「幽冥界」。美猴王頓然醒悟道：「幽冥界乃閻王所居，何為到此？」那兩人道：「你今陽壽該終，我兩人領批，勾你來也。」猴王聽說，道：「我老孫超出三界外，不在五行中，已不伏他管轄，怎麼朦朧，又敢來勾我？」那兩個勾死人只管扯扯拉拉，定要拖他進去。那猴王惱起性來，耳朵中掣出寶貝，幌一幌，碗來粗細；略舉手，把兩個勾死人打為肉醬。自解其索，丟開手，輪著棒，打入城中。唬得那牛頭鬼東躲西藏，馬面鬼南奔北跑，眾鬼卒奔上森羅殿，報著：「大王！禍事，禍事！外面一個毛臉雷公，打將來了！」慌得那十代冥王急整衣來看，見他相貌凶惡，即

深入探索
→ 《西遊記探源》，鄭明娳著，文開出版事業股份有限公司
→ 《成商在變：商人巧思西遊記》，李文庠、李睿著，漢欣出版社

排下班次，應聲高叫道：「上仙留名，上仙留名！」猴王道：「你既認不得我，怎麼差人來勾我？」十王道：「不敢，不敢！想是差人差了。」猴王道：「我本是花果山水簾洞天生聖人孫悟空。你等是怎麼官位？」十王躬身道：「我等是陰間天子十代冥王。」……悟空道：「汝等既登王位，乃靈顯感應之類，爲何不知好歹？我老孫修仙了道，與天齊壽，超升三界之外，跳出五行之中，爲何著人拘我？」十王道：「上仙息怒。普天下同名同姓者多，敢是那勾死人錯走了也？」悟空道：「胡說，胡說！常言道：『官差吏差，來人不差。』你快取生死簿子來我看！」十王聞言，即請上殿查看。……

　　十王即拿掌案的判官取出文簿來查。那判官不敢怠慢，便到司房裡，捧出五六簿文書並十類簿子，逐一查看。……另有個簿子，悟空親自檢閱，直到那魂字一千三百五十號上，方注著孫悟空名字，乃天產石猴，該壽三百四十二歲，善終。悟空道：「我也不記壽數幾何，且只消了名字便罷！取筆過來！」那判官慌忙捧筆，飽揾濃墨。悟空拿過簿子，把猴屬之類，但有名者，一概勾之。摔下簿子道：「了帳，了帳！今番不伏你管了！」一路棒，打出幽冥界。（第三回）

卷四 古典小說

深入探索

→《讀西遊記話人才》，孫寶義著，方智出版社

→《戰略西遊記：吳承恩的兵法世界》，關紹箕著，遠流出版社

名家評介：

· 英國大百科全書：「中國一部最珍貴的神奇小說。」

· 美國大百科全書：「一部具有豐富內容和光輝思想的神話小說。」

· 魯迅：「諷刺揶揄則取當時世態，加以鋪張描寫。」《中國小說史略》

· 孟瑤：「自有小說以來，這樣耳目一新五光十色的畫幅，恐怕自《西遊記》以後才開始有吧？」《中國小說史》

深入探索

→ 《解讀西遊記》，何錫章著，雲龍出版社

08 『金瓶梅』

● 成書時間：明末萬曆一六一七年（現存最早刻本）
● 類別：世情小說

特色：明代世情小說的代表作

■作者介紹：

蘭陵笑笑生（生卒年不詳），蘭陵今屬山東嶧縣，全書時而可見山東方言，故作者應該是山東人無誤。至於真實姓名，現今仍無定論，有不少學者臆測過如王世貞、李漁、盧楠、屠隆等人。

■內容梗概：

小說《金瓶梅》是由《水滸傳》中「武松殺嫂」的故事演化而來，作者並再加油添醋，自由發揮成長篇著作。前十回主線描寫西門慶看上潘金蓮，經由王婆從中牽線，兩人暗地私會，而後怕被發現不得已設計毒害武大郎，武松為報仇，錯殺了李外傳，丟了官職、發配孟洲，潘則偷偷嫁入了西門家。第十一回到第七十九回，則是西門家族的淫亂史，描寫西門慶勾結官府、貪贓枉法及霸佔民女，妻妾們彼此間爭寵妒恨的過程（《金瓶梅》書名取自主人公西門慶的侍妾潘金蓮、李瓶兒和丫環春梅的名中各一字）。最後二十一回寫西門慶死後，其女婿陳經濟賣掉眾妾，金蓮被殺，一片「樹倒猢猻散」的景象。

名言佳句

・公道人情兩是非，人情公道最難為。若依公道人情失，順了人情公道虧。〈第四十九回〉
・人面咫尺，心隔千里。〈第八十一回〉
・士矜才則德薄，女炫色則情放。〈第一回〉

有人說《金瓶梅》主要是藉著西門慶這一家從興盛到衰敗的故事，反映明代市儈封建社會的醜惡面貌。此說法並無不妥，然而卻是太過教條式的口吻，或許我們可以用下面幾點較為輕鬆的角度觀看作品。

古代情色小說。《金瓶梅》全書描述的重點除「財」（西門慶利用人性見錢眼開的弱點，賄賂王婆、毒死武大、充配武二，為增加自己的財富，設計娶富孀孟玉樓和李瓶兒為妾，用錢財向權臣行賄，令其在商場通行無阻，甚至買官鬻爵等）以外，重點在「色」字，可說是本絕佳的情色小說。「食色，性也」，人喜好性愛本屬正常之事，但可能因中國人過於含蓄，縱使知道，彼此也都心照不宣。雖然不公開討論，私底下講述情色方面的「小本子」可不少，流傳的「春宮圖」就是最好的證明，而《金瓶梅》就是為了滿足那些想在小說讀到情色場面的讀者。翻開《金瓶梅》，我們可以觀賞到諸多情色場面，例如：有一回西門慶率同妻妾，合家歡樂，在芙蓉亭上飲酒，至晚方散。歸來潘金蓮房中，已有半酣，乘著酒興，要和婦人雲雨。婦人連忙熏香打鋪，和他解衣上床。西門慶且不與她雲雨，明知婦人第一好品簫，於是坐在青紗帳內，令婦人馬爬在身邊，雙手輕籠金釧，捧定那話兒，往口裡吞放。西門慶垂首玩其出入之妙，嗚咂良久，淫情倍增，因呼春梅進來遞茶。此段描述的就是「口交」一事。像這樣赤裸裸的情色場面，在小說中屢

・甜言美語三冬暖，惡語傷人六月寒。人善得人欺，馬善得人騎。〈第七十六回〉
・豪家未必常富貴，貧人未必常寂寞。〈第九十回〉
・花枝葉下猶藏刺，人心怎保不懷毒。〈第四十七回〉

次可見，甚或各種姿勢、藥物、性器具、男男、特殊地點等露骨場景都鉅細描述。

　　人物面面觀。除了上述，讀此書應觀看人物的心理層面，不論男或女。像是西門慶的變態心理，他不僅喜歡外遇，出軌的對象選擇的幾乎都是「人妻」，這顯現一種奇特的佔有慾，可帶來一種另類的愉悅；如潘金蓮的嫉妒，李瓶兒生子後，西門慶常往其處跑，金蓮爲維持受寵地位，使盡全身絕活，吸引西門慶的注意，當自己的愛貓不小心抓死官哥兒（西門慶之子）時，全無憐憫之心，每日抖擻精神，百般稱快。若稱讚小說描寫耳目之內的尋常生活，活生生的世態人間，已屬第一，其人物形象和心理變化更屬絕頂，幾乎所有人物的行徑都可以分析內在的心理，獲得人性的眞實面（醜陋面）。

　　因果論。這本情色小說、女性壓迫史、男性荒淫史的結局是西門慶縱欲無度，在壯年三十三歲就去世，李瓶兒因愛子受驚悸夭亡，患血崩之症，死時僅有二十七歲，潘金蓮則被武松殺死，報了殺兄之仇，總之惡人都得到惡報，只剩吳月娘、孟玉樓等善良者得以善終。由此可知，小說一方面滿足性的需求，另一方面不忘講述獸性（惡）和人性（善）間的差異，告誡人們因果循環，多行不義必自斃。我們不見得非得相信因果論，但當我們沉溺在感官世界的同時，也應該想想欲望帶來的傷害。

・世間海水知深淺，惟有人心難忖量。〈九十一回〉
・嫩草怕霜霜怕日，惡人自有惡人磨。〈第九十三回〉

■精彩篇章推薦：

武大被婦人早趕出去做買賣，央及間壁王婆買了些酒肉，去武松房裡，簇了一盆炭火。心裡自想道：「我今日著實撩逗他一逗，不怕他不動情！」那婦人獨自冷冷清清立在簾兒下，望見武松正在雪裡，踏著那亂瓊碎玉歸來。婦人推起簾子，迎著笑道：「叔叔，寒冷？」武松道：「感謝嫂嫂掛心！」……「我聽得人說，叔叔在縣前街上，養著個唱的，有這話麼？」武松道：「嫂嫂休聽別人胡說，我武二從來不是這等人！」婦人道：「我不信，只怕叔叔口頭不似心頭。」武松道：「嫂嫂不信時，只問哥哥就是了。」婦人道：「呵呀！你休說，他哪裡曉得甚麼？如在醉生夢死一般！他若知道時，不賣炊餅了。叔叔且請一盃！」連篩了三四盃飲過。那婦人也有三盃酒落肚，烘動春心，哪裡按捺得住？欲心如火，只把閒話來說。武松也知了八、九分，自己只把頭來低了，卻不來兜攬。婦人起身去燙酒，武松自在房內，卻挈火箸簇火。婦人良久煖了一注子酒來，到房裡，一隻手拿著注子，一隻手便去武松肩上只一捏，說道：「叔叔只穿這些衣裳，不寒冷麼？」武松已有五七分不自在，也不理他。婦人見他不應，匹手便來奪火箸。口裡道：「叔叔你不會簇火，我與你撥火。只要一似火盆來熱便好。」武松已有八九分焦燥，只不作聲。這婦人也不看武松焦燥，便丟下火箸，卻篩一盞酒來，自呷了一口，剩下大半盞酒，看武松道：「你若有心，吃我這半盃兒殘酒。」武松匹奪過來，潑在

深入探索
→ 《金瓶梅》，笑笑生著，三誠堂出版社
→ 《食髓知味──金瓶梅的另類飲食》，翁雲霞著，商智出版社

地下，說道：「嫂嫂，不要恁的不識羞恥！」把手只一推，爭些兒把婦人推了一跤。武松睜起眼來，說道：「武二是個頂天立地的噙齒戴髮的男子漢，不是那等敗壞風俗傷人倫的豬狗。嫂嫂休要這般不識羞恥，為此等的勾當！倘有些風吹草動，我武二眼裡認的是嫂嫂，拳頭卻不認的是嫂嫂！再來休要如此所為。」……〈第二回·景陽岡武松打虎　潘金蓮嫌夫賣風月〉

名家評介：

· 魯迅：「緣西門慶故稱世家，為縉紳，不惟交通權貴，即士類亦與周旋，著此一家，即罵盡諸色，蓋非獨描摹下流言行，加以筆伐而已。」

· 東吳弄珠客：「讀《金瓶梅》而生憐憫心者，菩薩也；生畏懼心者，君子也，生歡喜心者，小人也；生效法心者，乃禽獸耳。」《〈金瓶梅詞話〉序》

· 鄭振鐸：「表現真實的中國社會的形形色色者，捨《金瓶梅》，恐怕找不到更重要的一部小說了。」〈談《金瓶梅》詞話〉

· 孟瑤：「創作才華驚人、筆鋒犀利似刀、人物栩栩欲活、世態人情如畫。」《中國小說史》

深入探索
→《金瓶梅解隱──作者、人物、情節》，李洪政著，台灣商務出版社
→《金瓶梅與紅樓夢》，王乃驥著，里仁書局

『三言』

● 成書時間：詳細時間無可
考，大約在明末天啓年間
● 類別：白話短篇小説

特色：明代白話短篇小説最豐富、最重要選集

■**作者介紹：**

　　馮夢龍，字猶龍，明吳縣人，生於萬曆二年（西元一五七四年），卒於清順治二年（西元一六四五年），明代知名的通俗文學家。馮夢龍十分有才情，博學多識，除了詩文創作和精通經學外，令今人稱道的是他在通俗文學方面的努力和貢獻，他收集民間俗曲，編成專書，創作和改編過的傳奇數量也不可小覷，最重要的是他致力於通俗小説的寫作和整理，如《三遂平妖傳》、《新列國志》、《情史類略》……等作品，「三言」則是他的代表作。

■**內容梗概：**

　　「三言」，是《喻世明言》（又稱《古今小説》）、《警世通言》、《醒世恆言》三本小説集的總稱，每本書有四十卷，總共有一百二十卷，撰寫的篇章幾乎都是宋、元、明三代以來最膾炙人口、家喻戶曉的話本小説作品。「三言」中，宋元作品約佔三分之一（如〈杜十娘怒沉百寶箱〉，作品也經過馮夢龍不同程度的潤色和加工），另外三分之二約八十篇是明代之作，有的

名言佳句
　　‧仕至千鐘非貴，年過七十常稀。浮名身後有誰知？萬事空花遊戲。休遲少年狂蕩，莫貪花酒便宜。脱離煩惱是和非，隨分安閒得意。〈喻世明言‧蔣興哥重會珍珠衫〉

是作者遴選潤色，有的是作者原創的擬話本，內容題材可說無所不包，商業活動、愛情故事、官場公案……等素材均曾寫入，讓晚明腐朽、黑暗、矛盾的面向，淋漓盡致地躍入讀者眼前。

■閱讀指導：

「三言」雖為三部作品，卻有相同的作品精神，在閱讀的過程，我們可以從內容掌握到三個共通要旨。

首先，讚揚愛情珍貴、婚姻自由。現今通俗小說界最流行的題材就屬愛情類，這是反映現代人對愛情的嚮往，實際上，愛情這個主題早就出現在小說中，傳奇小說〈鶯鶯傳〉即是，宋元話本也有此類型，「三言」對「愛情、婚姻」的描寫更是不少，可說是佔絕大多數的篇幅，著名的代表作是〈杜十娘怒沉百寶箱〉。此小說敘述名妓杜十娘原為官宦之女，不幸身入火坑多年，有日偶見李甲，見他忠厚志誠，決定委身，兩人共謀贖身。誰知兩人經過許多努力和波折，只差一步就將成眷屬，李甲卻因小人（孫富）讒言，開始擔憂杜十娘青樓女子的身分會被父親所嫌棄（自己又毫無成就），故打算將她賣給友人（換取千金），此舉令杜十娘心灰意冷，最終抱著百寶箱，跳入冰冷的江河。故事凸顯了女人的癡情、男性的冷血、愛情的無價。諸如此類的小說還有很多則，像是〈蔣興哥重會珍珠衫〉、〈金玉奴棒打薄情郎〉、〈喬太守亂點鴛鴦譜〉、〈白娘子永鎮雷峰塔〉……等，都是讚揚愛情珍貴、婚姻自由的名篇，文中可見

・聰明伶俐自天生，懵懂癡呆未必真。嫉妒每因眉睫淺，戈矛時起笑談深。九曲黃河心較險，十重鐵甲面堪憎。時因酒色亡家國，幾見詩書誤好人！〈醒世恆言・十五貫戲言成巧禍〉

作者對負心漢的嚴厲批評，描繪政治、社會、舊觀念造成多少對夫妻聚少離多的悲劇。

其次，批判政府的無能和陋習。有些學者習慣以「封建吏治黑暗、統治階層鬥爭」的字眼，形容文中人民對官僚體系的批判和唾棄。或許我們應該這麼看，作為一個通俗小說，傳達的通常是人民的心聲，假設人民得知是因政府的無能和陋習而造成自己的悲慘，怎麼可能不發出批判之聲呢？在〈沈小霞相會出師表〉，作者描述晚明嚴嵩父子掌握朝政，追求富貴榮華者無不重金獻之，露出阿諛醜陋的臉孔，此情節正是作者替人民寫下的批判之語。作品結尾的安排，是邪不勝正，沉煉的冤案得以昭雪，還其清白，恰好說明人民對暴政、貪官污吏的深惡痛絕，企圖藉由故事抒發現實之不滿。

最後，懲惡揚善的主題。〈呂大郎還金完骨肉〉是對人講求信義、樂於助人的稱許；〈桂員外途窮懺悔〉是寫桂富落魄時受人恩典卻忘恩負義，後遭天理報應而及時悔悟，去惡向善、得以善終的故事。像上述兩個主題的故事仍有很多，〈賣油郎獨占花魁〉、〈金海陵縱慾身亡〉……等，這些篇章均可見到善有善報，惡有惡報的結局。

此外，閱讀「三言」除了注意上面三個要旨，別忘了欣賞一下中國短篇小說中的特殊美感。話本的特點之一，是常以詩詞來描述場景或心境，如〈蔣興哥重會珍珠衫〉中「孝幕翻成紅幕，色衣換去麻衣。畫樓結彩燭光輝，和斝花筵齊備。那羨

・色絢於目，情感於心，情色相生，心目相視。雖亙古迄今，仁人君子，弗能忘之。〈警世通言・蔣淑真刎頸鴛鴦會〉

妝奩富盛，難求麗色嬌妻。今宵雲雨足歡娛，來日人稱恭喜。」（《西匯月》）；有時則摻雜些古語，如「人心或可昧，天道不差移。我不淫人婦，人不淫我妻。」這些詩詞古語，不但詞彙優美，具有意境，且朗朗上口，是外國小說中讀不到的韻文美感，故翻開「三言」，可別錯過了欣賞這部分。

■精彩篇章推薦：

孫富視十娘已為甕中之鱉，即命家童送那描金文具，安放船頭之上。十娘舉鑰開鎖，內皆抽屜小箱，十娘叫公子抽第一層來看，只見翠羽明璫，瑤簪寶珥，充牣於中，約值數百金。十娘遽投之江中。李甲與孫富及兩船之人，無不驚詫。又命公子再抽一箱，乃玉簫金管。又抽一箱，盡古玉紫金玩器，約值數千金。十娘盡投之於大江中。岸上之人，觀者如堵，齊聲道：「可惜，可惜！」正不知什麼緣故。最後又抽一箱，箱中復有一匣，開匣視之，夜明之珠，約有盈把。其他祖母綠、貓兒眼諸般異寶，目所未睹，莫能定其價之多少。眾人齊聲喝采，喧聲如雷。十娘又欲投之於江。李甲不覺大悔，抱持十娘慟哭，那孫富也來勸解。十娘推開公子在一邊，向孫富罵道：「我與李郎備嘗艱苦，不是容易到此。汝以奸淫之意，巧為讒說，一旦破人姻緣，斷人恩愛，乃我之仇人，我死而有知，必當訴之神明，尚妄想枕席之歡乎！」又對李甲說：「妾風塵數年，私有所積，本為終身之計，自遇郎君，山盟海誓，白首不

・平生不作皺眉事，世上應無切齒人。〈警世通言・崔待詔生死冤家〉
・有緣千里能相會，無緣對面不相逢。〈警世通言・金明池吳清逢愛愛〉

渝。前出都之際，假託眾姊妹相贈，箱中韞藏百萬，不下萬金。將潤色郎君之裝，歸見父母，或憐妾有心，收佐中饋，得終委託，生死無憾，誰知郎君相信不深，惑於浮議，中道見棄，負妾一片真心。今日當眾目之前，開箱出視，使郎君知區區千金，未為難事。妾櫝中有玉，恨郎眼內無珠。命之不辰，風塵困瘁，甫得脫離，又遭棄捐。今眾人各有耳目，共作證明，妾不負郎君，郎君自負妾耳！」於是眾人聚觀者，無不流涕，都唾罵李公子負心薄倖。公子又羞又苦，且悔且泣，方欲向十娘謝罪。十娘抱持寶匣，向江心一跳。眾人疾呼撈救。但見雲暗江心，波濤滾滾，杳無蹤影。可惜一個如花似玉的名姬，一旦葬於江魚之腹。〈警世通言·杜十娘怒沉百寶箱〉

·名家評介：

- 可一居士（疑為馮孟龍託名）：「此《醒世恆言》四十種所以繼《明言》、《通言》而刻也。明者取其可以導愚也，通者取其可以通俗也。恆則習之而不厭，傳之而可久，三刻殊名，其義一耳。」〈醒世恆言序〉
- 姑蘇笑花主人：「《喻世》、《警世》、《醒世》三言，極摹人情之態，備寫悲歡離合之致，可謂欲異拔新，洞心駭目。而曲終奏雅，歸於厚俗。」〈今古奇觀序〉
- 劉大杰：「『三言』的內容非常廣泛，涉及社會各方面，題材的來源，雖有取於古代的史事，主要是來自民間傳說。透過一些優秀作品，反映出宋、元以來社會的生活面貌，反映出人們追求理想、渴望美滿生活的積極精神。」《中國文學發展史》

深入探索
→《古今小說》，明馮夢龍著，里仁書局
→《馮夢龍和三言》，繆禾著，萬卷樓出版社
→《宋明話本》，胡萬川著，時報文化出版社

『二拍』

- 成書時間：明代末年
- 類別：短篇小說

特色：中國首本自創性較重的話本小說

■作者介紹：

凌濛初（西元一五八〇年至西元一六四四年）字玄房，號初成，別號即空觀主人，浙江烏程人，祖先世代爲官，一六四四年困守城樓，憂憤嘔血而死。凌濛初是在晚明創作話本最多的作家，同時也是通俗文學的推動者。他喜刻小說、戲曲及其他著作。著有《言詩翼》、《詩逆》、《詩經人物考》、《國門集》以及戲曲《虬髯翁》等二十多種，主要的著作是《初刻拍案驚奇》和《二刻拍案驚奇》，簡稱爲「二拍」，其影響是所有作品中最大。

■內容梗概：

「二拍」是《初刻拍案驚奇》、《二刻拍案驚奇》的合稱，其完成是凌濛初見馮夢龍所編的「三言」極爲暢銷，又有書商的慫恿催促，才下筆寫書。《初刻》、《二刻》各收錄四十篇，但因有一篇重複，一篇屬雜劇體裁，所以短篇小說共計七十八篇。此書與「三言」最大不同的特色是，「二拍」作品大多是凌濛初原創，「三言」之作則大多是馮夢龍編輯古本而成的。

名言佳句

・同枝本是一家親，纔屬他們便路人。直待酒闌人散後，方知葉落必歸根。

內容對當時社會有深刻的描寫，包括愛情婚姻、商旅往還、貪官污吏、神仙鬼怪……等，藉著不同的題材，反映出當時各階層的現實生活。

■閱讀指導：

就創作性而言，「二拍」的原創性大於「三言」，故此套書所傳達的作品精神，可說是幾乎等於作者凌濛初對外在世界的思想。若粗略的概括分之，小說呈現的作品精神主要集中在兩方面。

其一，致富之欲望。小說中描述商業環境和商人活動，率先出版的「三言」早已涉及，如〈賣油郎獨佔花魁〉、〈呂大郎還金完骨肉〉……等，「二拍」較為不同的是，對商人發財的渴望及其追求暴富的各種手段，描繪得更為深刻寫實，甚至，商人常常成為小說的主人公，是故事描寫的中心。例如〈轉運漢遇巧洞庭湖　波斯胡指破黿龍殼〉中，小說寫主角文若虛初初時運不佳，後來突然時來運轉，發了大財，偶然間又撿到好玩的破龜殼，這項寶物竟然使他轉眼之間成為鉅富。這樣的故事，不僅道出商業活動中平凡小人物往往一夜致富的真實情況，另一方面，故事中成為鉅富的可能性也滿足那些等待出頭天者的幻想。當然身兼「寓教於樂」功能的通俗小說，不可能單方面的鼓吹利益至上的觀念，作品中，作者對於社會重利好色的風氣，也透露出關心和擔憂，有時，藉著小說要人心生警

・曾聞陰德可回天，古往今來效灼然。奉勸世人行好事，到頭原是自周全。

惕。如名篇〈丹客半黍九還　富翁千金一笑〉中，作者描寫潘富翁家財萬貫，卻十分迷信丹術，希望借用丹術的力量增加自己的財富。此種不正當的手段，最終換來悲慘的下場，丹客陷害假意煉丹，設下美人計，騙了錢財，使主角只能沿路乞討回家。

　　其二，愛情之嚮往。「財色」，人性不可避免會想的事，在小說中也屢次可見，上面說到作者對「致富的欲望」（財）的描述，實際上，人對愛情之嚮往（色）作者也沒少寫。甚至可以說，「二拍」的題材以男女情愛佔最大篇數。對於愛情，作者採取歌頌眞摯、堅貞的立場，例如〈李將軍錯認舅　劉氏女詭從夫〉，作品描寫金定與翠翠原本是對恩愛的夫妻，可憐的是遭遇戰亂，李將軍以「全家性命」爲籌碼，威脅翠翠成爲其妾。數年後，其夫金定不辭艱險，找到了妻子，但迫於現實，終因敵不過思念，病死他鄉，深愛他的翠翠也隨之殉情而死。故事情節的曲折多變，兩人永不變心的堅貞，相信聽聞者莫不動容。除了這則故事，作者在〈宣徽院仕女鞦韆會　清安寺夫婦笑啼緣〉中，敘述一對佳偶歷經千辛萬苦，最終破鏡重圓，並且得到家人的諒解，是個完美愛情的典型。

　　當然，「二拍」的主題不僅有上述兩者，官府的反面角色也常常被作者批判，如〈惡船家計賺假屍銀　狠僕人誤投眞命狀〉寫王甲被惡船家設計陷害，而知縣昏庸無才，不好好訪查實情，反將王生狠狠地打了一頓，官府的無能使得奸人的詭計

・昔爲同林鳥，今作分勞燕。相見難爲情，不如不相見。

最終得以成功。如此之描述，揭露官場黑暗、官吏的昏庸無能、貪財受賄等罪狀。總之，不論題材主旨如何多變，在凌濛初優秀的寫作技巧下，閱讀「二拍」相信可以讓你深入明代的日常生活，並且挖掘到人性的真實面（內涵）。

■精彩篇章推薦：

劉翠翠自那年擄去，初見李將軍之時，先也哭哭啼啼，尋死覓活，不肯隨順。李將軍嚇他道：「隨順了，不去難為你闔家老小；若不隨順，將他家寸草不留。」翠翠唯恐累及父母與丈夫家裡，只能勉強依從。……心裡癡想：「緣分不斷，或者還有時節相會。」爭奈日復一日，……已是六七年了。……

將軍見他儀度斯文，出言有序，喜動顏色道：「舅舅請起。你令妹無恙，即當出來相見。」……翠翠抬頭一看，果然是丈夫金定！礙著將軍眼睜睜在上面，不好上前相認。只得將錯就錯，認了妹子，叫聲：「哥哥！」以兄妹之禮在廳前相見。……爭奈將軍不做美，好像個監場的御史，一眼不煞，坐在那裡。金生與翠翠雖然夫妻相見，卻不得一句私房話，只好問問：「父母安否？」彼此心照，眼淚從肚裡落下罷了。……

時值交秋天氣，西風夜起，白露為霜。獨處空房，感嘆傷悲，終夕不寐。思量妻子翠翠這個時節，繡圍錦帳，同人臥起，有什麼不快活處？不知心裡還記念著我否？怎知我如此冷落孤淒，時刻難過？乃將心事作成一詩道：

・何年塞上重歸馬？此夜庭中獨舞鸞。霧閣雲窗深幾許，可憐辜負月團圓。

「好花移入玉欄杆，春色無緣得再看。樂處豈知愁處苦，別時雖易見時難。何年塞上重歸馬？此夜庭中獨舞鸞。霧閣雲窗深幾許，可憐辜負月團圓。」

詩成，寫在一張箋紙上，……將詩藏在領內了，外邊依舊縫好。叫那書房中服侍的小豎來，說道：「天氣冷了。我身上單薄。這件布袍垢穢不堪，你替我拿到裡頭去，交付我家妹子，叫他拆洗一拆洗，補一補，好拿來與我穿。」……

翠翠把布袍從頭到尾看了一遍。想道：「是丈夫著身的衣服，我多時不與他縫紉了！」眼淚索珠也似的掉將下來。又想道：「丈夫到此多時，今日特地寄衣與我，決不是為要拆洗，必有甚麼機關在裡面。」掩了門，把來細細拆將開來。剛拆得領頭。果然一張小小字紙縫在裡面，卻是一首詩。翠翠將來細讀。一頭讀，一頭哽哽咽咽，只是流淚。讀罷，哭一聲道：「我的親夫啊！你怎知我心事來？」噙著眼淚，慢慢把布袍洗補好。也做了一詩縫在衣領內。仍叫小豎拿出來，付與金生。金生接得，拆開衣領看時，果然有了回信，也是一首詩。金生拭淚讀其詩道：

「一自鄉關動戰鋒，舊愁新恨幾重重。腸雖已斷情難斷，生不相從死亦從！長使德言藏破鏡，終教子建賦游龍。綠珠碧玉心中事，今日誰知也到儂！」〈李將軍錯認舅　劉氏女詭從夫〉

・長使德言藏破鏡，終教子建賦游龍。綠珠碧玉心中事，今日誰知也到儂！

・孫楷第：「凌氏的擬話本小說，得力處在於選擇話題，借一事而構設意象，往往本事在原書中不過數十字，記敘舊聞，了無意趣。在小說則清談娓娓，文逾數十。抒情寫景，如在耳目。化神奇於臭腐，易陰慘爲陽舒，其功力亦實等於創作。」〈三言二拍源流考〉

・劉大杰：「《初刻》多述人事，《二刻》多言鬼神……他是從古今的史料和民間傳說故事裡，選取材料，再透過他的構想、組織，寫成自己的作品。在書中少數略微優秀的篇章裡，透過各種故事，描寫社會的黑暗，揭發貪官污吏殘害百姓的罪行，同情男女爭取婚姻自由的奮鬥；但又在不少作品中，表現出保守思想、迷信色彩和過多的淫穢的描寫，存在著很多的缺點。」

深入探索
→《初刻拍案驚奇》、《二刻拍案驚奇》，明凌濛初著，台灣古籍出版社
→《市井民風：「二拍」與民俗文化》，佚名，黑龍江人民出版社

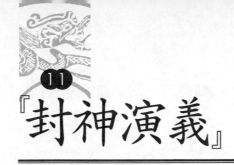

『封神演義』

● 成書時間：明代天啟年間
● 類別：中國神魔小說

特色：家喻戶曉的神魔小說

■作者介紹：

　　《封神演義》的作者，向來有二種說法。一種是鍾山逸叟許仲琳；另一說法是明朝道士陸西星所作。根據日本內閣文庫所藏明刻本，許仲琳作《封神演義》，關於他的生卒年和事蹟，我們所知甚少，只知大約生活在萬曆年間，應天府人也。陸西星的說法是根據《傳奇彙考》內的記載，孫楷第《中國通俗小說書目》認為：「元乃明之誤，長庚是陸西的字，他是南直隸興化縣人，為諸生。著有《南華經副墨》、《方壺外史》等書，並有詩傳世。」由於《封神演義》全書充滿道教修煉之術，故陸西星之說頗為可信。

■內容梗概：

　　《封神演義》一般俗稱《封神榜》，又名《商周列國全傳》、《武王伐紂外史》、《封神傳》，是部家喻戶曉的神魔小說。前三十回重點擺在敘述商朝末年，紂王寵信妲己，酒池肉林，設置酷刑，殘害忠良之士，故百官緘口，奸佞橫行，四方諸侯紛紛起義反抗。後七十回主寫商周兩國之間的戰爭，並摻雜宗教爭

卷四　古典小說

251

名言佳句

・國之將興，必有禎祥；國之將亡，必有妖孽。〈第一回・紂王女媧宮進香〉

鬥，小說結束在紂王自焚，武王奪取天下，分封諸侯，姜子牙回國封神。

■閱讀指導：

　　和另一部中國奇幻文學之代表作《西遊記》相同，這部小說較吸引人的地方，是神魔大戰的部分，作者表現出其豐富的想像力。小說人物有的身具千里眼，有的具有順風耳，甚至能展翅飛行，或土遁身匿，各有各的法寶相助，翻書閱讀，各種光怪陸離、幻奇無比的人事物都能呈現在眼前。此外，小說中的神仙及魔怪等人物多得不可勝數，甚至是大家耳熟能詳，如哪吒的故事。「哪吒」即佛教中的護法神「那吒」，經過本土化的演變後，成為道教神，在《三教源流搜神大全》中已記載他的神奇事蹟，《封神演義》在此基礎上進一步擴展詳寫，像大鬧龍宮、剔骨還父，蓮花化身、收七怪……等橋段。哪吒三太子僅是知名人物之一，又輔佐周武王的姜太公、神通廣大的楊戩等人，此書可說是部統整中國歷代傳說的偉大神話巨著。

　　小說除是部古代神仙族譜外，裡頭還透露出各種民間信仰，其一就是天命。天命思想是小說一再強調的觀念之一，從武王伐湯建周是合乎天命、早已注定的事實，故討伐的過程中雖然商紂的勢力不小，也有高人替其出力，但都因為違反天命而功敗垂成。天命論還隱藏在小說人物中，如知名的「九尾狐狸精」，其化身妲己，迷惑紂王，使其做出無數之暴行，是承接

・一人做事一人當。〈第十二回・陳塘關哪吒出世〉
・不孝有三，無後為大。〈第十四回・哪吒現蓮花化身〉

女媧之天命（一方面也是報復）。黃飛虎父子、鄧九公等良將受周武王感召，為其效命……等情節發展，都依照天意的安排進行，任何人都無法改變。這樣的命定論，現代人看來或許太老套、愚昧，卻是古今中外民間信仰的一部分，小說僅是忠實的反映。

若覺得命定論和神仙族譜超越現實，那麼小說如同其他正史，一直反覆勸戒「暴政必亡」的觀點，相信應該可以讓你有所共鳴吧！或許不是每個人都愛投身政治圈，然而政治和人息息相關在其威力影響著現實生活，因此縱使民眾不管哪個人要當皇帝，也希望上位者是個愛民的好國君，像紂王這樣僅為個人私欲就不惜勞民傷財，視百姓之命如草芥，做出敲骨驗髓、剖腹驗胎……等惡行，可謂殘暴至極，眾人惡之。故小說描繪其上得罪天，下失民心，不論神仙或凡人皆為推翻商朝暴政而奔走，結局也就順理成章地安排周武王推翻了商紂。由此觀之，「暴政必亡」是小說的主題之一，反應著讀者（群眾）的期望。

■精彩篇章推薦：

……（哪吒）脫了衣裳，坐在石上，把七尺混天綾放在水裡，蘸水洗澡，不知這河乃「九灣河」。是東海口上，哪吒將此寶放在水中，把水俱映紅了；擺一擺江河晃動，搖一搖乾坤震撼。哪吒洗澡，不覺水晶宮已晃得亂響。……夜叉分水大叫

・漫江撒下鉤和線，從此釣出是非來。〈第一回・紂王女媧宮進香〉

曰：「那孩子將甚麼作怪東西，把河水映紅？宮殿搖動？」哪吒回頭一看，見水底一物，面如藍靛，髮似硃砂，巨口獠牙，手持大斧。哪吒曰：「你那畜生，是個甚麼東西也說話？」夜叉大怒：「吾奉主公點差巡海夜叉，恁罵我是畜生！」分水一躍，跳上岸來，望哪吒頂上一斧劈來；哪吒正赤身站立，見夜叉來得勇猛，將身躲過，把右手套的乾坤圈，望空中一舉。此寶原係崑崙山玉虛宮所賜，太乙真人鎮金光洞之物。夜叉那裡經得起，那寶打將下來，正落在夜叉頭上，只打得頭腦迸流，即死于岸上。哪吒笑曰：「把我的乾坤圈都汙了。」復到石上坐下，洗那圈子。水晶宮如何經得起此二寶震撼，險些兒把宮殿俱晃倒了。敖光曰：「夜叉去探事未回，怎的這等兇惡？」正說話間，只見龍兵來報：「夜叉李良被一孩兒打死在陸地，特啓龍君知道。」敖光大驚：「李良乃靈寶殿御筆點差的，誰敢打死？」敖光傳令：「點龍兵待吾親去，看是何人？」話未了，只見龍王三太子敖丙出來口稱：「父王為何大怒？」敖光將李良被打死的事，說了一遍。三太子曰：「父王請安。孩兒出去拿來便了。」忙調龍兵，上了逼水獸，提畫桿戟，迸出水晶宮來。分開水勢，浪如山倒，波濤橫生，平地水長數尺。哪吒起身看著水言曰：「好大水。」只見波浪中現一水獸，獸上坐看一人，全裝服色，挺戟驍勇，大叫道：「是甚人打死我巡海夜叉李良？」哪吒曰：「是我。」敖丙一見問曰：「你是誰人？」哪吒答曰：「我乃陳塘關李靖第三子哪吒是也。俺父親

深入探索
→《封神演義故事燈謎》，陳清泉著，學苑出版社
→《封神演義（上、下）》全套二冊，李雲翔著，桂冠出版社

鎮守此間，乃一鎮之主；我在此避暑洗澡，與他無干，他來駕我，我打死了他也無妨。」三太子敖丙大罵曰：「好潑賊，夜叉李良，乃天王殿差，你敢大膽將他打死，尚敢撒潑亂言？」太子將畫戟便刺來取哪吒。哪吒手無寸鐵，把頭一低，鑽將過去：「少待動手！你是何人？通個姓名！我有道理。」敖丙曰：「孤乃東海龍君三太子敖丙是也。」哪吒笑曰：「你原是敖光之子。你妄自尊大，若惱了我，連你那老泥鰍都拿出來，把皮也剝了他的。」三太子大叫一聲：「氣殺我也！好潑賊這等無禮？」又一戟刺來，哪吒急了，把七尺混天綾望空一展，似火塊千團，往下一裹，將三太子裹下逼水獸來。哪吒搶一步，趕上去一腳踏住敖丙的頭頂，提起乾坤圈照頂門一下，把三太子的原身打出，是一條龍，在地上挺直。哪吒曰：「打出這小龍的本像來了，也罷，把他的筋抽去，做一條龍筋縧，與俺父親束甲。」哪吒把三太子的筋抽了，逕帶進關來。〈第十二回·陳塘關哪吒出世〉

名家評介：

· 魯迅：「似志在演史，而侈談神怪，什九虛造，實不過假商周之爭，自寫幻想。」《中國小說史略》

深入探索
→《封神演義》，明許仲琳著，台灣古籍出版社

12 『閱微草堂筆記』

- ●成書時間：清嘉慶五年
- ●類別：筆記雜著

特色：天趣盎然的志怪筆記小說

■作者介紹：

紀昀，字曉嵐，一字春帆，晚號石雲，諡號文達，生於雍正二年，卒於嘉慶十年（西元一七二四年至西元一八〇五年），直隸（今河北省滄州市滄縣）崔爾莊人，清傑出文學家、編纂家、評論家和詩人，以其非凡的文才、學識與成就，被譽為「一代文宗」。乾隆三十七年，受命編纂卷帙浩繁的《四庫全書》，歷時十年，完成這部中國歷史規模最宏大的百科全書式叢書，而後親手撰寫《四庫全書總目提要》二百卷，《四庫全書簡明目錄》二十卷。曉嵐性情坦率，好說笑，喜詼諧，不論嬉笑怒罵，皆成文章，有詩文十六卷，內容藝術均有特色，著名代表作為《閱微草堂筆記》。

■內容梗概：

《閱微草堂筆記》內包含《灤陽消夏錄》、《如是我聞》、《槐西雜志》、《姑妄聽之》、《灤陽續錄》等五書，每書均有筆

名言佳句
・破一無知之血塊，而全一待盡之命。〈卷四〉

記數十則，總共有一千兩百零八則奇聞異事。各書曾分別刊刻，以饗同好，最後合爲一本，遂以紀氏北京宅邸中的書齋「閱微草堂」命名，題《閱微草堂筆記五種》。紀曉嵐曾自言：「景薄桑榆，精神日減，無復著書之志，惟時作雜記，聊以消閒。《灤陽消夏錄》等四種，若弄筆遣日者也。」此清代文言小說代表作，內容廣博，語言質樸，亦莊亦諧，內含天文、地理、人倫、風俗，記載不少曲巷瑣談、奇事異聞、醫卜星相、神鬼狐魅……等。故事一部分是作者親身經歷，一部分爲他人轉述，風格上富有知識性和趣味性，是中國筆記志怪小說的精彩之作。

■閱讀指導：

在清代有兩本短篇小說十分有名，其一爲蒲松齡的《聊齋誌異》，另一則是紀昀的《閱微草堂筆記》。此二者雖然同樣承接志怪和筆記的傳統，內容也涉及到狐鬼神怪，但在寫作逸趣和風格上有諸多不同，《聊齋誌異》在追求唐代傳奇小說的傳奇性，《閱微草堂筆記》則效法魏晉志怪小說的樸質性，以簡單明瞭的語言，摻雜妙趣。在閱讀上，筆者建議從虛、實兩面觀之。

在虛的部分。筆記的寫作傳統，以傳聞爲主，即作者記載生活周遭所知聞的軼人、軼事，若傳聞太過平常庸俗，也就沒有記載的必要，因此，筆記所收錄的故事，通常帶著不可思議

・幻中出幻，乃輾轉相生。〈卷七〉

卷四 古典小說

257

的成分。雖然小說涉及的領域很廣，從文人雅士到妓女乞丐，甚至三教九流皆有，但較爲引人注目的則是花妖狐魅鬼怪的部分。例如「狐避孝赴」中描寫董思任驅狐不成，狼狽而歸，反倒有一劉一僕婦甚粗蠢，獨不畏狐，狐亦不擊之；又如王菊莊言有書生夜泊鄱陽湖，遇到鄉里數人，說了一段鬼故事，故事末說者說道：「方知說鬼者即鬼也。」書生愛戲言，反問：「安知說此鬼者，不又即鬼耶？」沒想到鄉里數人頓時變色，化爲清霧輕煙，濛濛四散。閱讀這些故事，彷彿在閱讀古典版的靈異小說，充滿著恐怖氣氛，猶如進入虛幻的世界。

在實的部分。此書雖以記述狐鬼神怪故事的傳聞爲主，然而故事內容倒不是作者自己所說的，僅僅追記一些舊聞、消磨歲月的無聊之作，從故事本身，我們可以發現作者寫作的用意在於勸善懲惡，不論上層社會的官場百態、人情翻覆，或奇事異聞、神鬼狐魅，均在試圖由上下之各個角度和面向，反映當時社會生活，揭示不同階級人物的善行、惡蹟、衝突。如卷一中，有篇描寫「河間唐生好戲侮。土人至今能道之」，故事中敘述一個塾師好講無鬼，某夜遇到二氣之良能（鬼）嗚嗚擊其戶，嚇得埋首躲藏，命二弟子守護他，通宵達旦，然而這一切都是妖狐乘其餒而中之，由此，作者下了「妖由人興，此之謂乎」的評語。這則故事即在諷刺爲人師表者以及妖孽興起乃人之造成。又如卷十（《如是我聞》卷四），敘述一位醫者屢次拒絕賣老嫗「墮胎藥」，忽然半夜夢見被冥司所拘，並控訴他殺

・二笑而隱。方知說鬼者即鬼也。〈卷七〉

人，原來是來求藥的婦人。醫者辯解，藥是用來醫人，豈能用來殺人，化爲鬼的婦人回說求藥時，嬰尚未成形，若殺了一「無知之血塊」，可全一性命，不得藥害得子遭扼殺，受諸痛苦，亦見逼而就縊，這都全怪醫者之罪。此則關於醫者是否可助人「墮胎」的故事，在譏笑不知變通者，偏執一理，不近人情的頑固恐怕帶來更大的傷害。簡而日之，他以虛筆的故事，反映了現實的人情世故，洞察當時的社會現實，偶有機智有趣，卻頗有深意，像在課堂上高談闊論的教師，私底下卻商量如何爭奪寡婦的財產，不禁令人讀之在宛然一笑中，仍深思著「世情風貌」。

■**精彩篇章推薦：**

　　王菊莊言：有書生夜泊鄱陽湖，步月納涼。至一酒肆，遇數人各道姓名，云皆鄉里。因沽酒小飲。笑言既洽，相與說鬼。搜異抽新，多出意表。一人曰：「是固皆奇，然莫奇於我所見矣。曩在京師避囂，寓豐臺花匠家，邂逅一士共談。吾言此地花事殊勝，惟墟墓間多鬼可憎。士曰鬼亦有雅俗，未可概論。吾曩遊西山，遇一人論詩，殊多精詣。自誦所作，又曰深山遲見日，古寺早生秋。又曰鐘聲散墟落，燈火見人家。又曰猿聲臨水斷，人語入煙深。又曰林梢明遠水，樓角掛斜陽。又曰苔痕寢病榻，雨氣入昏燈。又曰鵂鶹歲久能人語，魑魅山深每晝行。又曰空江照影芙蓉淚，廢苑尋春蛺蝶魂。皆楚楚有

・安知說此，鬼說鬼者，不又即鬼耶？〈卷七〉

致。方擬問其居停，忽有鈴馱琅琅，欻然滅跡。此鬼寗復可憎耶？吾愛其脫洒，欲留共飲。其人振衣起曰：得免君憎，已為大幸，寗敢再入郇廚？一笑而隱。方知說鬼者即鬼也。」書生因戲曰：「此等奇絕，古所未聞，然陽羨鵝籠，幻中出幻，乃輾轉相生，安知說此，鬼說鬼者，不又即鬼耶？」數人一時變色，微風颯起，燈光黯然，並化為薄霧輕煙，濛濛四散。〈卷七‧遇鬼說鬼〉

● 名家評介：

- 曾國藩：「所著《閱微草堂筆記》五種，考獻徵文，搜神志怪，眾態華具，其大旨歸於勸善懲惡。」《紀氏嘉言序》

- 魯迅：「測鬼神之情狀，發人間之幽微，托鬼狐以抒己見。雋思妙語，時足解頤，間雜考辨，亦有灼見。」《中國小說史略》

深入探索

→《教你看懂紀曉嵐與閱微草堂筆記》，許麗雯著，高談文化出版社

→《草堂鐘聲：喚醒良善的人生52堂課》，大俠著，小童繪，上旗文化

13 『儒林外史』

● 成書時間：嘉慶八年（西元一八〇三年）臥閑草堂刊本
● 類別：諷刺小說

特色：歷代諷刺小說之冠

■作者介紹：

　　吳敬梓（西元一七〇一年至西元一七五四年），清代小說家，字敏軒，一字文木，安徽全椒人。自二十歲中秀才後，就不繼續考舉人進士，他一心一意要研究學問，和專心文學創作。父親去世後，幾年間花光家產。三十三歲後移居南京，飽受世態炎涼的打擊。三十六歲後不再應試，生計更爲困難，靠賣書和朋友接濟度日。最後窮死揚州，殯殮費也是靠朋友幫忙。《儒林外史》一書，據說是作者將自己耳聞目睹的世態炎涼寫下來。另有著作《文木山房集》。

■內容梗概：

　　《儒林外史》有五十五回卷，小說描寫明代科舉制度下讀書人的各式臉譜。首回寫理想文人王冕的故事，而後續寫周進、范進等人物中舉或是落榜等過程。此書雖屬於長篇小說，實際上是由許多短篇小品連貫而成，敘述可說是以人物帶人物的方式，串聯所有故事。作者以寫實手法，利用有笑有淚的文字，各式各樣的人生百態，嘲諷科舉制度、讀書人熱中功名及盲從

卷四 古典小說

名言佳句

・自古及今，哪一個是看得破的。〈論世名言・第一回〉
・屈尊敬賢，將來志書上少不得稱讚一篇，這是萬古千年不朽的勾當。
　〈沽名釣譽・第一回〉

禮教，鮮明的表達反科舉、反禮教、反迷信的立場，並且從各種角度，深刻批判舊知識份子的虛偽和腐敗。

■閱讀指導：

由小說結構評論，在情節上《儒林外史》有諸多缺失，但塑造人物的技巧，可說是古典小說中之一絕，描繪了數個人物圖像。

小說中近兩百個人物，作者精細刻劃其人生百態，並且選擇以誇張、對比的手法呈現，使人物形象非常鮮活生動，如秀才、貢生、舉人、翰林、名士、八股選家、揚州鹽商、官吏鄉紳等。透過他們互相聯繫又錯綜複雜的關係，揭穿傳統制度下的種種弊害和悲劇，甚至是讀書人熱中功名及盲從禮教的糗態。如精彩的「范進中舉」，小說中描述五十四歲的范進，長年來飽受冷嘲熱諷，突然有天被人從市集找回，得知自己中舉，頓時高興得發瘋，好在他的老丈人給了他一個耳光，打醒了他，治好了瘋病；范進發財後，帶著奴僕和金銀回家，想孝順年邁的母親，誰知其母卻歡喜得上氣不接下氣，一命歸西。

另一個同名為進的教書先生周進，年至六十，尚未考取秀才、舉人，有天和姐夫走進貢院，觸景傷情，一頭便撞上門板，不省人事，被救醒後，還滿地打滾，口中鮮血直流。幾位商人見了，可憐他，替他捐了錢，買個監生，而後竟然考上舉人，就此飛黃騰達，一時間「十年寒窗無人問，一舉成名天下

・天上的日頭，不差不錯，端端正正掉了下來，壓在我頭上。〈大言不慚・第二回〉

知」，這盛名卻改變他淳樸老實的個性，如同換個人似的，變得虛偽狡詐。

上述兩個都是小說知名的文人，此外，如王舉人、胡屠戶、牛布衣、嚴貢生、楊執中、權勿用等人物，作者也費心地描繪，將這些人刻劃得如此現實真切。《儒林外史》也有正面的角色，如不慕功名利祿，依舊持有讀書人氣節的杜少卿、虞育德、「不畏強權、自食其力、有品格、有志氣」的王冕、沈瓊枝、倪老爹、荊元、于老者等。

雖然吳敬梓批判的是傳統的科舉制度，然而經由他對正反人物的細心描繪，我們看到的其實是一個個活生生的眾生圖像，圖像呈現各種美好或醜陋的臉孔，有如貪婪、膽怯、荒誕、苟且、勇敢、果決……等，故閱讀此書，讓我們學習如何辨識臉孔，甚至反觀自己，現在表現的又是什麼樣的臉。

■精彩篇章推薦：

……胡屠戶被眾人拗不過，只得連斟兩碗酒喝了，壯一壯膽，把方才這些小心收起，將平日的凶惡樣子拿出來，捲一捲那油晃晃的衣袖，走上集去，眾鄰居五六個跟著走。老太太趕出來叫道：「親家，你只可嚇他一嚇，卻不要把他打傷了！」眾鄰居道：「這個自然，何消吩咐？」說著，一直去了。來到集上，見范進正在一個廟門口站著，散著頭髮，滿臉污泥，鞋都跑掉了一隻，兀自拍著掌，口裡叫道：「中了！中了！」胡

・一篇文章，不但看出這本人的富貴福澤，並看出國運的盛衰。〈大言不慚・第十八回〉

屠戶凶神般走到眼前，說道：「該死的畜生！你中了甚麼？」一個嘴巴打過去，眾人和鄰居見這模樣，忍不住的笑。不想胡屠戶雖然大著膽子打了一下，心裡到底還是怕的，那手早顫起來，不敢打第二下。范進因這一個嘴巴，卻也打暈了，昏倒於地，眾鄰居齊上前，替他抹胸口，捶背心。弄了半天，漸漸喘息過來，眼睛明亮，不瘋了。眾人扶起，借廟門口一個外科郎中跳駝子的板凳上坐著，胡屠戶站在一邊，不覺那隻手隱隱的疼了起來。自己看時，把個巴掌仰著，再也彎不過來：自己心裡懊惱道：「果然天上文曲星是打不得的，而今菩薩計較起來了！」想一想，更疼的狠了，連忙問郎中討了個膏藥貼著。……胡屠戶上前道：「賢婿老爺！方才不是我敢大膽，是你老太太的主意，央我來勸你的。」鄰居一個人道：「胡老爺方才這個嘴巴打的親切，少頃范老爺洗臉，還要洗下半盆的豬油來！」又一個道：「老爹，你這手，明日殺不得豬了。」胡屠戶道：「我哪裡還殺豬！有我這賢婿老爺，還怕後半世靠不著麼？我時常說我的這個賢婿才學又高，品貌又好；就是城裡頭那張府這些老爺，也沒有我女婿這樣一個體面的相貌。你們不知道，我小老這一雙眼睛，卻是認得人的！想著先年我小女在家裡，長到三十多歲，多少有錢的富戶要和我結親，我自己覺得女兒像有些福氣的，畢竟要嫁與給老爺。今日果然不錯！」說罷，哈哈大笑。眾人都笑起來，看看范進洗了臉，郎中又拿茶來吃了，一同回家。〈第三回‧周學道校士拔真才　胡屠戶行兇鬧

‧今雖老而醜，我固及見其姣且好也。〈論世名言‧第三十四回〉

捷報〉

• **名家評介：**

- 錢玄同：「《水滸》是方言的文學，《儒林外史》卻是國語的文學，可以列爲現在中等學校的模範的國語讀本之一。」《儒林外史序》
- 魯迅：「迨吳敬梓《儒林外史》出，乃秉持公心，指摘時弊，……其文又戚而能諧，婉而多諷，於是說部中乃始有足諷刺之書。」《中國小說史略》

深入探索

→《吳敬梓和儒林外史》，王峻年著，萬卷樓出版社
→《足本儒林外史》，吳敬梓著，世界書局

『聊齋誌異』

● 成書時間：西元一七六六年
● 類別：文言短篇小說

特色：浪漫妖狐神鬼之書

■作者介紹：

　　蒲松齡（西元一六四○年至西元一七一五年）字留仙，一字劍臣，別號柳泉居士，山東淄川人，代表作就是《聊齋誌異》。他生在日趨沒落的地主家庭，自小天資聰明，成名甚早，但是科舉不利，始終沒有考上舉人，到七十一歲才補歲貢生。因知識淵博，賦性樸厚，篤於交遊，以文章風節著稱於時。他著作甚多，除小說、俗曲外，有文集、詩集、詞集及省身語錄、懷刑錄、曆字文、日用俗字、農桑經等作。相傳一百萬字的長篇小說《醒世姻緣傳》也可能是蒲松齡之作。

■內容梗概：

　　《聊齋誌異》近五百篇，共十六卷，四十餘萬字。包含多樣的體式、題材、寫法和風格。文體上分為筆記和短篇小說。前者承繼六朝以來的筆記小說傳統，屬傳聞記錄，篇幅短小。後者接唐代以來的傳奇小說，篇幅較長。內容絕大部分是描述神仙狐鬼精魅的故事，有的是人入幻境，有的是異類入人間，有的是人物互換，具有超現實的奇幻性，縱使寫現實篇章，例如

名言佳句
・凡物各有所制，理不可解。
・盜泉之水，一掬亦污也。
・天下之物，積則招妒，好則生魔。
・一人飛昇，仙及雞犬。

〈張誠〉，也往往添加虛幻之筆。總之，此書乃是作者承接魏晉志怪小說與唐宋傳奇的傳統，並且結合起來，透過人鬼怪異、花妖狐魅等神奇變幻故事，寄託思想情感，在思想與藝術都達到文言小說的最高成就。

■閱讀指導：

　　對於這本中國短篇小說之大成《聊齋誌異》，欣賞上可以從表現手法和內容精神兩方面著手。

　　在表現手法上。現代讀者所熟悉的《天方夜譚》，講述故事常常形容主人翁從現實世界進入奇幻世界。《聊齋誌異》也是如此，只是進入的方式不一，有的飛入天界、有的遁入冥界、有的化入夢境。在異世界，主角眼前都是和現實截然不同的奇幻景觀，如〈夢狼〉，白姓老人進入夢中，看到兒子幻化成虎，衙門裡滿是吃人的狼和堆積如山的白骨；〈伍秋月〉中，秋月帶著王鼎逛「冥間城府」，「頓見雉堞在杳靄中。路上行人，趨如墟市」。此書在表現手法上的奇幻，不僅景物方面，在鬼、狐、怪、神的形象上也表現出奇幻色彩，例如〈畫皮〉，王生發現對方是鬼的過程，作者是這樣形容的：「躡足而窗窺之，見一獰鬼，面翠色，齒巉巉如鋸，鋪人皮于榻上，執彩筆而繪之。已而擲筆，舉皮如振衣狀，披于身，遂化為女子。」這段描述不僅切合題目，也將「畫皮」的動作細緻地描繪出來，十分具有超現實的奇幻性。諸如此類的篇章還有很多，〈夜叉國〉

・性癡則其志癡，故書癡者文必工，藝癡者技必良；世之落拓而無成者，皆自謂不癡者也。

・自食其力不為貪，販花為業不為俗，人固不可苛求富，然亦不必務求貧也。

中「夜叉」、〈青鳳〉中「鬼、狐」。雖然小說常常將精怪化作人形，但作為一個以神仙狐鬼精魅為主要題材的作品，作品中從景物、人物形象等均充滿著奇幻性，讓人猶如在閱讀古典版的奇幻、靈異小說。

　　在內容精神方面。《聊齋誌異》雖然以真幻錯雜的表現手法，呈現一個幻想的狐鬼仙魅的世界，其背後卻隱藏著焦灼而犀利的人間省思。首先，《聊齋誌異》有許多篇章，是諷刺封建政治制度的黑暗和暴露那些貪官污吏剝削人民的罪狀，如〈洪玉〉、〈商三官〉、〈向杲〉、〈夢狼〉、〈席方平〉……等。〈席方平〉雖以陰間為背景，卻鮮明深刻官吏的貪欲無窮、見錢眼開，地方豪紳互相勾結，窮人冤情無法昭雪，席方平屢次向閻王提出控訴，此反映被壓迫的人民向惡勢力反抗的精神；再如〈促織〉描寫承應官家的促織「常供」，受盡折磨，竟「憂悶欲死」。後得一隻神奇的促織，沒想到其子將牠玩弄致死，之後恐懼不已，跳井自盡，魂魄化為促織，因而得皇上喜愛，解救全家的性命，得到諸多賞賜。其次，《聊齋誌異》中數量最多、最感人肺腑的是描寫男女愛情的故事，例如〈連城〉、〈封三娘〉、〈阿寶〉……等。故事充分表達為爭取愛情婚姻自主，不惜犧牲性命的精神。最令人耳目一新的是過去害人的精怪如狐、鬼、仙、魅……等，都可以化成信仰愛情的女主角，如〈嬰寧〉、〈葛巾〉、〈黃英〉、〈聶小倩〉……等，他們不但擁有姣好的容貌，還有顆善良的心腸，忠貞愛著對方，相較之

・物莫不聚於所好，故葉公好龍，則真龍入室；而況學士之於良友，賢君之於良臣乎！而獨阿堵之物，好者更多，而聚者特少。亦以見鬼神之怒貪而不怒癡也。

下，人類反而有所不及，或許蒲松齡在潛意識認為世間最惡的恐怕是人類吧！內容精神上除了官場政治、愛情婚姻外，科舉弊端和世情冷暖……等也有不少篇章，可說將文言小說的精神全部都網羅在書中。

■精彩篇章推薦：

常大用，洛人。癖好牡丹。……一日，淩晨趨花所，則一女郎及老嫗在焉。疑是貴家宅，眷亦遂逡返。暮而繪，又見之，從容避去。微窺之，宮妝艷絕。眩迷之中，忽轉一想：此必仙人，世上豈有此女子乎！急返身而搜之，驟過假山，適與嫗遇。女郎方坐石上，相顧失驚。嫗以身幛女，叱曰：「狂生何為！」生長跪曰：「娘子必是神仙！」。咄之曰：「如此妄言，自當縶送令尹！」生大懼。……偃臥空齋，悔孟浪。竊幸女郎無怒容，或當不復置念。毀懼交集，終夜而病。……後二年，姊妹各舉一子，始漸自言：「魏姓，母封曹國夫人。」生疑曹無魏姓世家，又且大姓失一女，何得一置不問？未敢窮詰，而心竊怪之。遂託故復詣曹，入境諮訪，世族并無魏姓。於是仍假館舊主人。忽見壁上有贈曹國夫人詩，頗涉駭異，因詰主人，主人笑，即請往觀曹夫人，至則牡丹一本，高與簷等。問其由名，則以此花為曹第一，故同人戲封之。問其「何種」？曰：「葛巾紫也。」心益駭，遂疑女為花妖。既歸，不敢質言，但述贈夫人詩以硯之。女慘然變色，遽出，呼玉版抱

卷四 古典小說

深入探索

→《聊齋誌異中的愛情》，陸又新著，台灣學生書局

→《鬼狐仙怪──聊齋誌異》，蔡志忠畫，時報文化出版社

兒至，謂生曰：「三年前，感君見念，遂呈身相報；今見猜疑，何可復聚！」因與玉版皆舉兒遙擲之，兒墮地並沒。生方驚顧，則二女俱渺矣。悔恨不已。後數日，墮兒處生牡丹二株，一夜徑尺，當年而花，一紫一白，朵大如盤，較尋常之葛巾、玉版，瓣尤繁碎。數年，茂蔭成叢；移分他所，更變異種，莫能識其名。自此牡丹之盛，洛下無雙焉。〈葛巾〉

名家評介：

- 魯迅：「《聊齋誌異》不外記神仙狐鬼精魅故事，然描寫委屈，敘次井然，用傳奇法，而以志怪，變化之狀，如在目前；又或易調改弦，改敘畸人異行，出於幻域，頓入人間；偶述瑣聞，亦多簡潔，故讀者耳目，為之一新。又相傳漁洋山人（王士禎）激賞其書，欲市之而不得，故聲名益振，競相傳鈔。」《中國小說史略》

- 劉大杰：「《聊齋誌異》作者文筆簡練，條理井然，所寫雖說都是神鬼妖魔，然都懂得人情世故。化為美女，無不賢淑多情；幻作男人，也都誠厚有禮。陰間實勝陽世，妖界遠過凡人。……讀者置身於鬼妖之間，不覺可怕，反覺可親。加以文筆古鍊，可作散文的範本，因此大為知識階層所愛好。」《中國文學發展史》

- 國木田獨步：「其思想之奇拔處是破天荒的，到底是我們日本人所不能及之處，《聊齋誌異》一書，其文字豐富新鮮，遠較他書更為卓越。……」（引自藤田賢祐《蒲松齡與聊齋志異》，王孝廉譯）

深入探索
→《漢魏六朝鬼怪小說》，葉慶炳著，國家出版社
→《蒲松齡的失意哲學》，潘月琪編著，好讀出版社

『紅樓夢』

● 成書時間：乾隆年間（現存最早排印本於西元一七九一年）
● 類別：古典小說

特色：古典小說的壓卷之作

■作者介紹：

曹霑（約西元一七一五年至西元一七六四年）字夢阮，號雪芹、芹圃、芹溪，中國聞名海外的小說家。生於南京，幼年接受傳統文化的浸染。他的性格傲岸、憤世疾俗而又豪放不羈，在窮愁潦倒又嗜酒狂放的歲月中，專致於從事《紅樓夢》的寫作與修訂。乾隆二十七年，幼子夭折，令其陷入憂傷和悲痛，感傷成疾，同年除夕，在窮愁困頓中，含恨而終，遺留一部未完成的傑作《紅樓夢》。根據胡適先生的考證，後四十回為是高鶚所續。

高鶚，字蘭墅，別號「紅樓外史」，乾隆時進士，曾任內閣侍讀，刑科給事中等官職，相傳他根據原書線索，將寶、黛愛情寫成悲劇結局，由此完成了一部結構完整、故事有頭有尾的小說。（近年來有學者認為後四十回的作者並非高鶚，其僅是把當時各種續稿整理補訂而已。）

■內容梗概：

《紅樓夢》以賈、王、史、薛四大家族的興亡盛衰為縱軸，

名言佳句

・痴心父母古來多，孝順兒孫誰見了。〈第一回〉
・身後有餘忘縮手，眼前無路想回頭。〈第二回〉
・假作真時真亦假，無為有處有還無。〈第五回〉

人物的愛恨情愁、悲歡離合為橫軸，交織出一幅上流社會的寫實圖畫。故事始於賈寶玉啣玉出生、黛玉入府，結束於黛玉病逝、寶玉出家。全書可分成七部分：第一回至第十八回介紹榮寧兩府和大觀園、賈府眾人平日之生活；第十九回至四十一回，主要描寫寶玉和黛玉的愛情故事、兩人和其他人物的互動；第四十二回至七十回主寫次要人物（如探春）的遭遇；第七十一回至八十回，寫賈府的衰敗徵兆；第八十一回至九十八回，主寫黛玉病逝、寶玉娶寶釵；第九十九回至一百零六回，描寫賈府被抄；第一百零七回至結束，寫賈府抄後之情形及寶玉出家。

■**閱讀指導：**

　　細數紅樓，小說最引人側目處便是賈寶玉、林黛玉、薛寶釵三人的戀情發展：從原本寶玉、黛玉兩小無猜的單純世界，到寶釵無辜成為第三者，黛玉獲知寶玉和寶釵成親而病死，寶釵懷孕，寶玉出家……等。小說描述三人戀情的環節都揪著讀者的心，關心後續發展，故筆者相信的確有人是將《紅樓夢》視為愛情小說來閱讀。關於這點，筆者並沒有什麼好反駁的，不過雪芹寫情愛有別於其他小說家，在閱讀的過程不能盲目地陷入其中，甚至將自己的心境投射在人物身上。若是個多情讀者便想，為何不能兩全其美，讓寶玉同時擁有黛玉、寶釵；癡情讀者卻想，寶玉是個懦夫、混蛋，黛玉是個可憐兒、寶釵是

・春恨秋悲皆自惹，花容月貌為誰妍。〈第五回〉
・卻不知太高人愈妒，過潔世同嫌。〈第五回〉
・好一似食盡鳥投林，落了片白茫茫大地真乾淨。〈第五回〉

個心機鬼；勢利讀者則想，門當戶對的婚姻本屬正常之事，況且黛玉太小家子氣，不如寶釵心胸之廣，適合當賈府的管理者。若有上述三種想法（當然不限此三種）都是太過偏頗，在享受小說中愛情的部分，應該設身處地為角色人物著想，寶玉的無奈、黛玉的偏激、寶釵的圓融……等，如此才有機會發現，人物的命運和其性格、外在環境之間的關係，像寶玉的出家對他來說可能是最好的解脫，作者安排這樣的發展也是十分合理。

若僅僅將《紅樓夢》視為一本愛情小說，也就太枉費作者「字字看來皆是血，十年辛苦不尋常」的苦心。實際上愛情僅是小說的一條支線，可以說作者除描寫眾多人物的遭遇之外，最主要在記載賈府的盛衰（這裡盛衰包含著盛況和衰貌），細緻地描繪大家族裡的形形色色，這些形形色色可說是古代貴族階級（若用現代話來稱，即是上流社會）的縮影。例如寶玉大姐元春獲選為妃後，賈府為了迎接她返家，特地建造一座大觀園，甚至舉行慶祝大典……等。這段情節，讓我們見識到什麼叫做富貴人家，姑且不論大費周章地建造各閨院，連完工之後，都還趁著巡視，替閨院增添雅名，可見其奢侈無聊；此外，賈妃遊園時，四周均掛著水晶、琉璃等各色風燈，柳樹、杏樹披滿絲綢絹布，園中香煙繚繞，花影繽紛，讓主角賈妃都不禁嘆道：「太奢華過費了！」然而這樣大肆鋪張，對上流社會人士來說並不過分，因為由此才能顯現他們尊貴的身分和地位。上述之例

・眼前道路無經緯，皮裡春秋空黑黃。〈第卅八回〉
・他用《春秋》的法子，將市俗的粗話，撮其要，刪其繁，再加潤色，比方出來，一句是一句。〈第四十二回〉

或許太過極端，不過翻閱此書，你將發現裡頭的主要人物每天不是喝茶、賞花，就是吟詩作對，生活十分悠閒，偶爾還舉行慶祝派對，打發無聊的空閒時間，簡直過著貴族生活，作者又花了不少力氣在描述這些方面，因此相信讀完這本小說的人，對古代貴族生活已有一番的認識。

　　從個人命運和家族環境來認識《紅樓夢》是沒有辦法中的辦法，畢竟這一本空前絕後的小說，可以從太多角度和方式來閱讀：如精練優美的小說語言，對白生動且自然，往往三言兩語，便勾勒出活脫脫、具有鮮明個性的形象。小說中的詩詞曲賦不但能夠與敘事渾然融為一體，更幫助塑造小說中人物性格及其命運發展。結構上甚跳脫傳統章回小說單線情節發展，採用多線論述，創造一個複雜又完整的世界，讓眾多人物在同一時空中活動，建構如同現實人生般的整體性。人物塑造更是成功，不同年齡、不同性別、不同樣貌、不同性格的幾百個人物，如同賈寶玉、林黛玉、薛寶釵、史湘雲、王熙鳳、晴雯、襲人……等主要人物，個個栩栩如生。總之，《紅樓夢》的獨特風格和豐富內涵使得它具有永久的文學魅力，堪為世界頂級的巨著。《紅樓夢》一出，不但文學界為其風靡了幾百年，近來學界甚至構築了「紅學」，許多成就非凡的小說家，例如張愛玲、白先勇等人，也莫不深受「紅樓」的啟示。

深入探索

　　→《紅樓夢校注》（全三冊），曹雪芹、高鶚原著，馮其庸等校注，里仁書局

　　→《紅樓迷夢》，星佑編著，好讀出版社

　　那賈瑞此時要命心甚切，無藥不吃，只是白花錢，不見效。忽然這日有個跛足道人來化齋，口稱專治冤業之症。賈瑞偏生在內就聽見了，直著聲叫喊說：「快請進那位菩薩來救我！」一面叫，一面在枕上叩首。眾人只得帶了那道士進來。賈瑞一把拉住，連叫：「菩薩救我！」那道士嘆道：「你這病非藥可醫。我有個寶貝與你，你天天看時，此命可保矣。」說畢，從褡褳中取出一面鏡子來——兩面皆可照人，鏡把上面鏨著「風月寶鑒」四字——遞與賈瑞道：「這物出自太虛幻境空靈殿上，警幻仙子所製，專治邪思妄動之症，有濟世保生之功。所以帶他到世上，單與那些聰明傑俊、風雅王孫等看照。千萬不可照正面，只照他的背面，要緊，要緊！三日後吾來收取，管叫你好了。」說畢，佯常而去，眾人苦留不住。

　　賈瑞收了鏡子，想道：「這道士倒有意思，我何不照一照試試。」想畢，拿起「風月鑒」來，向反面一照，只見一個骷髏立在裡面，唬得賈瑞連忙掩了，罵：「道士混帳，如何嚇我！——我倒再照照正面是什麼。」想著，又將正面一照，只見鳳姐站在裡面招手叫他。賈瑞心中一喜，蕩悠悠的覺得進了鏡子，與鳳姐雲雨一番，鳳姐仍送他出來。到了床上，嗳喲了一聲，一睜眼，鏡子從手裡掉過來，仍是反面立著一個骷髏。賈瑞自覺汗津津的，底下已遺了一灘精。心中到底不足，又翻過正面來，只見鳳姐還招手叫他，他又進去。如此三四次。到

深入探索
　→《紅樓夢的飲食文化》，陳詔著，台灣商務出版社
　→《紅樓夢名句鑑賞辭典》，王士超編著，好讀出版社

了這次，剛要出鏡子來，只見兩個人走來，拿鐵鎖把他套住，拉了就走。賈瑞叫道：「讓我拿了鏡子再走。」——只說了這句，就再不能說話了。〈第十二回‧王熙鳳毒設相思局　賈天祥正照風月鑒〉

名家評介：

- 戚蓼生：「寫閨房則極其雍肅也，而冶豔已滿紙矣；狀閫閾則極其豐整也，而式微已盈睫矣；寫寶玉之淫而癡也，而多情善悟，不減歷下琅琊；寫黛玉之妒而尖也，而篤愛深憐，不啻桑娥石女。」
- 王國維：「宇宙一大著述。」
- 林語堂：「《紅樓夢》不愧為世界名著，優秀小說該具備的它都具備。」
- 王蒙：「它自成一個宇宙，一個世界，既豐富又複染，既深邃又玄秘，既真實生動又意味無窮。你對《紅樓夢》怎麼研究都行，是因為你對宇宙怎麼研究都行。」

深入探索
→《成商在人——商人妙解《紅樓夢》》，李文庠、李睿著，漢欣出版社

16 『鏡花緣』

● 成書時間：清嘉慶二十三年
　（西元一八一八年）左右
● 類別：古典小說

特色：中國奇幻遊記式小說

■作者介紹：

　　李汝珍（約西元一七六三年至西元一八三○年）字松石，號松石道人，人稱北平子，直隸大興（今屬北京）人士。不喜作八股文，仕途不順，僅擔任過幾年縣丞一類佐雜官職。學問廣博，經史及醫、算、琴、棋、星相、占卜等方面均有所鑽研，對各種遊戲也極為熟悉，音韻之學的成就尤為特出，所著《音鑒》一書頗為後代學者所重，小說方面則以《鏡花緣》較為人知。

■內容梗概：

　　《鏡花緣》，一百回，小說描寫武則天當政後，詔令百花在寒冬齊放，花神被迫遵命，因此違犯天條，被貶下塵世，轉變為一百位女子的事蹟。全書可分兩個主要部分。前五十回書寫多九公、唐敖、林之祥三人到海外經商遊覽，途中經過三十幾個國家所見所聞的風土民情和社會景象；後五十回則寫武則天開女科，錄取一百名才女，設「紅文宴」，眾才女在筵席上表演琴、棋、書、畫等才藝的經過，同時，小說穿插維護李氏正

名言佳句
・最令人噴飯的，那小耗子又要舞，又怕貓，躲躲藏藏，賊頭賊腦，任他裝出斯文樣子，終失不了偷油的身分。〈第二回〉

統、反對武氏簒政的線索。

■**閱讀指導：**

　　作者李汝珍將書名取為《鏡花緣》，意圖非常明顯，即「鏡花水月」，文中甚至透過百花仙子之首化為塵身的唐小山在人間尋找其父唐敖，藉此剖析開解世人的繁華。（唐小山尋父來到名為「鏡花」的山嶺，嶺下有名為「鏡花塚」的荒墳，有座「水月村」的白玉牌樓，村中無人無舍，越過溪，有座「泣紅亭」，亭裡豎白玉碑，上刻百名才女，碑上題著「鏡花水月」四字。至此，由茫然而歷經多重困頓，所有艱難均克服，登頂下望，剎那間省悟，明白這一遭所為何來！）這是作者寫作的宗旨，若就讀者的立場來說，有兩個閱讀的樂趣則是不可忽略的。

　　其一，稀奇有趣的故事集子。古今中外，歷來有不少奇幻之作，如《山海經》、《西遊記》、《一千零一夜》、《格列佛遊記》……等，跟這些名著相比，《鏡花緣》的故事也不遑多讓，裡頭充滿著稀奇有趣的故事，如女兒國。雖然早在《西遊記》便已描述過一個女兒國，但李汝珍的「女兒國」並非指全都是女人的國度，而是女人扮成男人樣，男人扮成女人樣，故事中某個有趣的橋段，描述唐敖見到小戶人家的婦女，婦人一頭青絲黑髮，油搽得雪亮，耳墜八寶金環，身穿玫瑰紫長衫，下穿蔥綠裙兒，穿著一雙大紅繡鞋，剛好三寸……可是再往嘴

・塞翁失馬，安知非福。〈第七回〉
・習慣成自然。〈第三十二回〉

一看，嘴邊滿是鬍鬚，是個絡腮鬍子。作者如此形容男人裝成女人的不自然畫面，令人看了捧腹大笑，如同看齣搞笑劇。稀奇有趣的故事不僅於此，如「長臂國」的居民，有著異常的長臂（非應得之物，混手伸去，久而久之，徒然把臂膀伸長了）；「無腸國」中的富豪逼迫僕人吃人糞（形容其主之刻薄）；淑士國（借用淑女一詞）中冬烘先生的咬文嚼字；另有如兩面國、毛民國……等三十幾個國度。觀看這些國度，一方面讓我們欣賞到各種異國風情，一方面也可感受作者藉異國諷刺現實生活的努力。

其二，女子無才便是德？小說前半段我們可以閱讀到奇特人物、珍禽異獸等稀奇有趣的故事，在小說後半段則是女子表演各項才藝，從作賦詠詩、撫琴畫扇、奕棋鬥草、行酒令、打燈謎……等，幾乎古代文人雅士的才能均無錯過。由此我們可以猜想作者或許是個女權運動的先鋒者，他不認同古代「女子無才便是德」的標準，因此創作一些女人統治的異國，甚至在小說中高頌女子才藝之卓越，相信女性讀者看了，必定大聲叫好。最後得指出，這部分無前半部海外神話般的精彩，缺少較爲強烈的諷刺，僅充滿著低俗的笑話，更破壞整本小說的結構，前後無法呼應，成了綴段式的情節，實在此書一大缺失。

■**精彩篇章推薦：**

　　行了幾日，到了女兒國，船隻泊岸。……唐敖同多九公登

・倘能於一日之中，使四季名花莫不齊放，普天之下盡是萬紫千紅，那才稱得錦繡乾坤，花團世界。〈第三回〉

岸進城，細看那些人，無老無少，並無鬍鬚；雖是男裝，卻是女音；兼之身段瘦小，裊裊婷婷。唐敖道：「九公，你看，他們原是好好婦人，卻要裝作男人，可謂矯揉造作了。」多九公笑道：「唐兄，你是這等說；只怕他們看見我們，也說我們放著好好婦人不做，卻矯揉造作，充作男人哩。」唐敖點頭道：「九公此話不錯。俗話說的：『習慣成自然。』我們看她雖覺異樣，無如她們自古如此；他們看見我們，自然也以我們為非。此地男子如此，不知婦人又是怎樣？」多九公暗向旁邊指道：「唐兄，你看那個中年老嫗，拿著針線做鞋，豈非婦人麼？」唐敖看時，那邊有個小戶人家，門內坐著一個中年婦人：一頭青絲黑髮，油搽的雪亮，真可滑倒蒼蠅，頭上梳一盤龍兒，鬢旁許多珠翠，真是耀花人眼睛；耳墜八寶金環；身穿玫瑰紫的長衫，下穿蔥綠裙兒；裙下露著小小金蓮。穿一雙大紅繡鞋，剛剛只得三寸；伸著一雙玉手，十指尖尖，在那裏繡花；一雙盈盈秀目，兩道高高蛾眉，面上許多脂粉；再朝嘴上一看，原來一部鬍鬚，是個絡腮鬍子！看罷，忍不住撲嗤笑了一聲。那婦人停了針線，望著唐敖喊道：「你這婦人，敢是笑我麼？」這個聲音，老聲老氣，倒像破鑼一般，把唐敖嚇得拉著多九公朝前飛跑。那婦人還在那裡大聲說道：「你面上有須，明明是個婦人；你卻穿衣戴帽，混充男人！你也不管男女混雜！你明雖偷看婦女，你其實要偷看男人。你這臊貨！你去照照鏡子，你把本來面目都忘了！你這蹄子，也不怕羞！你今日幸虧遇見老

・「小不忍則亂大謀？」又諺云：「盡人事以聽天命。」〈第六回〉

娘；你若遇見別人，把你當作男人偷看婦女，只怕打個半死哩！」唐敖聽了，見離婦人已遠，因向九公道：「原來此處語音卻還易懂。聽他所言，果然竟把我們當作婦人，他才罵我『蹄子』：大約自有男子以來，未有如此奇罵，這可算得『千古第一罵』。我那舅兄上去，但願他們把他當作男人才好。」多九公道：「此話怎講？」唐敖道：「舅兄本來生得面如敷粉；前在厭火國，又將鬍鬚燒去，更顯少壯，他們要把他當作婦人，豈不耽心麼？」多九公道：「此地國人向待鄰邦最是和睦，何況我們又從天朝來的，更要格外尊敬。唐兄只管放心。」〈第三十二回・訪籌算暢遊智佳國　觀豔妝閑步女兒鄉〉

名家評介：

- 魯迅：「蓋惟精聲韻之學而仍敢於變古，乃能居學者之列，博識多通而仍敢於為小說也；惟於小說又復論學說藝，數典談經，連篇累牘而不能自己，則博識多通又害之。」《中國小說史略》

- 胡適：「|是一部討論婦女問題的小說，他對於這個問題的答案，是男女應該受平等的待遇、平等的教育、平等的選舉制度。」《鏡花緣・引論》

深入探索
→《足本鏡花緣》（二冊不分售），李汝珍著，世界書局

17 『老殘遊記』

● 成書時間：大約西元一九〇
　三年至西元一九〇六年
● 類別：譴責小說

特色：揭露清末官府貪污索賄、昏庸無能的罪狀

■作者介紹：

　　劉鶚（西元一八七五年至西元一九〇九年），原名夢鵬，字鐵雲，署名鴻都百鍊生。原是江蘇丹徒（鎮江）人，寄居於淮安。自幼就聰穎過人，四五歲便能背誦《唐詩三百首》，而後自修，舉凡家中所藏的圖書，如醫學、治河、天算、詞章等，無不涉獵，曾做過醫生和商人等職業。八國聯軍侵入北京時，向聯軍用低價購太倉的米救濟貧民，清政府竟以「私售倉粟」的罪名將他罪戍新疆，隔年（西元一九〇九年）病死於迪化。《老殘遊記》是他晚年的一部小說，另有《鐵雲藏龜》等書傳世。

■內容梗概：

　　《老殘遊記》共二十回，內容描寫一位別號老殘、名鐵英的江湖遊客，奔走各地行醫救人，故小說以「遊記」命名。文中記載主角所見所聞，透過他的眼光，反映清末百姓生活的各種面貌，如「明湖居聽白妞鼓書」、「遊覽濟南四大名泉」、「玉賢苛政嚴刑」……等，小說結束在賈魏兩家感激老殘想送其銀

名言佳句
・聲音初不甚大，只覺入耳有說不出的妙境，五臟六腑像熨斗熨過，無一處不服貼，三萬六千個毛孔，像吃了人參果，無一個毛孔不暢快。〈第二回〉

兩和招來戲班、設宴款待，他卻沒有久留（當然也沒有收錢），帶著翠環匆匆離開河縣，回江南老家去了！

■閱讀指導：

　　小說雖以「遊記」命名，但體裁上不似一般性的遊記，以當地特殊景點以及風貌爲寫作內容，也不似其他小說先確立一個主題，後依照主題發展故事，只能說作者只是借著「遊記」之名，寫心中所想議論或表達的諸多事物。這短短的二十回內，清楚表達作者對當時人情、世故、政治等範疇的觀點以及文學上的美感。

　　如政風方面，劉鶚出生的時代正值清末動盪不安，他對當時政局感到灰心、悲憤，「苛政擾民」更是他所擔憂，故塑造老殘這一位正面的人物，滿足現實中的缺失。此外，小說中的人物也反映著他對官員的看法（甚至對清官兩字有深入的理解），如書中寫道：「贓官可恨，人人知之，清官尤可恨，人多不知。蓋贓官自知有病，不敢公然爲非，清官則自以爲不要錢，何所不可？剛愎自用，小則殺人，大則誤國。」就如玉賢是也。他是一個「能吏」，署理曹州府，「不到一年竟有路不拾遺的景象」，深得上司賞識，因而破格補曹州知府。原來他的衙門前面有十二個站籠，「天天不得空」，「未到一年，站籠站死了兩千多人」。更令人可恨的，站死的並非皆是惡徒。如于家父子和強盜結仇，遭受栽贓陷害，玉賢不審眞情緣由，就把此父

卷四　古典小說

・現在正是看花的時候，一片百花映著帶水氣的斜陽，好似一條粉紅絨毯，做了上下兩個山的墊子，實在奇絕。〈第二回〉

子三人活活站死；又如同雜貨舖老闆的獨生兒子酒後失言，說了幾句玉賢大人糊塗，被暗探聽見，抓進衙門，「大人坐堂，只罵了一句，說：『你這東西謠言惑眾，還了得嗎！』站起站籠，不到兩天就站死了」，如此清官，不就如一酷吏，縱使不會貪財，卻僅知殘害百姓，同樣地造成民不聊生的局面。

　　劉鶚除了藉著小說書寫心中所想，用忿忿不平的語言責罵著那些草菅人命的「清官」外，這部小說之盛名，還來自其優秀的文學藝術，如在景物的描寫。古典小說家對景物的描寫大多呆板，套用成語，胡亂點綴，作者卻能反此陋習，以白描功夫，實地描繪，給人身臨其境、景在目前的感受，如「到了鐵公祠前，朝南一望，只見對面千佛山上，梵字僧樓，與那蒼松翠柏，高下相間，紅的火紅，白的雪白，青的靛青，綠的碧綠，更有那一株半株的丹楓夾在裡面，彷彿宋人趙千里的一幅大畫，做了一架數十里長的屏風」，此段描繪，讓人猶如真的見識到一幅佳景。不論是狀物、寫景、敘事都能歷歷如繪，使讀者有身臨其境的感受，如千佛山、大明湖的景致、黃河的冰景、桃花山的月夜……等。除栩栩如生描繪景物外，作者對音樂的描繪更是一絕，著名的「明湖居聽白妞鼓書」，小說形容「白妞」的唱工，寫「哪知他於那極高的地方，尚能迴環轉折。幾轉之後，又高一層，接連有三四疊，節節高起。恍如傲來峰西面攀登泰山的景象，初看傲來峰削壁千仞，以為上與天通，及翻到傲來峰，纔見扇子崖更在傲來峰上；及至翻到扇子崖，

・那雙眼睛，如秋水，如寒星，如寶珠，如白水銀裡頭養著兩丸黑水銀。〈第二回〉

又見南天門更在扇子崖上，**越翻越險，越險越奇**」，這段如同寫景之句，竟然可以用來美讚歌聲，讓人不得不佩服劉鶚文學藝術之高超，當然這跟他擅長音樂脫不了關係。總之，閱讀這部小說，除了讀到作者對時代的控訴，連帶可以欣賞作者的各項才能，從詩書的評論、音樂的描繪、算數的推演，這些都是作者本身擅長。

■精彩篇章推薦：

　　王小玉便啓朱唇，發皓齒，唱了幾句書兒。聲音初不甚大，只覺入耳有說不出的妙境，五臟六腑像熨斗熨過，無一處不服貼，三萬六千個毛孔，像吃了人參果，無一個毛孔不暢快。唱了十幾句之後，漸漸的越唱越高，忽然拔了一個尖兒，像一線鋼絲拋入天際，不禁暗暗叫絕。那知她於那極高的地方，尚能迴環轉折。幾轉之後，又高一層，接連有三四疊，節節高起。恍如傲來峰西面攀登泰山的景象，初看傲來峰削壁千仞，以爲上與天通，及翻到傲來峰，纔見扇子崖更在傲來峰上；及至翻到扇子崖，又見南天門更在扇子崖上越翻越險，越險越奇！

　　那王小玉唱到極高三四疊後，陡然一落，又極力騁其千迴百折的精神，如一條飛蛇在黃山三十六峰半中腰裡盤旋穿插，頃刻之間，周匝數遍，從此之後，越唱越低，越低越細，那聲音漸漸的就聽不見了。滿園子的人都屏氣凝神，不敢少動，約

・無才的要作官很不要緊，正壞在有才的要作官。〈第六回〉

有兩三分鐘之久，彷彿有一點聲音從地底下發出。這一出之後，忽又揚起，像那放東洋煙火，一個彈子上天，隨化作千百道五色火光，縱橫散亂。這一聲飛起即有無限聲音俱來並發。那彈弦子的亦全用輪指，忽大忽小，同他那聲音相和相合，有如花塢春曉，好鳥亂鳴。耳朵忙不過來，不曉得聽那一聲的為是。正在撩亂之際，忽聽霍然一聲，人弦俱寂，這時臺下叫好之聲轟然雷動。……〈第二回‧歷山山下古帝遺蹤　明湖湖邊美人絕調〉

名家評介：

- 胡適之：「劉顎先生一生有四件大事，一是河工，二是甲骨文字的承認，三是請開山西的礦，四是賤買太倉的米來賑濟北京的難民。」
- 魯迅：「其書即借鐵英號老殘之遊行，而歷記其言論見聞，敘景狀物，時有可觀，作者信仰，並見於內，而攻擊官吏之處亦多。」

深入探索
→《老殘遊記》，劉鶚著，聯經出版社
→《中國十大名城》，魯仲連主編，高談出版社

『二十年目睹之怪現狀』

- ●成書時間：西元一九〇三年開始刊載
- ●類別：古典小說
- 特色：敘述光怪陸離的社會現象

■作者介紹：

　　吳沃堯（西元一八六六年至西元一九一〇年），字趼人（原字繭人），廣東南海人，家居佛山，故自號「我佛山人」。其出身於中落仕宦人家，性格強毅，二十多歲至上海謀生，曾傭書於江南製造軍械局，後客居山東，又遠遊日本。他面對清末腐敗政治，多憤世之慨，故以其辛辣尖刻的筆觸，揶揄嘲諷，揭露著官場的黑暗及洋場、商場人物、三教九流眾生醜態，他是當時創作最多的一個作家，共寫了小說三十餘種，現存二十多種，如《恨海》、《新石頭記》，其中最著名的作品是《二十年目睹之怪現狀》。

■內容梗概：

　　本書一共一百零八回，最早在《新小說》上連載，後有廣智書局出版單行本。書中透過主角「九死一生」（因二十年來，未被「蛇蟲鼠蟻」所蝕，「豺狼虎豹」所啖，「魑魅魍魎」所

名言佳句
- ・上海地方，為商賈麕集之區，中外雜處，人煙稠密，輪舶往來，百貨輪轉。加以蘇揚各地之煙花，亦都圖上海富商大賈之多，一時買棹而來，環聚于四馬路一帶，高張豔幟，炫異爭奇。〈第一回〉
- ・花天酒地，鬧個不休，車水馬龍，日無暇晷。〈第一回〉

獷，故稱之「九死一生」）的口吻，描寫從西元一八八四年中法戰爭前後開始、二十年左右時間內的見聞。首先寫他協助具備官商兩身分的吳繼之辦事和經商，往來以上海為中心的南方各地，所記怪現狀屬南方省道縣府的醜事，其次則描寫他協助退出官場的吳繼之，往來上海、南京、天津、北京等地，著重揭露北方政治和商業之黑幕。小說結束在「九死一生」的伯父在宜昌病故，除了帶著兩小兄弟回家去，也是束手無策，並將從出門應世以來，一切奇奇怪怪的事所寫的筆記交給他人，最後印刷成書，此乃這本小說的誕生。

■閱讀指導：

　　俗語言「怪事年年有，今年特別多」，此乃形容最近巧遇太多稀奇古怪的事，吳沃堯用「二十年目睹之怪現狀」為書名，可見小說內怪事之多，所謂怪也，並非靈異，而是指不合尋常邏輯（常規），或令人瞠目結舌的事件。因此，我們可從「鄉野奇談」的角度閱讀此書。如第十四回中的一則標題「兵輪自沉」新聞，新聞說道：「馭遠兵輪自某處開回上海，於某日道出石浦，遙見海平線上，一縷濃煙，疑為法兵艦。管帶大懼，開足機器，擬速逃竄。覺來船甚速，管帶益懼，遂自開放水門，將船沉下，牽船上眾人，乘舢舨渡登彼岸，捏報倉卒遇敵，致被擊沉云。刻聞上峰將徹底根究，並箚上海道，會商製造局，設法前往撈取矣。」除此事件，又如第五十六回中，李壯施奇

・喔喔籬外雞，悠悠河畔帽。雞聲驚妾夢，帽聲碎妾心。妾心欲碎未盡碎，可憐落盡思君淚！妾心碎盡妾悲傷，遊子天涯道阻長。道阻長，君不歸，年年依舊寄征衣！〈第八回〉
・我聽了這番話，才曉得這宦海茫茫，竟與苦海無二的。〈第十四回〉

計，讓奸夫（夏作人）變凶手，並假裝不知情跑到衙門大喊殺人，最後知縣判了夏作人死刑；這件事怪在竟然民眾都知道有冤情，官府卻依舊問斬，顯現事件之怪；更怪的是，死者李壯之妻長期偷漢子，算是個淫婦，卻在實情被掩蓋下，建立了牌坊紀念之，如此荒誕的事，竟然一一發生了！難怪作者回末說道「世事何須問真假，內容強半是糊塗」。像這樣「怪異眾生相」屢屢在小說中發生，如葉軍門看見敵人不敢作戰，竟然乞求敵人讓他逃跑，甚至願意把戰地送給對方，向朝廷謊報戰敗；有人為了謀得好差事，用盡心機，逼迫自己的年輕寡媳嫁給總都做姨太太……等。這樣顛倒正常秩序的世界，無怪乎作者要用「蛇蟲鼠蟻」、「豺狼虎豹」、「魑魅魍魎」來形容。

在用傳奇奇談的角度欣賞小說之餘，別忽視作者寫這些怪事最根本的想法。晚清是個內憂外患的時代，內政糟糕，列強侵略，故百姓為求自保，衍生出許多求生存的方式，甚至走後門、抄捷徑、傷人命都在所不惜，也因此，才有「九死一生」所目睹之各種怪現狀。因此雖然小說披上幽默的外衣，令人看了為之一笑，文字間仍充滿著十分濃厚的諷刺和嘆息，在譏笑當時社會之混亂及那一個可悲的年代。由此甚可思考，「怪事」由何而來，或許，怪事根本就是動盪不安時代的產物。甚至直到現在，怪事還不依舊在發生嗎？

■精彩篇章推薦：

・哎！真是人心不古，詭變百出，令人意料不到的事，淨多著呢！〈第十二回〉

……繼之卻等到下午才回來，已經換上便衣了。我問道：「方伯那裡有甚麼事呢？」繼之道：「說也奇怪，我正要求他寫捐，不料他今天請我，也是叫我寫捐，你說奇怪不奇怪？我們今天可謂交易而退了。」說到這裡，跟去的底下人送進帖袋來，繼之在裡面抽出一本捐冊來，交給我看。我翻開看時，那知啓也夾在裡面，藩台已經寫上了二十五兩，這五字卻像是塗改過的。我道：「怎麼寫這幾個字，也錯了一個？」繼之道：「不是錯的，先是寫了二十四兩，後來檢出一張二十五兩的票子來，說是就把這個給了他罷，所以又把那『四』字改做『五』字。」我道：「藩台也只送得這點，怪不得大哥送一百兩，說不能寫在知啓上了，寫了上去，豈不是要壓倒藩台了麼？」繼之道：「不是這等說，這也沒有甚麼壓倒不壓倒，看各人的交情罷了。其實我同陳仲眉並沒有大不了的交情，不過是惺惺惜惺惺的意思。但是寫了上去，叫別人見了，以爲我舉動闊綽，這風聲傳了出去，那一班打抽豐的來個不了，豈不受累麼？說也好笑，去年我忽然接了上海寄來的一包東西，打開看時，卻是兩方青田石的圖書，刻上了我的名號。一張白摺扇面，一面畫的是沒神沒彩的兩筆花卉，一面是寫上幾個怪字，都是寫的我的上款。最奇怪的是稱我做『夫子大人』。還有一封信，那信上說了許多景仰感激的話，信末是寫著『門生張超頓首』六個字。我實在是莫名其妙，我從哪裡得著這麼一個門生，連我也不知道，只好不理他。不多幾天，他又來了一封信，仍然是一

深入探索
→《二十年目睹之怪現狀》，吳沃堯著，台灣古籍出版社

片思慕感激的話，我也不曾在意。後來又來了一封信，訴說讀書困苦，我才悟到他是要打把勢的，封了八元銀寄給他，順便也寫個信問他爲甚這等稱呼。誰知他這回卻連回信也沒有了，你道奇怪不奇怪？今年同文述農談起，原來述農認得這個人，他的名字是沒有一定的，是一個讀書人當中的無賴，終年在外頭靠打把勢過日子的。前年冬季，上海格致書院的課題是這裡方伯出的，齊了卷寄來之後，方伯交給我看，我將他的卷子取了超等第二。我也忘記了他卷上是個甚麼名字了。自從取了他超等之後，他就改了名字，叫做『張超』。然而我總不明白他，爲甚這麼神通廣大，怎樣知道是我看的卷，就自己願列門牆，叫起我老師來？」我道：「這個人也可以算得不要臉的了！」繼之嘆道：「臉是不要的了，然而據我看來，他還算是好的，總算不曾下流到十分。你不知道現在的讀書人，專習下流的不知多少呢！」〈第十五回・論善士微言議賑捐　見招貼書生談會黨〉

深入探索
→《二十年目睹之怪現狀》，吳沃堯著，世界書局

『官場現形記』

● 成書時間：約西元一九〇三年至西元一九〇五年
● 類別：諷刺譴責小說
特色：晚清四大譴責小說之一

■作者介紹：

　　李寶嘉（西元一八六七年至西元一九〇七年），清末人，字伯元，別署南亭亭長，江蘇武進人。仕途不順，僅得秀才，不中舉人。故改志從事新聞事業工作。西元一八九六年來到上海，先編撰「指南報」，隔年五月開辦「遊戲報」。西元一九〇一年轉讓「遊戲報」，另再創辦「世界繁華報」（亦叫「海上繁華報」），西元一九〇三年主編《繡像小說》。在上海的十年間，正值中國遭受到前所未有的鉅變、災難，帝國主義的侵略，故痛心疾首，一面辦報，一面致力於小說的創作。傳世主要作品有《官場現形記》、《文明小史》、《活地獄》及《庚子國變彈詞》、《醒世緣彈詞》等，其中以《官場現形記》為代表作。

■內容梗概：

　　《官場現形記》共六十回，由許多短篇故事連接而成，作品顧名思義，就是描寫官場齷齪卑鄙的醜惡本質。作者透過一些

名言佳句
· 且說官場上信息頂靈，署院放一屁，外頭都會曉得的。〈第二十一回〉
· 俗語說的好：「千里為官只為財。」〈第二十二回〉

細節，揭露出官場貪污、腐敗和媚外賣國的種種罪行，這些官員從最高的軍機大臣到最低的衙門佐雜，無一不以貪污、敲詐、恐嚇等手段，達到他們的目的（他們唯一的目的就是升官，升官爲的是發財）。爲了要升官發財，不擇手段，甚至讓上級來姦污自己的親生女兒，或不顧國家的利益，以鞏固自己的地位，唯利是圖，廉恥喪盡。作者創作的目的，是藉著小說描繪出晚清的官場醜陋貌。

■閱讀指導：

　　官，即現代所稱的政府，成立的目的在於管理社會秩序，不論建立的方式是由民選或革命；民，屬被統治或被管理的人，縱使民主觀念抬頭，其本質仍是被動的。一個管理者、一個被管理者，自古以來就容易發生爭執，古典小說史上更有諸多作品在控訴官僚弊病、造成冤獄和民不聊生的現象，《官場現形記》可說是接續這樣的精神，首部以「官場」爲題的譴責小說。既然作者以「官場」爲寫作的對象，筆者建議閱讀此書，重點應該放在作者如何描寫官、民的形象。

　　例如小說中有段胡統領剿匪的情節。胡統領奉命到嚴州剿匪，他很害怕卻又不得不去，便有意帶著軍隊，在沿途耽擱不前。他們同行的有很多隻「江山船」，這種船都載有妓女。胡統領因此一路享樂，甚至爲著妓女和部下爭風吃醋。直到前方傳來匪兵已遠去的消息，才催船連夜趕到嚴州，趕到了那裡，其

・縱然也有一二個明白的在內，無奈好的不敵壞的多，不是借以當作升高的捷徑，便是認作發財的根源，一省如此，省省如此，國事焉得不壞呢！〈第五十六回〉

實已經沒有什麼匪兵。胡統領這時候反而膽壯起來，直喊著要出兵剿匪。天尚未明，就擊鼓升堂，遣兵調將，煞有其事的胡鬧了一場。自己還要故作英勇貌，親率了一隊兵前去。這時一個不識相的人跑來報告，說實在已經沒有匪蹤，結果還被惡打一頓。胡統領這一剿，把嚴州的鄉民弄得雞犬不寧，文中寫到「前面先鋒大隊都得了信，一齊縱容兵丁。甚至洗劫村莊，姦淫婦女，無所不至。」最後爲了捉拿幾個強盜邀功，於是亂拉良民充數。像這樣官吏的惡行惡狀，全書不勝枚舉。宏觀全書，作者將官兵描繪成一個苟且害人的角色，民眾則是手無縛雞之力，任由他們要殺要剮，加上因爲對方是官，連申冤的地方都沒有，況且，所謂的作官眞理，就是華中堂教育賈大少爺的一句話：「多碰頭，少說話，是作官的秘訣。」

總之，作者或許不是個「無政府主義者」，小說的內容卻提供我們思考政府存在的意義及其弊病，畢竟雖然小說寫的是清代官場，卻難保現今的政府官員不會發生小說中的情節事件。

■精彩篇章推薦：

文制臺早已瞧見，忙問一聲：「什麼事？」巡捕見問，立刻趨前一走，說了聲：「回大帥的話：有客來拜。」話言未了，只見啪的一聲響，那巡捕臉上，早被大帥打了一個耳刮子。接著聽制臺罵道：「混帳王八蛋！我當初怎麼吩咐的！凡是我吃著飯，無論什麼客來，不准上來回。你沒有耳朵，沒有

・觀人必於其微。〈第五十六回〉

聽見？」說著，舉著腿來又是一腳。那巡捕挨了這頓打罵，索性潑出膽子來，說道：「因爲這個客是要緊的，與別的客不同。」制臺道：「他要緊，我不要緊，你說他與別的客不同，隨你是誰，總不能蓋過我。」巡捕道：「回大帥：來的不是別人，是洋人。」那制臺一聽「洋人」二字，不知爲何頓時氣焰矮了大半截，怔在那裡半天。後首想了一想，驀地起來，啪撻一聲響，舉起手來，又打了巡捕一個耳刮子，接著罵道：「混帳王八蛋！我當是誰，原來是洋人！洋人來了，爲什麼不早回，叫他在外面等了這半天？」巡捕道：「原本趕著上來回的，因見大帥吃飯，所以在廊下等了一回。」制臺聽完，舉起腿來，又是一腳，說道：「別的客不准回。洋人來，是有外國公事的，怎麼好叫他在外頭老等？糊塗！混帳！還不快請進來！」那巡捕得了這句話，立刻三步併做二步，急忙跑了出來。走到外頭，拿帽子摘了下來，往桌子上一丟道：「回又不好，不回又不好。不說人頭，誰亦沒有他大。只要聽見『洋人』兩個字，一樣嚇的六神無主。但是我們何苦來呢！掉過去，一個巴掌，翻過來，又是一個巴掌；東邊一條腿，西邊一條腿；老老實實不幹了！」正說著，忽然裡頭又有人趕出來，一迭連聲的叫喚說：「怎麼還不請進來？」那巡捕至此，方才回醒過來，不由的，仍舊拿大帽子合在頭上，拿了片子，把洋人引進大廳。此時制臺早已穿好衣帽，站在滴水簷前，預備迎接了。……〈第五十三回·洋務能員但求形式　外交老手別具肺腸〉

深入探索
→《官場現形記》，李伯元著，張素貞校注，繆天華校閱，三民書局
→《暗房政治—新官場厚黑學》，邱家洪著，日臻出版社

名家評介：

- 胡適：「《官場現形記》是一部社會史料。它所寫的是中國舊社會裡最重要的一種制度與勢力——官。它所寫的是這種制度最腐敗、最墮落的時期。」〈官場現形記序〉

- 魯迅：「況所搜羅，又僅『話柄』聯綴此等，以成類書；官場伎倆，本小異大同，彙為長編，即千篇一律。特緣時勢要求，得此為快，故《官場現形記》乃驟享大名；而襲用『現形』名目，描寫他事，如商界、學界、女界者亦接踵也。」《中國小說史略》

- 劉大杰：「在這一本書裡，我們可以看出清末的政治腐敗到了什麼程度，大官小吏卑鄙齷齪昏聵糊塗到了什麼程度，在他筆下刻劃出來的這一套臉譜，真是牛鬼蛇神，無奇不有，可算是一部官場百醜圖的漫畫集。」《中國文學發展史》

深入探索

→《官場政治術》，吳力秋著，漢湘文化出版社

→《官場經營的50錦囊》，張玉安、唐孟生、薛克翹著，風雲時代

20 『孽海花』

● 成書時間：西元一九○五年
● 類別：古典小說

特色：描述近代歷史的小說傑作

■作者介紹：

曾樸（西元一八七二年至西元一九三五年），初字太樸，後改字孟樸，筆名東亞病夫……等，江蘇常熟人。生性敏感，熱心國事，陸續擔任過不少官職。曾樸雖以「異才」而聞名京師，卻因不為內閣衙門保舉而不得應試資格，在壯志難酬下，悲憤至極，拂袖出京。一九○四年，投入出版業，創辦「小說林社」，出版中外小說。終其一生，熱中學術研究與文學創作，著述達數十種之多，其中尤以《孽海花》名聞中外，小說的藝術魅力歷久而不衰。（附註：此小說前五回為金松岑所作，作者將未完成的稿子交給曾樸修改。）西元一九○五年的為二十回本，三十回本、二十五回本，則分別在西元一九二七年、西元一九六二年發行。

■內容梗概：

全書以名妓「傅彩雲」和狀元「金雯青」兩人的故事為線索，描述雯青經過上海，娶名妓彩雲為妾，而後雯青奉命出使外國，便邀彩雲同去，對外稱之夫人，在英國頗為活躍。雯青

名言佳句
・筵席無不散，風情留有餘。果使廝守百年，到了白頭相對，有何意味呢？〈第五回〉

回國後病死，彩雲在天津重操舊業，成爲天津名妓，改名「曹夢蘭」；這時正遇革命黨準備起義，卻因消息走漏而夭折……。小說主要是以當時名女人「賽金花」的事蹟爲樣本，中間穿插一些重要事件，藉此反映清同治初年到甲午戰爭期間，中國上層社會生活的弊病，並由世界背景觀看中國的變化及發展，具有史書的批判和深度。

■閱讀指導：

對於《孽海花》這本內容繁富、時間跨度大的小說，該如何掌握住它的閱讀重心呢？或許作者的自白，可以提供我們一個最佳的角度。曾樸在《修改後要說的幾句話》中說道：「這書主幹的意義，只爲我看著這三十年，是我中國由舊到新的一個大轉關，一方面文化的推移，一方面政治的變動，可驚可喜的現象，都在這時期內飛也似的進行。我就想把這些現象，合攏了它的側影或遠景和相連繫的一些細節事，收攝在我筆頭的攝影機上，叫它自然地一幕一幕地展現，印象上不啻目擊了大事的全景一般。」分析這段話，可得知作者收獵各個軼聞，編織成小說，並非在滿足讀者的偷窺欲（在當時可能有不少人很想知道賽金花的私密生活），而是將中國那段動亂時期的發展現象，以小說的形式，如實地呈現出來。

舉例來說，清末，西方列強侵略中國，令這個長久以來頗爲自大的民族開始思考是否該西化，其中有贊成者、反對者、

· 況且沒有把柄的事兒，給一個低三下四的奴才含血噴人，自己倒站著聽風涼話兒！〈第十八回〉

中和者，但不論如何，西方勢力的確已經進入到中國本土，中國也開始派遣使者拜訪西方，小說對於中西外交文化上交流的現象，有深入的描述和剖析，作者甚至藉著主角金雯青，凸顯了出身傳統科舉制度的文人，在面對時代的潮流和衝擊，一個陌生而嶄新的世界時，顯得呆滯、笨拙、不知所措，參加晚宴，只能自慚著聽他人討論海外學問，自問是否該學些西法、洋務。

文人的心態僅是冰山一角，政府對於外國勢力的態度、人們對戰爭的想法、政客在兩方中貪圖利益的嘴臉……等都是小說表現的內容之一，如實描寫清末中國政治社會發展的樣貌及個人命運如何與其緊密結合，將歷史洪流（從中日戰爭到革命黨的起義等）投影在書本，成了一部濃縮的中國近代史，相信縱使不喜歡閱讀歷史的讀者，讀了此書對於近代歷史的發展和本質必能有個初步理解，明白那慘烈混亂的一頁。

■**精彩篇章推薦：**

話說彩雲扶著個大姐走上船來，次芳暗叫大家不許開口，看她走到誰邊。彩雲的大姐正要問哪位叫的，只說得半句，被彩雲啐了一口：「蠢貨！誰要你搜根問底？」說著，就撇了大姐，含笑地捱到雯青身邊一張美人椅上並肩坐下。大家譁然大笑起來。山芝道：「奇了，好像是預先約定似的！」勝芝笑道：「不差，多管是前生的舊約。」次芳就笑著朗吟道：「身

・以酒為緣，以色為緣，十二時買笑追歡，永朝永夕酣大夢；誠心看戲，誠意聽戲，四九旦登場奪錦，雙麟雙鳳共消魂！〈第六回〉

無彩鳳雙飛翼，心有靈犀一點通。」雯青本是花月總持、風流教主，風言俏語，從不讓人，不道這回見了彩雲，卻心上萬馬千猿，又驚又喜。聽了勝芝說是前生的舊約，這句話更觸著心事，任人嘲笑，只是一句話掙不出。就是彩雲自己，也不解何故，踏上船來，不問情由，就一直往雯青身邊。如今被人說破，倒不好意思起來，只顧低頭弄手帕兒。雯青無精打采地搭訕著，向山芝道：「我們好開船了。」山芝就吩咐一面開船，一面在中艙擺起酒席來。眾人見中艙忙著調排桌椅，就一擁都到頭艙去了，有爬著欄杆上看往來船隻的，有咬著耳朵說私語的。雯青也想立起來走出去，卻被彩雲輕輕一拉，一扭身就往房艙裡床沿上坐著。雯青不知不覺，也跟了進去。兩人並坐在床沿上，相偎相倚，好像有無數體己話要說，只是我對著你、你對著我地癡笑。歇了半天，雯青就兜頭問一句道：「你知道我是誰麼？」彩雲怔了一怔道：「我很認得你，只是想不起你姓名來。」雯青就細細告訴了她一遍。彩雲想一想，說：「我媽認得金大人。」雯青道：「你今年多少年紀了？」彩雲道：「我今年十五歲。」雯青臉上呆了半晌，卻順手拉了彩雲的手，耳鬢廝磨地端相的不了，不知不覺兩股熱淚，從眼眶中直滾下來，口裡念道：「當時只道渾閒事，過後思量總可憐。」彩雲看著，暗暗吃驚，止不住就拿著帕子替他拭淚，說道：「你怎的沒來由哭起來。口雖如此說，卻自己也一陣透骨心酸，幾乎也哭出來。雯青對著彩雲，只是上下打量，低低念道：「愁到

300

・身無彩鳳雙飛翼，心有靈犀一點通。〈第八回〉
・莫道風情老無分，桃花偏照夕陽紅。〈第九回〉

天地翻，相看不相識。」一面道：「彩雲，我心裡只是可憐你，你知道麼？」彩雲摸不著頭腦，卻趁勢就靠在雯青身上道：「你只管傷心做什麼？回來等客散了，肯到我那裡去坐坐麼？我還有許多話要問你呢！」雯青點頭。只聽外面次芳喊道：「請坐吧，講話的日子多著哩！」雯青、彩雲只好走出來，見席已擺好，山芝正拿著酒壺斟酒，讓效亭坐首座。效亭不肯，正與勝芝推讓。後來大家公論，效亭是寓公，仍讓他坐了，勝芝坐二座，雯青坐三座，次芳挨雯青坐下，山芝坐了主席。大家叫的局，也各歸各座。彩雲自然在雯青背後坐了。〈第八回‧避物議男狀元偷娶女狀元　借誥封小老母權充大老母〉

‧名家評介：

- ‧魯迅：「惟結構工巧，文采斐然，則其所長也。」《中國小說史略》
- ‧阿英：「最值得驚異的，是反映在書中的作者的思想。在專制的淫威之下，竟毫無顧忌的同情革命。」《清末四大小說家》
- ‧范煙橋：「行銷十萬部左右，獨創記錄。」《孽海花側記》
- ‧蔣瑞藻：「近年新撰小說風起雲湧，無慮千百種，固自不乏佳構。而才情縱逸，寓意深遠者，以《孽海花》為巨擘。」《小說枝談》（轉引自《負暄瑣語》的評論）

深入探索
→《孽海花》，曾樸著，台灣古籍出版社
→《孽海花》，曾樸著，世界書局

【卷五】

生活智慧

『千字文』

● 成書時間：南北朝梁代
● 類別：中國童蒙書

特色：被公認為世界上使用時間最長、影響最大的兒童啟蒙識字課本

■作者介紹：

周興嗣，南北朝梁代人士，頗受武帝蕭衍的賞識，多以文筆見長，《千字文》為其知名著作，《隋書》、《舊唐書》均有記載此書，敦煌的出土文獻中，更存有周本《千字文》。

■內容梗概：

《千字文》是南北朝的教學課本，形式為四言長詩，首尾連貫，音韻諧美，以「天地玄黃，宇宙洪荒」為開頭，「謂悟助者，焉哉手也」作結尾。全文總共二百五十句，每四字一句，字不重複，而且句句押韻，前後貫通，內容從天文、自然、修身養性、人倫道德，介紹到地理、歷史典章、農耕、祭祀、園藝、飲食起居等各個方面，其中還有不少勸戒之語和具體的景物描寫。被公認為世界上使用時間最長、影響最大的兒童啟蒙識字課本，比唐代《百家姓》和宋代《三字經》都還要早，是一千多年來最暢銷、讀者最廣的讀物之一。過去有首私塾的打油詩：「學童三五並排坐，天地玄黃喊一年」，正是《千字文》影響之深的最佳寫照。

名言佳句

· 寒來暑往，秋收冬藏。知過必改，得能莫忘。禍因惡積，福緣善慶。性靜情逸，心動神疲。

　　舉凡有價值的作品，都值得所有讀者再三品味，反覆閱讀，名著《千字文》能流傳至今，歷久不衰，想必也有其特殊價值，況且現在是較少學習古文的時代，讀之更有其收穫。

　　《千字文》的特點是以四字爲一句的詩歌形式，因此具有詩歌的特點，不僅音韻諧美，還有利於背誦，例如「天地玄黃，宇宙洪荒」、「寒來暑往，秋收冬藏」、「知過必改，得能莫忘」、「空谷傳聲，虛堂習聽」，雖然背誦後，我們並不一定能知道文字傳達的內容，這樣的方式卻起碼讓我們對文字不會感到陌生與害怕，對它也才會有興趣。此外，反覆背誦後熟悉了這些古字，對古文也會產生親切感。

　　閱讀《千字文》除了把它當成詩歌，反覆背誦，品嘗詩歌美感，藉此不害怕古字外，可別忘了理解作品的內容。此書具有廣博性，內有古聖先賢的教化，也有著名的歷史故事，做人處世的道理，包羅萬象，舉凡天文、地理、哲學、歷史，無所不包，是認識中國文化的最佳途徑。例如開頭從「天地玄黃，宇宙洪荒」說起，接著分別就天的一些現象說明，像「日月盈昃，辰宿列張。寒來暑往，秋收冬藏」、「雲騰致雨，露結爲霜」；說完了天，再說地的現象，即「金生麗水，玉出昆岡。劍號巨闕，珠稱夜光。果珍李柰，菜重芥姜」；介紹完自然界，作者開始講述上古歷史，從「龍師火帝，鳥官人皇。始製文字，乃服衣裳。推位讓國，有虞陶唐。弔民伐罪，周發殷

　　・聆音察理，鑑貌辨色。孤陋寡聞，愚蒙等誚。樂殊貴賤，禮別尊卑。
　　上和下睦，夫唱婦隨。

湯。坐朝問道，垂拱平章。愛育黎首，臣伏戎羌」；家族倫理和道德修養，作品有「諸姑伯叔，猶子比兒。孔懷兄弟，同氣連枝。交友投分，切磨箴規。仁慈隱惻，造次弗離。節義廉退，顛沛匪虧」等字句。可以說，作者寫作不僅注意句子是否通順，甚至講求每個段落的要旨，依照天地人事景物等等次序寫下，兼顧每個人一生中應該學習或懂得的知識範疇，果真是一本最佳的兒童啟蒙識字書。古人對此書深愛的程度，不僅流傳久遠，甚至將它視為學習書法的最好字帖，知名書法家僧智永就曾經用真、草兩字體，寫了一千多本《千字文》，擇其最滿意八百本分送親友。

■精彩篇章推薦：

天地玄黃，宇宙洪荒。日月盈昃，辰宿列張。寒來暑往，秋收冬藏。……知過必改，得能莫忘。罔談彼短，靡恃己長。信使可覆，器欲難量。……空谷傳聲，虛堂習聽。禍因惡積，福緣善慶。尺璧非寶，寸陰是競。……川流不息，淵澄取映。容止若思，言辭安定。篤初誠美，慎終宜令。……性靜情逸，心動神疲。守真志滿，逐物意移。堅持雅操，好爵自縻。……孟軻敦素，史魚秉直。庶幾中庸，勞謙謹敕。聆音察理，鑑貌辨色。……指薪修祜，永綏吉劭。矩步引領，俯仰廊廟。束帶矜莊，徘徊瞻眺。孤陋寡聞，愚蒙等誚。謂語助者，焉哉乎也。

深入探索
→《心靈啟蒙書——三字經‧千字文白話新編》，小知堂編輯組，小知堂文化出版社

深入探索

→《賞識千字文》，周興嗣原著，韓榮華翻譯，久成出版社

02 『茶經』

● 成書時間：唐代
● 類別：中國茶書

特色：世界上第一部茶書、中國茶葉百科全書

■作者介紹：

　　陸羽（西元七三三年至西元八〇四年），唐代竟陵（今湖北天門）人，又名疾，字鴻漸，又字季疵，一生嗜茶，精於茶道，世稱「茶神」或「茶仙」、「茶聖」。出身貧窮家庭，但自幼好學，曾為考察茶事，出訪各州。唐書記載：「或獨行野中，誦詩擊木，慟哭而歸」，可知其淡泊名利的性格。晚年隱居苕溪後，懷著獨特的茶藝，一面烹茶自娛，一面撰寫世界上第一部茶書《茶經》。其他著作涉及詩歌、戲劇，方志、書法，如《四悲詩》、《原解》、《南北人物志》，可惜大多僅存書名，作品內容均已不傳於世。

■內容梗概：

　　《茶經》分成上、中、下三卷，總共十章，包括〈一之源〉、〈二之具〉等篇章，介紹茶的起源、製茶工具、製茶過程、品茶器具、煮茶方法、品茗鑑賞、茶葉的歷史、產地……等內容，書成於西元八世紀，距今已有一千二百多年的歷史，雖然而後各朝也寫過多部茶書，基本上僅是對《茶經》一書的

名言佳句
・其日，有雨不採，晴有雲不採；晴，採之、蒸之、擣之、焙之、穿之、封之，茶之乾矣。〈三之造〉

注釋和補充、演繹，少有創新。

■閱讀指導：

　　若想知道中國喝茶的傳統、歷史、規矩、習慣等相關知識，讀《茶經》絕對沒錯，其內容編排甚至可說是後代茶書的典範。

　　在〈茶之源〉篇，作者除了說明茶樹從何而來及其外表模樣外（形如瓜蘆，葉如梔子，花如白薔薇，蒂如丁香，根如胡桃），更解說喝茶的效果，即「茶之為用，味至寒，為飲，最宜精行儉德之人，若熱渴、凝悶、腦疼、目澀、四肢煩、百節不舒，聊四五啜，與醍醐、甘露抗衡也」。〈茶之具〉、〈茶之造〉則介紹各種採茶、製茶的工具方式，如籯（音ㄧㄥˊ，一曰籃，一曰籠，一曰筥，以竹織之，受五升，或一斗、二斗、三斗者）、焙（鑿地深二尺，闊二尺五寸，長一丈。上作短牆，高二尺，泥之）；又如「其日，有雨不採，晴有雲不採；晴，採之、蒸之、搗之、焙之、穿之、封之、茶之乾矣」……等。

　　既然書以茶為重心，介紹完採茶、製茶的知識，陸羽當然不會忘了教導讀者如何煮茶喝茶，像是「凡炙茶，慎勿於風爐間炙……若火乾者，以氣熟止；日乾者，以柔止」、「凡煮水一升，酌分五碗（原注：碗數少至三，多至五。若人多至十，加兩爐），趁熱連飲之，以重濁凝其下，精英浮其上。如冷，則精美隨氣而竭，飲啜不消亦然矣」。因此，若有心想學習煮茶古

・其形如瓜蘆，葉如槐子，花甘白薔薇，實如栟櫚，蒂如丁香，根如胡桃。〈一之源〉

法，讀此書絕對沒錯，此種方法可是唐代所流行的喝茶方式。

　　為了讓讀者更了解茶，陸羽在〈七之事〉中收錄歷史上關於茶的各種傳聞，上自古代神農氏，下至唐代中葉，如《搜神記》載：「夏侯愷因疾死，宗人字苟奴，察見鬼神，見愷來收馬，并病其妻，著平上幘（音𢎨）、單衣，入坐生時西壁大床，就人覓茶飲」；此外，書的最後一章〈十之圖〉，則指出若將《茶經》畫為掛圖，人們可一望即知「茶的起源、製造工具、煮茶方法、飲茶方法、茶的歷史」等內容。

　　整體而言，作者寫作此書非常用心，考慮周全，於是，我們閱讀此書可以立即掌握要領，進入到古代的茶世界，品嘗中國茶文化的美妙。

■**精彩篇章推薦：**

　　茶者，南方之嘉木也。一尺、二尺乃至數十尺；其巴山、峽川有兩人合抱者，伐而掇之。其形如瓜蘆，葉如梔子，花如白薔薇，實如栟櫚，蒂如丁香，根如胡桃。（原注：瓜蘆木，出廣州，似茶，至苦澀。栟櫚，蒲葵之屬，其子似茶。胡桃與茶，根皆下孕，兆至瓦礫，苗木上抽。）〈一之源〉

　　凡採茶，在二月、三月、四月之間。茶之筍芽者，生爛石沃土，長四、五寸，若薇蕨始抽，凌露採焉。茶之芽者，發於蘖薄之上，有三枝、四枝、五枝者，選其中枝穎拔者採焉。其日，有雨不採，晴有雲不採；晴，採之、蒸之、擣之、焙

深入探索

→《茶典》，坪林茶葉博物館著，聯經出版社

→《認識中國喝茶文化的第一本書》，于觀亭著，宇河文化出版有限公司

之、穿之、封之，茶之乾矣。〈三之造〉

　　第一煮沸水，而棄其上有水膜如黑雲母，飲之則其味不正。其第一者爲雋永，（原注：徐縣、全縣二反。至美者，曰雋永。雋，味也。永，長也。史長曰雋永，《漢書》蒯通著《雋永》二十篇也。）或留熟（盂）以貯之，以備育華、救沸之用。諸第一與第二、第三碗次之，第四、第五碗外，非渴甚莫之飲。〈五之煮〉

　　《桐君錄》：「西陽、武昌、廬江、晉陵好茗，皆東人作清茗。茗有餑，飲之宜人。凡可飲之物，皆多取其葉，天門多、拔楔取根，皆益人。又巴東別有眞茗茶，煎飲令人不眠。俗中多煮檀葉，并大皀李作茶，并冷。又南方有眞瓜蘆木、亦似茗，至苦澀，取爲屑茶飲，亦可通夜不眠。煮鹽人但資此飲，而交、廣最重，客來先設，乃加以香芼輩。」〈七之事〉

● 名家評介：

　　· 梅堯臣：「自從陸羽生人間，人間相學事春茶。」

深入探索
　→《中國茶典》，郭孟良著，山西古籍出版社

03

『夢溪筆談』

● 成書時間：北宋
● 類別：中國散文筆記

特色：中國科學史上的座標

■作者介紹：

沈括，字存中，浙江錢塘（今杭州）人，博學多才，少年時代常隨父宦遊，飽覽各地風物，《夢溪筆談》中有許多記錄都是沈括少年時期的遊歷經驗。神宗時曾參加王安石變法運動，後出任翰林學士，後知延州，加強防禦西夏，並加封為龍圖閣學士。元豐五年因連累遭貶，晚年隱居潤州，築夢溪園（今江蘇鎮江東）。一生著作甚豐富，但大部分已散佚，今存《夢溪筆談》、《圖畫歌》、《蘇沈良方》、《忘懷錄》、《筆談》、《補筆談》、《續筆談》等。

■內容梗概：

《夢溪筆談》屬散文筆記的形式，內分二十六卷，另有《補筆談》三卷、《續筆談》一卷，條文總共六百零九條。條目上，分成十七類，即故事、辨證、樂律、象數、人事、官政、權智、藝文、書畫、技藝、器用、神奇、異事、謬誤、譏謔、雜誌、藥議，內容涉及天文、數學、地理、生物、化學、機械、典章制度、財政、考古、文學、藝術等領域，可說包羅萬

・蓋人心所知者，彼則知之；心所無，則莫能知。〈卷二十神奇〉
・四方取象，蒼龍、白虎、朱雀、龜蛇。〈卷七象數〉

象，是本博雜之作。內容雖多面，其成就仍以科技方面著稱，根據學者統計，書中科技之條文共有兩百零七條，佔全書的三分之一，從曆法、氣象、地質、農業、醫藥、水利等均包括在內。

■**閱讀指導：**

根據《夢溪筆談》的內容，以下面兩種角度讀之，相信會有不錯的收穫。

古代科技專書。前文已經提到，學者曾統計科技條文共佔全書的三分之一。實際上，此書可說是總結中國科技成果的作品，許多中國聞名海外的技術，都可在此書中讀到，例如「指南針」。《夢溪筆談》中載：「方家以磁石磨針鋒，則能指南，然常微偏東，不全南也。」這是關於利用天然磁體進行人工磁化以及地磁偏角的最早記載。西方到西元一千兩百零五年，法國人才記載用同樣方法製造指南針，西元一千四百九十二年義大利人哥倫布才發現地磁偏角，比沈括整整晚了四百多年；此外在卷二十四中，沈括描述指南針的四種使用方法，水浮法（在盛水的碗裡，把指南針放在水面指示南北方向）、指甲旋定法（把磁針放在手指甲上輕輕轉動來定向）、碗邊旋定法（把磁針放在光滑的碗邊，輕輕旋轉磁針來定向）、縷懸法。除了指南針，中國四大發明之一的活字版印刷術，《夢溪筆談》中也詳細記載活字印刷的工藝過程（慶曆中，有布衣畢昇，又為活

・乃得一圓石，猶熱，其大如拳，一頭微銳，色如鐵。〈卷二十神奇〉

版。其法用膠泥刻字，薄如錢唇，每字爲一印，火燒令堅。……若印數十百千本，則極爲神速）。上述兩項是較爲眾所皆知的，其實現代科技所重視的「煉鋼」〈卷三辨證一〉、「石油」〈卷二十四雜誌一〉等石化工業，此書也早有記載，就連「隕石」〈卷二十神奇一〉、「化石」〈卷二十四雜誌一〉等天文學、生物學之範疇，《夢溪筆談》也有相關記述，甚至還有人說書中的「河蚌之珠」，指的就是現代人俗稱的「飛碟」，雖然此說稍嫌誇大，卻也說明《夢溪筆談》上知天文、下知地理，是一本最佳的科技專書。

神秘現象之作。《夢溪筆談》在科技記載之豐富已經不言而喻，在典章制度、文學、醫藥、數學、星象也有不少條文。注意這些內容當然沒錯，然而，許多人可能都忽略關於神秘現象的部分。姑且不論屬傳說性質的聞樂起舞之「虞美人草」，文中描述：「山陽有一女巫，其神極靈。予伯氏嘗召問之，凡人間物，雖在千里之外，問之皆能言。乃至人中心萌一意，已能知之。坐客方弈棋，試數白黑棋握手中，問其數，莫不符合。更漫取一把棋，不數而問之，是亦不能知數。蓋人心所知者，彼則知之；心所無，則莫能知。」這技能不就是現代人所俗稱的天目與他心通嗎？像這樣能夠穿越物質限制，獲知眞相，不就是神秘現象的範疇？諸如上述的神秘現象不止一件，〈卷二十神奇一〉，記載陳允服了「返老還童神藥」，原本光頭落牙，長出白髮嫩齒；同卷，描寫「點石成銀」的故事；又同卷，記

・生於水際，沙石與泉水相雜，惘惘而出，士人以雉尾之，用採入缶中。〈卷二十四雜誌一〉

述「神奇的舍利子」、「龍火顯威」、「茶花佛像」、「宿命通」、「煉金術」、「海市蜃樓」……等神秘現象。或許有人認為沈括將這些虛構故事放入書中並非明智之舉，然而，科學和非科學，界線本來就不很明顯，有些科學當初還被視為幻術、無稽之談，如今卻被證實可行的。不管採取何種立場，以神秘現象來觀賞，相信也有不少的樂趣。

■**精彩篇章推薦：**

治平元年，常州日禺時，天有大聲如雷，乃一大星幾如月，見于東南，少時而又震一聲，移著西南，又一震而墜，在宜興縣民許氏園中，遠近皆見，火光赫赫照天，許氏藩籬皆為所焚，是時火息，視地中只有一竅如杯大極深，下視之，星在於中熒熒然，良久漸暗，尚熱不可近，又久之，發於竅，深三尺餘，乃得一圓石，猶熱，其大如拳，一頭微銳，色如鐵，重亦如之，州守鄭伸得之，送潤州金山寺……〈卷二十神奇〉

方家以磁石磨針鋒，則能指南，然常微偏東，不全南也，水浮多盪搖。指爪及碗唇上皆可為之，運轉尤速，但堅滑易墜，不若縷懸為最善。其法取新纊中獨繭縷，以芥子許蠟，綴於針腰，無風處懸之，則針常指南。其中有磨而指北者。餘家指南、北者皆有之。磁石之指南，猶柏之指西，莫可原其理。〈卷二十四雜誌一〉

延境內有石油，舊說「高奴縣出脂水」，即此也。生於水

・雖在千里之外，問之皆能言。乃至中心萌一意，已能知之。〈卷二十神奇〉

際，沙石與泉水相雜，惘惘而出，土人以雉尾之，用採入缶中。頗似淳漆，然之如麻，但煙甚濃，所沾幄幕皆黑。余疑其煙可用，試掃其煤以爲墨，黑光如漆，松墨不及也，遂大爲之，其識文爲「延川石液」者是也。此物後必大行於世，自余始爲之。蓋石油至多，生於地中無窮，不若松木有時而竭。

〈卷二十四雜誌一〉

名家評介：

· 英國科學家李約瑟稱譽沈括是「中國整部科學史中最卓越的人物」，讚許《夢溪筆談》是中國科學的里程碑。

· 《宋史·本傳》：「博學善文，於天文、方志、律曆、音樂、醫藥、卜算，無所不通，皆有所論者。」

深入探索

→《教你看懂夢溪筆談》，許麗雯編著，高談出版社

→《夢溪筆談校證等7種》，沈括著，世界書局

04

『三字經』

● 成書時間：北宋
● 類別：中國童蒙書

特色：使用最廣的童蒙書

■作者介紹：

《三字經》的作者眾說紛紜，較爲公認的，則是王應麟。王應麟（西元一二二三年至西元一二九六年），字伯厚，南宋鄞縣人，少年時即通《六經》，擔任過秘書監、吏部侍郎等諸多官職，博學多聞，且長於考證。《三字經》出版的時間應是元初，然而直到明代才廣爲流傳，幾乎明清人都認定此書作者是王應麟。讓王應麟感嘆的是其嘔心瀝血之著述並未得到廣泛傳播，這本未收入正集的小冊子反而是家喻戶曉，流傳數百年之久，直到現今。

■內容梗概：

《三字經》內容涉及社會生活、歷史文化、自然現象……等各層面。全文使用三言韻文，以急促之短句，形成富有節奏感的詩歌，容易背誦，十分適合初學者。目前通行的本子，是前人在清初本上添加起來，內容可分五個部分。首先是教育和學習的重要，其次談社會倫常，又其次介紹「小學、四書、六經」等基本書籍，又其次講歷史進程，最後說些奮發向學的故事。

名言佳句

・人之初，性本善。性相近，習相遠。苟不教，性乃遷。
・昔孟母，擇鄰處。子不學，斷機杼。
・養不教，父之過。教不嚴，師之惰。
・玉不琢，不成器。人不學，不知義。

■閱讀指導：

幾乎所有的人都認為《三字經》是本寫給小孩子讀的書，不過若曾經仔細閱讀作品的讀者，可能會明白，這本書某些段落是寫給父母和教育者看的，像是開頭八句「人之初，性本善。性相近，習相遠。苟不教，性乃遷。教之道，貴以專」，句子講解「人性和教育」的本質及其關係，相信不是要讓小朋友知道學習的重要性，而是在告誡父母和教育者，教育為社會秩序的根基，小孩若在學步的過程就走錯了路，本質再好恐怕也將學壞，往邪路的方向直走而去。除了開頭之外，文中有許多艱澀的內容，如「小學終，至四書。論語者，二十篇。群弟子，記善言。孟子者，七篇止。講道德，說仁義。作中庸，子思筆。中不偏，庸不易。作大學，乃曾子。」或之後的歷史發展、歷史故事等，這些都須有知識較深的大人在旁協助，學子們才不會不了解文中所言。簡單而言，《三字經》是親子共同閱讀的好書，大人可以複習文中所講述的內容，小孩可從大人口中得知字句的真正意涵。

《三字經》的作者撰寫此書，其目的相信是在教育兩字，然而，這本教科書並非單方死板的談社會倫理、書籍常識、歷史發展等，其中還藏著幾個耳熟能詳的故事，以便讓人印象深刻。「孟母三遷」的故事，想必讀者幾乎都聽過，故事說到孟子的母親屢次搬遷，由「墳墓」、「市集」再遷到「學宮對面」，這麼做的目的就是為了讓孟子有良好的學習環境；此外，

· 三才者，天地人。三光者，日月星。三綱者，君臣義。
· 詩既亡，春秋作。寓褒貶，別善惡。

孟母教育孟子的事蹟不僅如此，有一回，孟子不在課堂用功讀書，反倒跑回家中，孟母見到他回來，立刻剪斷布，藉此告訴孟子學習不可間斷。這是歷史上孟母教子的故事，《三字經》的作者用「昔孟母，擇鄰處。子不學，斷機杼」十二個字，簡約卻已概括故事的要旨，令人讀之便懂。「竇燕山，有義方。教五子，名俱揚」、「蘇老泉，二十七。始發憤，讀書籍」……等也都有各自的小故事。若能融會貫通文句和小故事，相信閱讀效果可以事半功倍。

■**精彩篇章推薦：**

經子通，讀諸史。考世系，知終始。自羲農，至黃帝。號三皇，居上世。唐有虞，號二帝。相揖遜，稱盛世。夏有禹，商有湯。周文王，稱三王。夏傳子，家天下。四百載，遷夏社。湯伐夏，國號商。六百載，至紂亡。周武王，始誅紂。八百載，最長久。周轍東，王綱墮。逞干戈，尚游說。始春秋，終戰國。五霸強，七雄出。嬴秦氏，始兼并。傳二世，楚漢爭。高祖興，漢業建。至孝平，王莽篡。光武興，為東漢。四百年，終于獻。魏蜀吳，爭漢鼎。號三國，迄兩晉。宋齊繼，梁陳承。為南朝，都金陵。北元魏，分東西。宇文周，興高齊。迨至隋，一土宇。不再傳，失統緒。唐高祖，起義師。除隋亂，創國基。二十傳，三百載。梁義之，國乃改。……炎宋興，受周禪。十八傳，南北混。遼于金，皆稱帝。……太祖

深入探索
→《台灣三字經校釋》，王石鵬原著，劉芳薇校釋，台灣古籍出版社
→《三字經裡的故事》，李炳傑編著，國語日報

興，國大明。號洪武，都金陵。迨成祖，遷燕京。十六世，至崇禎。……

·名家評介：

· 章太炎：「是書，先舉方名事類，次及經史諸子，所以啓導蒙稚者略備。觀其分別部居，不相雜刪，以較梁人所集《千字文》，雖字有重複，辭無藻采，其啓人知識過之。」《重訂三字經》

深入探索

→《心靈啓蒙書──三字經·千字文白話新編》，小知堂文化編著，小知堂
出版社

『郁離子』

● 成書時間：明代
● 類別：中國寓言式散文

特色：中國寓言故事的代表作

■作者介紹：

劉基（西元一三三一年至西元一三七五年），字伯溫，處州青田（今屬浙江）人，明朝開國功臣，傑出的政治家、軍事家和文學家。從小聰穎過人，涉獵很廣，經史子集、天文兵法無所不讀，尤精象緯之學。曾隱居江蘇丹徒，後寓居浙江臨安，縱酒西湖，抒發心中憂憤。在協助朱元璋成立明朝後不久，劉伯溫辭去了官職，相傳之後被胡惟庸構陷，憂憤而死。伯溫學識淵博，在政治、軍事、天文、歷史、地理、醫藥等方面造詣均深，文學方面也有顯著成就，著有《郁離子》、《覆瓿集》、《寫情集》、《犁眉公集》及《百戰奇略》等書，其中《郁離子》是以寓言形式批判元末暴政，文筆犀利，寓意深刻，不乏真知灼見，在文人間獲得很高評價。

■內容梗概：

《郁離子》一書共分為十八篇，每篇又分若干則，十八篇共計一百九十五則。以情理與全書內容觀之，可推論此書大約完成於元末隱居期間，兼有入明以後之作，內容包含「治國方

名言佳句
· 是何昔日之熇熇而今之涼涼。〈靈丘丈人〉
· 若夫吉、凶、禍、福，天實司之，吾何為而自瀆哉？〈戚之次且〉
· 家政不修，權歸下隸，賄賂公行，以失人心，非不幸矣。〈賄賂失人心〉

針、用人之法、官場黑暗、元末時政、人情事理、天人關係、個人心境」等範疇，可說總括劉基對元、明兩代政治批評與人生智慧。劉基弟子徐一夔解釋《郁離子》書名意涵時說：「郁離者何？離爲火，文明之象，用之其文鬱鬱然，爲盛世文明之治，故曰《郁離子》。」總而言之，《郁離子》繼承了先秦諸子以寓言比擬政事、闡述哲理的傳統，反映元末明初錯綜、尖銳的社會矛盾，並針對這些矛盾提出其立場和觀點。劉基在輔佐朱元璋創建明朝過程中所提出的獻策，可說是《郁離子》的具體實踐。

■閱讀指導：

　　中國文學史出現過不少寓言名篇，如《莊子》中的「朝三暮四」、「庖丁解牛」、「螳螂捕蟬」，《孟子》中的「揠苗助長」，《列子》中的「愚公移山」，《韓非子》中的「守株待兔」、「濫竽充數」……等，然而直到劉基的《郁離子》，才算自覺性的以「寓言形式」爲書的基本架構。

　　《郁離子》首篇〈千里馬〉，敘述郁離子有匹千里馬駃騠，只因北方所產，皇帝便「置之外牧」，不重視。這則短篇故事很明顯是寓言體，劉基寓言的主旨在揭露元朝推行的「種族取人」的歧視政策，感嘆在此政策之下眞正的人才無法達到被任用之效。此書同樣以馬喻人的文章還有〈八駿〉，此篇章之始先讚揚穆天子和造父以馬之良劣爲區別對待之標準，如此一來，「上

　　·己則不慎，自取污辱，而包藏禍心，以陷其友，其不仁甚矣！〈子僑包藏禍心〉

下其食者莫不甘心焉」；接著再訴而後主政者不識馬之良劣，一味地以產地區別之，等到盜賊蜂起時，「王無馬不能師，天下蕭然」。顯然，這篇寓言承接並且進一步闡述〈千里馬〉的宗旨，集中火力抨擊在元朝統治下，用才之不明，吏治之昏亂。

此書以「寓言體」表達作者觀點的文章尚有很多，如〈子僑包藏禍心〉暗示讀者什麼樣的朋友不可交；〈燕王好鳥〉則以君王喜好的故事，諷刺群臣的無知盲從；〈梓棘〉借用「梓樹」和「荊棘」的擬人對話，引出外貌之美醜並不代表一切的議題，甚至傳達外表太美容易招禍，「荊棘」在人的眼中雖然醜陋而無用，反倒能活得較久；〈捕鼠〉則道出凡人的短視近利，沒有較高的智慧以看清事物本質；〈九頭鳥〉譏笑你爭我奪者，從沒有想過唇沒齒亡的道理：〈靈丘丈人〉則以上下兩代養蜂之法的差異及其成效之差別，奉勸統治國家的君王應學習與民相處，治民之法，這和著名散文〈賣柑者言〉（內文抨擊那些坐高堂、騎大馬、飽食終日、無所事事的官員們，揭露他們「金玉其外，敗絮其中」的醜惡本質）的寓言方法一脈相通。

這樣一本縱貫古今、涵蓋天地的寓言小品，我們除了將其當成一本充滿寓言樂趣的故事書外，也應將它視為一本寫滿人生哲理的祕笈，試著理解書中獨到精闢的見解和深刻的哲理，幫助我們增長人生智慧、處世方法，這樣一來豈不一舉二得。

深入探索

→《劉伯溫智囊《必勝百分百》的智慧》（增訂版），伊力主編，宏文館出版社

→《劉伯溫治人治心九九方略》，趙冰波編著，中國戲劇出版社

→《劉伯溫的人生哲學——智略人生》，陳文新著，揚智出版社

■精彩篇章推薦：

靈丘丈人善養蜂，歲收蜜數百斛，蠟稱之，於是其富比封君。丈人卒，其子繼之。未朞月，蜂有舉族去者，弗恤也，歲餘去且半，又歲餘盡去，其家遂貧。陶朱公之齊，過而問焉，曰：「是何昔日之熇熇而今之涼涼也？」其鄰之叟對曰：「以蜂。」問其故，曰：「昔者丈人之養蜂也，園有廬，廬有守。刳木以爲蜂之宮，不罅不漏。其置也，疏密有行，新舊有次，五五爲伍，一人司之，視質生意，調其暄寒，鞏其架構，時其墐發。蕃則從之析之，寡則與之裒之，不使有二王也。去其蛛蝥蚍蜉，彌其土蜂蠅豹。夏不烈日，冬不凝澌，飄風吹而不搖，淋雨沃而不潰。其取蜜也，分其贏而已矣，不竭其力也。於是故者安，新者息，丈人不出戶而收其利。今其子則不然；園廬不葺，污穢不治，燥濕不調，啓閉無節，居處齪齪，出入障礙，而蜂不樂其居矣。及其久也，蛅蟖網其房而不知，蛇蟻鑽其室而不禁；鵯鳥掠之於白日，狐狸竊之於昏夜，莫之察也。取蜜而已，又焉得不涼涼也哉！」陶朱公曰：「噫！二三子識之，爲國爲民者，可以鑒矣。」〈靈丘丈人〉

深入探索

→《新讀郁離子六卷》，劉伯溫原著，車行健編撰，車行健導讀，漢藝色研出版社

『天工開物』

- 成書時間：崇禎十年（西元一六三七年）
- 類別：中國雜著

特色：中國科技百科全書

■作者介紹：

宋應星，字長庚，明朝江西奉新縣（今屬江西）人，生於萬曆十五年（西元一五八七年），約卒於順治年間（十七世紀中葉）。曾經遊宦十年，任江西分宜教諭，任內完成《天工開物》一書，後崇禎十一年爲福建汀州推官，十四年爲安徽亳州知州，明亡後棄官歸里，終老於鄉，歸鄉著書立言，如《野議》、《論氣》、《談天》、《思憐詩》等著作。

■內容梗概：

《天工開物》初刊於崇禎十年，全書共三編十八卷，敘述了各行各業，尤其是農業的生產技術和經驗。全書編排從〈乃粒〉開始，以〈珠玉〉爲末，宋應星曾說：「卷分前後，乃貴五穀而賤金玉之義。」認爲五穀與民食有關，至爲重要，而金玉無關國計民生，故置於書尾。內容上，此書包括「五穀」（乃粒）、「紡織」（乃服）、「染色」（彰施）、「油脂」（膏液）、「造紙」（殺青）、「車船」（舟車）……等諸多內容，每部門原料開採和生產操作過程均有詳細說明，附有一百二十三幅工藝

名言佳句
・天孫機杼，傳巧人間。從本質而見花，因繡濯而得錦。乃機杼遍天下，而得見花機之巧者，能幾人哉？治亂、經綸字義，學者童而習之，而終身不見其形象，豈非缺憾也！〈乃服第二〉

流程插圖。在當時有不少是工藝技術和科學創見居於世界領先地位，是中國古代科技史上一部重要名著，十七世紀末傳入日本，十九世紀傳入歐洲，國外研究者譽為中國十七世紀的工藝百科全書。

■閱讀指導：

眾所皆知，《天工開物》是本以農業科技為主的書，在閱讀上又該如何著手？關於這問題，筆者有下面兩個建議：

其一、明代科技鼎盛的證明。明代是我國古代農業、手工業、商業均較發達的階段，除小說《金瓶梅》描述的商業活動外，《農政全書》（徐光啓，西元一五六二年至西元一六三三年）、《本草綱目》（李時珍，西元一五一八年至西元一五九三年）、《徐霞客遊記》（徐弘祖，西元一五八六年至西元一六四一年）等書籍中關於冶金、陶瓷、紡織等蓬勃行業的記載，可說是最佳的例證。《天工開物》同樣也可以以這樣的立場定位之。像舟車（車船）篇，它一方面說明當時交通之熱絡，一方面也證明當代造船技術之高，可以製造多種的交通工具；又如造紙（殺青），若熟悉明代者均會發現其出版業之發達，不僅各類文學作品陸續推出，甚有如農民曆之類等工具書發行，這都需要印刷術和造紙業的支持，宋應星在此章即詳盡描述當代造紙業的優越技術。除上述兩者外，乃服（紡織）、彰施（染色）、粹精（糧食加工）、作咸（製鹽）、甘嗜（製糖）、陶埏

・凡舟古名百千；今名亦百千。或以形名（如海鰍、江鯿、山梭之類），或以量名（載物之數），或以質名（各色木料），不可殫述。〈舟車第九〉

（陶瓷）、冶鑄（鑄造）、錘鍛（鍛造）、膏液（油脂）、五金（冶金）、珠玉⋯⋯等。可說全書十八卷，就有十八種以上技術的記載，證明明代各項科技之鼎盛。

其二，古代專業技術的記載。所謂的外行看熱鬧，內行看門道，學有專精者相信並非僅停留在驚嘆此書證明明代科技之鼎盛，將進一步分析探討當代技術的專業程度，甚是否有助於現代科技之研究。如書中詳細地記載鍊鋅技術，其中一部分介紹了密封加熱法，解決了鋅極易氧化的作用，亦有記載鐵磺石變成鋼的生產過程，完全符合鋼鐵生產的原理。這些現代科技仍在遵循的規矩、技術早在此書即已提出。在稻穀的栽培技術，宋應星更有先進（超越時代）的認識，書中不僅詳盡教導如何種植，如春分、清明過後，要先浸種子，等到發芽後，再播種至秧田，經過三十天，再移至水田等程序，甚至闡明秧齡和早穗的關係，記述再生秧技術及冷漿田中以骨灰、石灰包秧根、灌溉方式的技術，這些技術均有助提高糧食作物的產量，具有重要意義。書中防治稻田八大災害的方法，至今仍然在農村中廣泛流傳和應用。此外，它也是最早記述稻穀在乾旱條件下變異為旱稻的問題，可說為生物變異史增添光輝的一頁。當然，書中專業技術的記載不僅止於此，像鑄造技術方面，最早以圖文並茂的方式記述了大型器物的鑄造工藝，圖示活塞式鼓風箱的使用情況；在化工方面，記述銀朱生產過程中的質量互變關系。總之，這是本記載當代專業技術最佳的書籍，從事現

深入探索
→《教你看懂天工開物》，許麗雯著，高談出版社
→《天工開物》，明宋應星原著，潘吉星譯，台灣古籍出版社

代科技者若閱讀此書，或許有不少收穫，若非從事科技者，也能藉此認識古人的科技智慧。

■精彩篇章推薦：

凡舟古名百千；今名亦百千。或以形名（如海鰍、江鯿、山梭之類），或以量名（載物之數），或以質名（各色木料），不可殫述。游海濱者得見洋船，居江湄者得見漕舫，若局趣山國之中，老死平原之地，所見者一葉扁舟、截流亂筏而已。粗載數舟制度，其餘可例推云。〈舟車第九‧舟〉

凡升硃與研硃，功用亦相彷。若皇家貴家畫彩，則即用辰錦丹砂研者，不用此硃也。凡硃文房膠乃成條塊，石硯則顯，若磨于錫硯上，則立成皂汁。即漆工以鮮物彩，惟入桐油調則顯，入漆亦晦也。〈丹青第十三〉

凡紙質用楮樹皮與桑穰、芙蓉膜等諸物者爲皮紙。用竹麻者爲竹紙。精者極其潔白，供書文、印文、柬、啓用。粗者爲火紙、包裹紙。〈丹青第十三〉

· 名家評介：

· 法國著名漢學家儒蓮：「技術百科全書。」

· 日本學者藪內清：「足以與十八世紀後半法國狄德羅編纂《百科全書》相匹敵的書籍。」

→《天工開物》，明宋應星原著，蔡仁堅編，時報文化出版社

『菜根譚』

- 成書時間：萬曆三十年（西元一六○二年）
- 類別：中國散文

特色：最佳待人處世哲學的通俗課本

■作者介紹：

洪應明，字自誠，生卒年以及事蹟均不詳，僅從其他資料可推大約萬曆年間人士。清朝乾隆年間，三山病夫重刻此書，並作序言，清中葉以後，逐漸流傳，人們不斷翻刻，看成待人處世的通俗課本。

■內容梗概：

《菜根譚》全書共有六篇，目次分別為：「修身」、「應酬」、「評議」、「閒適」、「概論」、「補遺」。書以「菜根」命名，意旨可能在於，菜根為常見之物，卻是人生必需品，各類菜根又有不同之味，或甘甜、苦澀、清爽，比喻每個人在品嘗外界事物之差異。此外，菜根常被人們丟棄（菜葉、菜莖較常被利用），故書名可能希望喚起人們注視周遭所忽視的重要事物，以平凡為幸福之鑰。

名言佳句

- 昨日之非不可留，留之則根燼復萌，而塵情終累乎理趣；今日之是不可執，執之則渣滓未化，而理趣反轉為欲根。〈修身〉
- 撥開世上塵氛，胸中自無火焰冰競；消卻心中鄙吝，眼前時有月到風來。〈修身〉

■閱讀指導：

　　此書的內容以待人接物為主，融通儒、道、釋三家的人生哲理，記載可實行的道德規範和善行，以激發人心向善，文中講述的處世之態度、分法、原則均有其優點，連佛門之人都常常憑藉此書引人渡化。我們在閱讀此書又該從哪些角度入手呢？事實上此書在編撰上已經做很明顯的分類，從篇名就可得知，故順著目次，逐一閱讀，相信就有不錯的效果，若硬要提出一些具體建議，則是「理解原意」和「結合生活」兩範疇。

　　所謂「理解原意」，是提醒讀者在閱讀的過程，別以「己意逆他志」，只因為文字通俗，就囫圇吞棗，不管三七二十一快速翻閱，忽略了行文間深藏的人生道理。如讀到「昨日之非不可留，留之則根燼復萌，而塵情終累乎理趣；今日之是不可執，執之則渣滓未化，而理趣反轉為欲根」（〈修身〉篇）就認為，作者在告訴我們要忘記昨日過錯，若一直想著過錯，留著不放，不久過錯想必又再復燃，因此，往後做錯事就告訴自己忘記就算了，不需要反省。假設這樣解讀的話，可就大錯特錯，這裡的是非，的確是指對錯，然而，「留」的解釋應該是不可再犯、存留，而不是不可留住進而延伸成忘記的意思。諸如此類的例子很多，不勝枚舉，會犯這樣的錯誤，在於本來人生智慧就不太容易理解，所以往往以自己的意思猜測文中的意義，然而也就是因為難度較高，故理解的過程要稍加留意，如此一來，閱讀才不會弄巧成拙，又能提升自己的修養和應對。

・軀殼的我要看得破，則萬有皆空而其心常虛，虛則義理來居；性命的我要認得真，則萬理皆備而其心常實，實則物欲不入。〈修身〉
・彩筆描空，筆不落色，而空亦不受染；利刀割水，刀不損鍔，而水亦不留痕。得此意以持身涉世，感與應俱適，心與境兩忘矣。〈應酬〉

若能夠小心翼翼，逐字逐句認識和理解作品「原意」後，這些處世的方法、原則還要和「生活」結合，不能只是紙上談兵。舉例來說，「己之情欲不可縱，當用逆之之法以制之，其道只在一忍字；人之情欲不可拂，當用順之之法以調之，其道只在一恕字」，這段文字傳達「忍」及孔子宣揚的「恕」，此乃人生須學會的要事之一。若真懂得文字內之道理，應該運用在自身之行為和他人之應對。像是遇到自己情欲高張、不可控制的時候，該想想隨著情欲而走，會有什麼樣的後果；若是發現他人的情緒正高，也無法調節順之，就試圖寬恕對方，明白人之情緒是無法抑制。這樣具體而為，才是將真理實踐在生活之中。又如讀到〈評議〉中「富貴是無情之物，看得他重，他害你越大；貧賤是耐久之交，處得他好，他益你越深」，這段話勸人別把名利看得太重，當我們在爭名奪利之時，應該想起這段話的告誡，如此才是將原意「結合生活」。

　　最後建議，我們在閱讀此書，最好反覆的思考書名，將作品當成「菜根」般不斷咀嚼，如此會發現越咀嚼越有味道，品出另一番風味。

■精彩篇章推薦：

　　學者動靜殊操、喧寂異趣，還是鍛練未熟，心神混淆故耳。須是操存涵養，定雲止水中，有鳶飛魚躍的景象；風狂雨驟處，有波恬浪靜的風光，才見處一化齊之妙。心是一顆明

・夢裡懸金佩玉，事事逼真，睡去雖真覺後假；閒中演偈談元，言言酷似，說來雖是用時非。〈評議〉
・花開花謝春不管，拂意事休對人言；水暖水寒魚自知，會心處還期獨賞。〈閒適〉

珠。以物欲障蔽之，猶明珠而混以泥沙，其洗滌猶易；以情識襯貼之，猶明珠而飾以銀黃，其洗滌最難。故學者不患垢病，而患潔病之難治；不畏事障，而畏理障之難除。……以積貨財之心積學問，以求功名之念求道德，以愛妻子之心愛父母，以保爵位之策保國家，出此入彼，念慮只差毫末，而超凡入聖，人品且判星淵矣。人胡不猛然轉念哉！〈修身〉

　　鶴立雞群，可謂超然無侶矣。然進而觀于大海之鵬，則眇然自小。又進而求之九霄之鳳，則巍乎莫及。所以至人常若無若虛，而盛德多不矜不伐也。貪心勝者，逐獸而不見泰山在前，彈雀而不知深井在後；疑心勝者，見弓影而驚杯中之蛇，聽人言而信市上之虎。人心一偏，遂視有為無，造無作有。如此，心可妄動乎哉！……人生只為欲字所累，便如馬如牛，聽人羈絡；為鷹為犬，任物鞭笞。若果一念清明，淡然無欲，天地也不能轉動我，鬼神也不能役使我，況一切區區事物乎！貪得者身富而心貧，知足者身貧而心富；居高者形逸而神勞，處下者形勞而神逸。孰得孰失，孰幻孰真，達人當自辨之。眾人以順境為樂，而君子樂自逆境中來；眾人以拂意為憂，而君子憂從快意處起。蓋眾人憂樂以情，而君子憂樂以理也。〈應酬〉

● 名家評介：

　・于孔兼：「悉砭世醒人之吃緊，非入耳出口之浮華也。」

深入探索
　→《菜根譚處世雞湯》，洪應明著，東野君譯，明日世紀
　→《菜根譚》，王秋絹著，典藏閣出版社

08
『三十六計』

● 成書時間：約在明清之際
● 類別：中國子書

特色：用途最廣的兵法計謀之書

■作者介紹：

作者，不可考。目前最早版本是西元一九四一年發行。兩年後，由叔和教師所購得，現今流傳的版本都是根據此書。叔和無法提供正確的著作年代，作者也無從考察，僅能推測書成於明清之際，由一個精通兵法理論以及《易經》的文人所作。

■內容梗概：

《三十六計》是總結我國古代卓越軍事思想的兵書，「三十六計」一詞來自《南齊書》中的「檀公三十六策，走為上計，汝父子唯應走耳」。全書按照計名排列，分為「勝戰計」、「敵戰計」、「攻戰計」、「混戰計」、「並戰計」、「敗戰計」，共六套，每套共六計，前三套是處於優勢之計，後三套是處劣勢之計。計名有的根據古書，如「圍魏救趙」，有的是軍事用語，如「以逸待勞」，有的甚至借用了詩句，如「擒賊擒王」，有的更借用成語，如「金蟬脫殼」。總之，這是本集結了古代兵法思想之大全。

名言佳句

・勢必有損，損陰以益陽。〈李代桃僵〉
・混水摸魚乘其陰亂，利其弱而無主。〈混水摸魚〉

目前所讀到的《三十六計》，大多都已經不是僅列原文，各出版社爲了豐富和讓讀者能了解兵法的內容，往往在原文後舉出實例、歷史故事，以便加深印象。順從這樣的趨勢，筆者建議在閱讀書籍時，先看計名及解說，若無法理解，暫且放下，先將後面較爲易懂的歷史故事或戰役看一遍，如讀到「借刀殺人」一計，發現「敵已明，友未定。引友殺敵，不自出力。以損推演」之句太過艱澀，這時不如轉換焦點，先欣賞原文後所附的「曹操借孫權殺關羽、鄭桓公借刀誅敵」的故事（依照各出版社版本，或許所舉的例子有差異）；又如「調虎離山」，不通曉「待天以困之，用人以誘之，往蹇來返」之句，可先看「韓信背水之戰、虞詡調虎離山脫困解危」的故事。相信故事比文言文更好懂，讀完故事通常就可以掌握文章大意、宗旨，接著再回過頭來，逐字推敲原文的意義，如此一來，才算弄懂計名及原文。這樣的方式，適用於所有計法，讓人藉著例子快速地明白原文涵義。

若硬要從計名、原文理解作者對易經理論的運用，這似乎太強人所難，畢竟可能要先懂《易經》，才有辦法歸納和整理，不過，也別把此書僅僅當成戰爭的兵法指導如此單純，各計的統整性甚至可以幫助人們在生活上的各種難題，這是讀者可以活用的部分，如「拋磚引玉」，此乃利用沒有價值的東西來換取珍貴而有價值的策略，即在告訴我們應該思考如何開發事物最

・大凌小者，警以誘之。剛中而應，行險而順。〈指桑罵槐〉
・乘隙插足，扼其主機，漸之進也。〈反客爲主〉

大的價值；如「釜底抽薪」，則可運用在商場上，當敵人勢力強大，我方無法以實力與其相對抗時，就要運用策略以削弱敵方的氣勢，進而使對方屈服，再出其不意打擊對方的弱點。總之，這本具豐富內涵的書籍，遠遠超出軍事範疇，可廣泛運用在政治、經濟、外交、生活應對……等各方面，成爲人們排除萬難時的秘笈。

■精彩篇章推薦：

備周則意怠，常見則不疑，陰在陽之內，不在陽之外。太陽，太陰。〈瞞天過海〉

陽乖序亂，陰以待逆。暴戾恣睢，其勢自斃。順從動豫，豫以順動。〈隔岸觀火〉

有用者，不可借。不能用者，求借。借不能用者而用之，匪我求蒙童，蒙童求我。〈借屍還魂〉

逼則反兵；走則減勢。緊隨勿迫，累其氣力，消其鬥志，散而後擒，兵不血刃。需，有孚，光。〈欲擒故縱〉

兵強者，攻其將；將智者，伐其情。將弱兵頹，其勢自萎，利用御寇，順相保也。〈美人計〉

人不自害，受害必眞。假眞眞假，間以得行。童蒙之吉，順以巽也。〈苦肉計〉

深入探索

→《第一次學三十六計》，張弓著，好讀出版社

→《三十六計商戰謀略》，門冀華編著，文揚出版社

名家評介：

- 古書中稱：「用兵如孫子，策謀《三十六》。」
- 法國拉柯斯：「既適用於小小的戰術，也適用於重大政治抉擇，各行各業領導者都能從中找到新的祕訣。」

深入探索

→《三十六計謀略寶典》，崔文良編，世一出版社

09

『徐霞客遊記』

● 成書時間：明朝末年
（乾隆四十一年刊刻發行）
● 類別：史部地理類

特色：兼具人文和地理、科學知識的傑作

■作者介紹：

　　徐霞客（西元一五八七年至西元一六四一年），名弘祖，字振之，號霞客，江蘇江陰人，明代地理家、文學家。自幼苦讀，對歷代地理書均不滿，故青年起就開始計劃考察旅行，「不避風雨，不憚虎狼」，足跡遍及今日江蘇、浙江、福建、山東、河北、山西、陝西、河南、湖北、湖南、江西、廣東、廣西、雲南等地，其遊跡常到人之所不能到之處，其文章能寫人之所不能寫。古有人稱其：「窮途不憂，行誤不悔，瞑則寢樹石之間；饑則啖草木之石。不避風雨，不憚虎狼，不計程期，不求伴侶，以性靈遊，以軀命遊，亙古以來，一人而已。」最終根據自己的經歷，寫下了《徐霞客遊記》一書。

■內容梗概：

　　《徐霞客遊記》是作者行走各地、考察山水三十年的總結，具有豐富的內容。其中包括地理面貌、地質、水文、氣候、植物等科學知識，也有記載著當地經濟、歷史和風俗習慣等人文，甚至涉及鄉鎮的盛衰以及名勝古蹟的演變，全書六十多萬

卷五　生活智慧

名言佳句

‧天色漸霽。又十里，抵松門嶺，山峻路滑，舍騎步行。自奉化來，雖越嶺數重，皆循山麓；至此迂迴臨陟，俱在山脊。而雨後新霽晴，泉聲山色，往復創變，翠叢中山鵑映發，今人攀歷忘苦。〈遊天臺山日記〉

字，是研究中國民族和歷史地理的珍貴資料。

■**閱讀指導：**

徐霞客寫此本《遊記》，是以自己親身經歷爲主，大多是第一手資料，詳細記錄遊歷之地的地理景觀和自然資源、人文風貌，我們在閱讀上，便可順此三點爲主軸，欣賞這本兼具人文和地理、科學知識的傑作。

在地理景觀部分。作者在遊記的描述，頗重視地理景觀的自然呈現，因此，文中非單獨主觀情感的摻雜，視之，猶如身歷其境，如〈遊雁宕山日記〉。記中講述作者遊覽北雁宕山一路所見，詳盡描繪北雁宕山主要景觀，即「靈峰、靈岩、大龍湫」，對境中奇景如龍鼻水、老僧岩、獨秀峰等同樣也有刻畫，且層次分明，語言奇峻，以文字將山形水勢如電影般播放出來。除上述一篇，對中國知名景點黃山，作者也曾寫過遊記，文中記載「從左上，石峰環夾，其中石級爲積雪所平，一望如玉。蔬木茸茸中，仰見群峰盤結，天都獨巍然上挺」，此段描繪乃是黃山知名的奇松怪石風景。來到黃山，作者當然不可能僅寫怪石，黃山幾大景色特點，如黃山溫泉、黃山松、雲海等，作者也不忘寫實記錄。在此日記中對黃山松及雲海，可說推崇備至。

自然資源的部分。前文曾提及作者對地理景觀的關注，除上述兩篇，〈粵西遊日記〉更是一絕，文中對桂林七星岩的風

· 離立咫尺，爭雄競秀，而層煙疊翠，澄映四外。〈遊廬山日記〉
· 花色深淺如桃杏，蒂垂絲作海棠狀。〈遊太和山日記〉

光山色、洞天別地，有多角度的描繪。然而，最引人注目的是，作者細緻考察七星岩地區的地形特徵，從岩洞的結構及形成原因，均有準確推測與判斷，可說深入地分析自然資源，具有地質學的價值。故有些學者讚許霞客，認為他有系統地考察西南地區的石灰岩地貌，並對峰林、洞穴、溶溝、石芽、地熱顯示……等地貌景觀、自然資源的類型、特徵和成因皆做詳細地記錄和分析，屬於科學上的研究。水文上，作者考察「江源」，指出長江源頭並非岷江，而是金沙江，否定了千年以來的錯誤知識。此外，自然資源方面，詳盡記載動植物的種類分布，並且提出地形和氣候對植物的影響，相當程度地反映當時自然資源的實際狀況。

　　人文風貌的部分。此《遊記》雖以地理景觀為主，但是如同他的諸多前輩（如《水經注》），撰寫的過程中，仍收錄和地理有關的人文風貌，其中包括經濟情況、風俗習慣、名勝古蹟、城鎮盛衰……等，例如苗、瑤、果羅（彝）、摩些（納西）、壯、白等少數民族的經濟、歷史、地理和風俗習慣，《遊記》均有所記載。因此，當我們沉浸在霞客的筆下，那如詩如畫、栩栩如生、千變萬化、清新秀麗、峻險幽奇、巍峨雄壯、目不暇給的風景時，或許還可以放點心思在人文風貌的吸收，若能將地理和人文、歷史接合在一塊，相信可以提升我們的世界觀。

・飛泉隨空而下，舞綃曳練，霏微散滿一穀，可當武彝之水簾。〈遊嵩山日記〉

■精彩篇章推薦：

　　十三日出山門，循麓而右，一路崖壁參差，流霞映彩。高而展者，為板嶂岩。岩下危立而尖夾者，為小剪刀峰。更前，重岩之上，一峰亭亭插天，為觀音岩。岩側則馬鞍嶺橫亙於前。鳥道盤折，逾坳右轉，溪流湯湯，澗底石平如砥。沿澗深入，約去靈岩十餘里，過常雲峰，則大剪刀峰介立澗旁。剪刀之北，重岩陡起，是名連雲峰。從此環繞回合，岩窮矣。龍湫之瀑，轟然下搗潭中，岩勢開張峭削，水無所著，騰空飄蕩，頓令心目眩怖。潭上有堂，相傳為諾詎那觀泉之所。堂後層級直上，有亭翼然。面瀑踞坐久之，下飯庵中，雨廉纖不止，然余已神飛雁湖山頂。遂冒雨至常雲峰，由峰半道松洞外，攀絕磴三里，趨白雲庵。人空庵圮，一道人在草莽中，見客至，望去。再入一里，有雲靜庵，乃投宿焉。道人清隱，臥床數十年，尚能與客談笑。余見四山雲雨淒淒、不能不為明晨憂也。

〈遊雁宕山日記〉

・名家評介：

・羊春秋：「《遊記》的真正價值，在於據景直書，鑿鑿可稽，不是有意去模山範水，托興抒懷，寫一般文人爭一字之奇，一韻之巧，而妙手天成，韻味深遠，讀之如親見其形，親聞其聲，親歷其境，親現其動靜變化之妙，久久在眉睫之間而不會消失，在記憶之中不會遺忘。」

・英國科學家李約瑟：「他的遊記讀來並不像是十七世紀學者所寫的東西，倒像是一部二十世紀的野外勘查紀錄。」

深入探索

→《徐霞客遊記》，徐霞客著，商周出版社

→《徐霞客遊記》（全套10冊），明朝徐弘祖著，台灣古籍出版社

10 『海國圖誌』

● 成書時間：西元一八四三年
　刊行
● 類別：史地類

特色：中國編寫世界史地開山之作

■作者介紹：

　　魏源（西元一七九四年至西元一八五七年），字默深，湖南人，清代地理學家兼思想家。自幼聰敏好學，好讀經史。他參加科舉考試，並不順利，到二十九歲才中舉人。後來，他未在仕途上求發展，反而積極從事著述工作。三十二歲那年，為賀長齡所聘，擔任《皇朝經世文編》的編輯工作。鴉片戰爭的暴發，對於魏氏思想有極大的影響。此時他將注意力由內部關係轉向了對外關係，開始致力於介紹西方史地，以便能「師夷長計以制夷」（即《海國圖志》）。然而因提案不被海防當局接受，加上經歷了太平軍亂、捻亂等事件，最終帶著滿腹未了的壯志，鬱死杭州。其遺留著作甚多，除《海國圖志》外，另有《書古微》、《詩古微》、《默瓢》、《老子本義》、《聖武記》、《元史新編》等書。

■內容梗概：

　　《海圖圖志》最初僅有五十卷，至西元一八四七年後增補為六十卷，百卷本則是西元一八五二年完成。此書是最早編寫關

名言佳句
・為以夷攻夷而作，為以夷款夷而作，為師夷長技以制夷而作。〈海國
　圖誌・敘〉

於世界各國的著作，內容分成「概略」、「籌海」、「各國沿革圖」、「東南洋海岸各國」、「東南洋各島」、「外大洋彌利堅」……等範疇，主要介紹異國風土民情與世界大勢，涵括地理、歷史、經濟、政治、軍事和科學技術，乃至宗教、文化等概況，並附有世界地圖、各大洲地圖和分國地圖，可說有系統的將當時外國資訊引進中國（文內引用不少外國史地類書籍），故有人稱此書為國人談世界史地的開山之作，其發行更間接影響了日本明治維新運動。

■閱讀指導：

　　西方在工業革命後，科技日新月異，蒸汽機、火車、燈泡等產物陸續發明，也開啟了他們的新航海時代，不久，中國也感受到這些一度被視為蠻夷的小國，不知何時已有了嶄新面貌，此刻，一些視野較廣的文人注意到他們的發展，並被這些新玩意吸引，進而想引進這些知識，明代徐光啟算是較早的代表（其貢獻在數學、天文、宗教範疇，協助利瑪竇翻譯西洋書籍和中國史籍）。而後因東西方政治的動亂、政策的改變，中西交流中斷了，直到列強入侵中國，朝廷吃了不少苦頭（屢次戰敗），才又開始討論是否該放下自尊，向這些蠻邦學習新的技術。在此背景下，魏源編撰此書，其目的正如他所說：「師夷長技以制夷。」也就是認識對方的長處，藉此反制對方。故我們在閱讀此書，該從兩方面觀察，其一是內文介紹的西方，另

・故同一禦敵，而知其形與不知其形，利害相百焉；同一款敵，而知其情與不知其情，利害相百焉。〈海國圖誌・敘〉

一則是提供改革的建議。

　　魏源爲了讓國人能清楚認識西方，「睜眼看世界」，費盡力氣網羅和整理諸多外國史料，接著再逐一分卷介紹各國，如「大西洋歐羅巴各國」卷的「佛蘭西國」（法國），他首先引用義大利傳教士艾儒略《職方外紀》的資料，然後是《明史》關於中法的記載，接著將數量龐大，且往往彼此抵牾或不相符的材料，以獨具的慧眼和大家手筆，巧妙地構成一涉及地理、歷史、政治、軍事、物產、人口、風土民情、宗教信仰……等多面體，展示「佛蘭西國」的立體圖畫。從中我們可以看到一個國力強盛、文化繁榮、人民幸福的法國。既然以世界爲軸心，介紹上不可能僅有法國，或許在描述西方和各國有些錯誤之處，但作者幾乎都詳盡在各卷中，以各國著作爲染料，畫出各國的圖畫，由此構出全球基本圖貌。

　　介紹西方，不僅是當作知識吸收，魏源還有一個經世致用的目的，即是希望這些史地資訊能提供國人改革上的借鏡，如在輯錄法國資料時，他特別偏重反映法國文教事業方面的盛況和成就，如各類學校發達齊備、條件優越、藏書豐富、人才濟濟，「國家重儒，有才能者即速官之」云云。此外，作者比較法國與其他國家的差異，他說到各國皆以販海爲業，英美等國每年來華商船多至百艘，少也有三四十艘，販鬻者多棉花洋布粗重之物，「佛朗西」商船最少……，入口之貨，皆羽毛大廳鐘錶諸珍貴之物；在軍事上，介紹法國的軍事實力強大，足以

・古之馭外夷者，惟防其協寇以謀我，不防其協我而攻寇也。〈卷二〉

和英國相抗衡，由此從戰略層面提出「以夷攻夷」之策，即聯合法國和美國抵抗英國的侵略。總之，不論解說各國文教、商業、軍事上或其他發展，作者的意圖都是在讓國人反思目前國內的政策和現況，以期解決種種弊端，好振興國勢。這種種建議實際上是此書最精要之處，隱含在表面知識內的重要寶藏，許多想法和觀點如今看來仍不失中肯之處，具有強烈的實用性。

■精彩篇章推薦：

今日之事，苟有議徵用西洋兵舶者，則必曰借助外夷恐示弱，及一旦示弱數倍於此，則甘心而不辭。使有議置造船械。師夷長技者，則曰糜費，及一旦糜費十倍於此，則又謂灌宜救急而不足惜。……古之馭外夷者，惟防其協寇以謀我，不防其協我而攻寇也；止防中華情事之泄於外，不聞禁外國情形之泄於華也。〈卷二〉

阿丹國，一作阿蘭，一名阿臘比阿，又曰局剌比亞，國中麻哈密之後裔，生齒蕃多，雜處民間，無處不有。其尊貴世家，謂之煎墨靡。又有哥厘六十二家，專司教事。回教原出於阿丹，而阿丹又以馬哈墨為最著。迄後又分兩種，一曰色庶特士教，一曰比阿厘教，各立門戶。常見都魯機巴社與阿丹人爭辯教理成仇，反以馬哈墨所傳之教為邪教，是何謂耶？〈卷二十四〉

深入探索

→《傳世藏書・史庫地理》，誠成企業集團（中國）有限公司、海南文化科技發展有限公司組織編纂，海南國際新聞出版中心

於廣東虎門之外沙角、大角二處，置造船廠一，火器局一，行取佛蘭西、彌利堅二國各來夷目一、二人，分攜西洋工匠至粵，司造船械，並延西洋柁師，司教行船演砲之法，如欽天監夷官之例，而選閩粵巧匠，精兵以習之。〈卷七十六〉

名家評介：

· 梁啓超：「治域外地理者，源實爲先驅。」《清代學術概論》

· 日本現代學者井上靖：「幕府末期日本學者文化人等……例如橫井小楠的思想起了革命，傾向開國主義，其契機是讀了《海國圖誌》。」

深入探索
→ 《海國圖志》，魏源著，成文出版社

⑪『談美』

● 成書時間：西元一九三二年
● 類別：現代散文

特色：最通俗易懂的美學專書

■作者介紹：

　　朱光潛（西元一八九七年至西元一九八六年），筆名孟實，安徽桐城人，知名美學學者。從小向父學習中國古代文化。民國十二年畢業於香港大學教育系，後在中國公學、立達學園任教。十四年赴英國留學，先後入蘇格蘭愛丁堡大學、倫敦大學、巴黎大學、斯特拉斯堡大學，並獲博士學位。二十二年回國，任四川大學文學院院長、武漢大學教務長兼外語系教授、北京大學西語系、哲學系教授……等職位。其著作等身，創作諸多經典作品，如《悲劇心理學》、《文藝心理學》、《詩論》、《談美》、《西方美學史》、《給青年的十二封信》等，譯著有黑格爾《美學》、克羅齊《美學》、柏拉圖《文藝對話錄》、萊辛《拉奧孔——詩和畫的界限》等。

■內容梗概：

　　《談美》是本以書信方式和筆調寫給青年關於美學範疇的小冊子，全書不到十萬字，共分十五個章節，分別討論了「藝術和實際人生的距離」、「美感與快感」、「考證、批評與欣賞」、

名言佳句

· 「移情作用」是把自己的情感移到外物身上去，彷彿覺得外物也有同樣的情感。
· 美感起於形象的直覺。形象屬物卻不完全屬於物，因為無我即無由見出形象；直覺屬我又不完全屬於我，因為無物則直覺無從活動。

「寫實主義和理想主義的錯誤」、「藝術和遊戲」、「創作」、「天才和靈感」……等美學範疇的問題。文字輕鬆自然、說理透闢,且深入淺出,可讀性很強。

■閱讀指導:

現實中,每個人對美的定義眾多紛紜、無一定論,再加上現代生活中缺乏藝術品味的訓練,美的定義也就更為複雜,彷彿一百種人就有一百種美,美變得模糊難以辨認。既然書取名《談美》,可見是本講解「美」方面的書籍,實際上,這本書可說是美學大師朱光潛所歸納出欣賞美時須具備的基本修養,以及辯解與反駁一般人對美的誤解,藉此解答美學上的一些問題並傳遞一些美學常識,書本的篇章順序正是作者解說的章法。

前三章節,作者主要講解美學和實用、科學的差異,進而討論藝術和人生的距離和關係,所謂的「宇宙的人情化」則漸漸將議題帶到美感本身,說明人為何產生美感,美感又是個什麼樣的感覺。為了讓說明更加生動、鮮明,作者還借用《莊子‧秋水》篇中「子非魚,安知魚之樂」的故事,讓讀者深入淺出,明白美實際上結合「我」和「物」,是種「心物合一」的狀態。文末更提出「心裡印著美的意象,常受美的意象浸潤,自然也可以少存些濁念」之陶冶性情的功能。

從「美感與快感」到「美與自然」一共四章,作者努力解說和釐清幾個關於美感的問題。例如享樂主義的快感(如喝杯

・美感經驗是直覺的而不是反省的。…美感所伴的快感,在當時都不覺得,到過後纔回憶起來。比如讀一首詩或是看一幕戲,當時我們只是心領神會,無暇他及,後來回想,覺得這一番經驗很愉快。
・凡是藝術家都須有一半是詩人,一半是匠人。

好酒、碰見年輕姑娘），並不是美感，這僅僅是將「低等感官」的愉悅誤解成美，忽略透過「高等感官」才能體會美；過程之中，作者還呼應前面所言，實用並非美感的一部分。而在「美感和聯想」一章，作者提出美需要專一（聚精會神於一個孤立、絕緣的意象上面），聯想則使人渙散，因此，雖然兩者同樣需要知覺和想像的基礎，本質上卻不相同。

再者，從「創造的想像」到「天才和靈感」，討論的是美（即藝術）的創作，這幾章作者花費了許多篇幅，表達在藝術創作的過程可能會遇到的問題，或者是所須具備的條件等等，一方面討論創作，一方面也是提供欣賞美的方法。例如「創造的想像」中，舉《詩經·關關雎鳩》來說明詩人是從鳥類的恩愛模樣，聯想（藉此比喻）夫妻之間的情誼，這一章節可說是指導如何創造想像以及如何欣賞象徵手法。後三章，陸續分析情感、格律、模仿、天才、靈感和創造間的關係。

有人認為，朱光潛是「移西方美學之花，接中國傳統之木」，姑且不論這樣的評語是否適當，光就此書而言，可說是將原本艱澀困難的美學，以通俗的方式，講解得十分清晰（當然還有些討論空間）。讓人懂得從藝術中領略人生，從人生中品味美感。一幅畫、一首詩、一片風景，生活中俯拾皆是的美。試著從「美」出發，引領著自己的直覺，在人生的旅途，慢慢地邊走邊欣賞啊！當然，身為一個人，朱光潛還是有其局限，如「寫實主義和理解主義的錯誤」一章，很明顯地，作者透露出他

· 藝術的雛形就是遊戲。遊戲之中就含有創造和欣賞的心理活動。個個人不都是藝術家，個個人卻都做過嬰兒，對於遊戲都有幾分經驗。所以要了解藝術的創作和欣賞，最好是先研究遊戲。

傾向浪漫主義的美學觀，這是我們閱讀時也得靜下來思考的。

■精彩篇章推薦：

　　人所以異於其他動物的就是於飲食、男女之外還有更高尚的企求，美就是其中之一。是壺就可以貯茶，何必又求其他形式花樣、顏色都要好看呢？吃飽了飯就可以睡覺，何必又嘔心血去作詩、畫畫、奏樂呢？「生命」是與「活動」同義，活動愈自由，生命也就愈有意義。人的實用的活動全是有所為而為，是受環境需要限制的；人的美感的活動全是無所為而為，是環境不需要他活動而他自己願意去活動的。在有所為而為的活動中，人是環境需要的奴隸；在無所為而為的活動中，人是自己心靈的主宰。這是單就人說，就物說呢，就實用的和科學的世界中，事物都藉著和其他事物發生關係而得到意義，到了孤立、絕緣時卻都沒有意義；但是在美感世界中它卻能孤立、絕緣，卻能在本身現出價值。照這樣看，我們可以說，美的事物是最有價值的一面，美感的經驗是人生中最有價值的一面。

●名家評介：

· 朱自清：「這部小書便是幫助你走出這些迷路的。它讓你將那些雜牌軍隊改編為正式軍隊……作品引讀由藝術走入人生，又將人生納入藝術之中。這種『宏遠的眼界和豁達的胸襟』，值得學者深思。」《談美‧朱自清序》

深入探索

→《悲劇心理學》，朱光潛著，日臻出版社

→《文藝心理學》，朱光潛著，漢湘文化出版社

→《詩論》，朱光潛著，萬卷樓出版社

→《談美》，朱光潛著，書泉出版社

12 『傅雷家書』

● 成書時間：西元一九八一年
● 類別：雜文

特色：最貼近人生和包含藝術精神的家書

■作者介紹：

　　傅雷（西元一九〇八年至西元一九六六年），字怒安，號怒庵。上海市南匯縣人，著名文學藝術翻譯家。曾在上海天主教創辦的徐彙公學讀書，因反迷信反宗教，言論激烈，被學校開除。西元一九二七年冬，離滬赴法，在巴黎大學文科聽課；同時專攻美術理論和藝術評論。三十一年回國，即致力於介紹法國文學的翻譯工作。「文革」期間，因受政治迫害，含冤而死。其譯作豐富，行文流暢，文筆傳神，態度嚴謹，主要有羅曼・羅蘭長篇巨著《約翰・克利斯朵夫》，傳記《貝多芬傳》、《托爾斯泰傳》，巴爾扎克名著《高老頭》、《歐也妮葛朗台》等共三十餘部翻譯作品，並寫有《世界美術名作二十講》等專論。

■內容梗概：

　　本書主要輯錄傅雷先生給兒子傅聰的書信，其中雜有傅母給子之書信。首版共收錄一百多封（增補版則摘錄一百七十八封中外書信）。在這些書信中，作者或暢談文學，或探討藝術，

名言佳句
・人生的關是過不完的，等到過得差不多的時候，又要離開世界了。
・假如你能掀動聽眾的感情，使他們如醉如狂，哭笑無常，而你自己屹如泰山，像調度千軍萬馬的大將軍一樣不動聲色，那才是你最大的成功，才是到了藝術與人生的最高境界。

或評論翻譯，偶間及國事、家事、天下事，充分顯現那個時代知識份子代表傅雷先生的耿介性格和人間情懷。

■閱讀指導：

這本家書不僅是普通書信，傅雷在信中曾對傅聰說過：「家信有好幾種作用：第一、我的確把你當作一個討論藝術、討論音樂的對手。第二、極想激出你一些青年人的感想，讓我做父親的得些新鮮養料，同時也可以間接傳布給別的青年。第三、藉通信訓練你的——不但是文章，而尤其是你的思想。第四，我想時時刻刻隨處給你做個警鐘，做面『忠實的鏡子』，不論在做人方面，在生活細節方面，在藝術修養方面，在演奏姿態方面。」

從這些「長篇累牘」的書信中，確實可見一個父親對兒子無微不至的關懷，不斷以長者的口吻，說著深刻雋語，如：「讀俄文別太快，太快了記不牢，將來又要重頭來過，犯不上。一開頭必須從容不迫，位與格必須要記憶，像應付考試般臨時強記是沒用的。現在讀俄文只好求一個概念勿野心太大。主要仍須加工夫在樂理方面。外文總是到國外去念進步更快。目前貪多務得，實際也不會如何得益，切記切記！望主動向老師說明，至少過二三月方可加快速。……」希望藉此將自己的生活智慧分享給孩子知道，盡到身為一個父親應該負的責任。

此外，在書信中，我們還可以讀到傅雷的藝術心得，範疇

・我們做父母的人，為了兒女，不怕艱難，不辭勞苦，只要為你們好，能夠有助於你們的，我們願意儘量的給。希望你也能多告訴我們，你的憂，你有樂，就是我們的，讓我們永遠聯結在一起。我們雖然年紀會老，可是不甘落後，永遠也想追隨在你們後面。

包含著音樂、繪畫、文學……等，例如討論到「李、杜的分別」，作者說道：「寫實正如其他的宗派一樣，有長處也有短處。短處就是雕琢太甚，缺少天然和靈動的韻致。但杜也有極渾成的詩，例如『風急天高猿嘯哀，渚清沙白鳥飛回，無邊落木蕭蕭下，不盡長江滾滾來……』那首，胸襟意境都與李白相彷彿。還有《夢李白》、《天末懷李白》幾首，也是纏綿悱惻，至情至性，非常動人的。但比起蘇、李的離別詩來，似乎還缺少一些渾厚古樸，這是時代使然，無法可想的。漢魏人的胸懷更近原始，味道濃，蒼茫一片，千古之下，猶令人緬想不已，杜甫有許多田園詩，雖然受淵明影響，但比較之下，似乎也『隔』（王國維語）了一層。回過來說：寫實可學，浪漫底克不可學；故杜可學，李不可學；國人談詩的尊杜的多於尊李的，也是這個緣故。而且究竟像太白那樣的天縱之才不多，共鳴的人也少。所謂曲高和寡也。同時，積雪的高峰也令人有『瓊樓玉宇，高處不勝寒』之感，平常人也不敢隨便瞻仰。」這一整段文字，可說是藉著詩歌分析寫實和浪漫之間的差異，簡單扼要地說明藝術創作最基本的兩種類型。

最後，作為家書，我們從中最常感受到的是一位循循善誘、愛子深切的父親形象，小到拔牙、生病，大到水災、國事，甚至偶爾夾雜回憶式的文字，在在均顯露作者如何深愛著兒子，這是我們在欣賞優美文字、智慧內容外，可以進一步深思的，或許，在翻閱的過程，你將明白傳統書信有其珍貴價值

・惟有肉體禁止，精神的活動才最圓滿：這是千古不變的定律。
・生性並不「薄情」的人，在行動上做得跟「薄情」一樣，是最冤枉的、犯不著的。正如一個並不調皮的人要調皮而結果反而吃虧，一個道理。

之處。（附註：很可惜，傅聰寫給父親的書信在文革中幾乎全數消失，否則若能比較兩方書信，想必更有可讀性。）

■**精彩篇章推薦：**

一九五五年三月二十七日夜

聰：

　　為你參考起見，我特意從一本專論莫札特的書裏譯出一段給你，另外還有羅曼羅蘭論莫札特的文字，來不及譯。不知你什麼時候學莫札特？蕭邦在寫作的taste方面，極注意而且極感染莫札特的風格。剛彈完蕭邦，接著研究莫札特，我覺得精神血緣上比較相近。不妨和傑老師商量一下。你是否可在貝多芬第四彈好以後，接著上手莫札特？等你快要動手時，先期來信，我再寄羅曼羅蘭的文字給你。

　　從我這次給你譯文中，我特別體會到，莫札特的那種溫柔嫵媚，所以與浪漫派的溫柔嫵媚不同，就是在於他像天使一樣的純潔，毫無世俗的感傷或是靡靡的sweetness。神明的溫柔，當然與凡人的不同，就是達·芬奇與拉斐爾的聖母，那種嫵媚的笑容決非塵世間所有的。能夠把握到什麼叫做脫盡人間煙火的溫馨甘美，什麼叫做天真無邪的愛嬌，沒有一點兒拽心，沒有一點兒情欲的騷亂，那麼我想表達莫札特可以「雖不中，不遠矣」。你覺得如何？往往十四、五歲的少年，特別適應莫札特，也是因為他們童心沒有受過玷染。

・中國哲學的思想、佛教的思想，都是要人能控制感情，而不是讓感情控制。

將來你預備彈什麼近代作家，望早些安排，早些來信；我也可以供給材料。在精神氣氛方面，我還有些地方能幫你忙。

　　我再要和你說一遍：平日來信多談談音樂問題。你必有許多感想和心得，還有老師和別的教授們的意見。這兒的小朋友們一個一個都在覺醒，苦於沒材料。他們常來看我，和我談天；我當然要儘量幫助他們。你身在國外，見聞既廣，自己不斷的在那裡進步，定有不少東西可以告訴我們。同時一個人的思想是一邊寫一邊談出來的，借此可以刺激頭腦的敏捷性，也可以訓練寫作的能力與速度。此外，也有一個道義的責任，使你要儘量的把國外的思潮向我們報導。一個人對人民的服務不一定要站在大會上演講或是做什麼驚天動地的大事業，隨時隨地，點點滴滴的把自己人知道的、想到的告訴大家，無形中就是替國家播種、施肥、墾植！孩子，你千萬記住這些話，多多提筆！

　　黃賓虹先生于本月二十五日在杭患胃癌逝世，享壽九十二年。以藝術家而論，我們希望他活到一百歲呢。去冬我身體不好，中間摔了一跤，很少和他通信；只是在十一月初到杭州去，連續在他家看了二天畫，還替他拍了照，不料竟成永訣。聽說他病中還在記掛我，跟不認識我的人提到我。我聽了非常難過，得信之日，一晚沒睡好。……

深入探索
→《傅雷美術講堂：世界美術名作二十講與中國書畫》，傅雷著，三言社
→《傅雷家書：傅雷與音樂家傅聰以筆端傳達的父子親情書》，傅雷著，好讀出版社
→《傅雷別傳》，蘇立群著，三聯出版社

【卷六】
現代文學

01 『飲冰室文集』

- 成書時間：清光緒二十九年
- 類別：個人雜文

特色：最具革命精神的文集

■作者介紹：

梁啓超（西元一八七三年至西元一九二九年），字卓如，又字任甫，號任公，別號飲冰室主人，廣東新會人，近代思想家、文學家、學者。參與過戊戌變法、百日維新，因變法失敗，走向革命。革命失敗後，亡命日本十四年，民國成立，才結束流亡生涯返國。民國九年初，自歐洲考察返國，決定自此放棄政治生涯，全力從事國民實際基礎之教育事業，如組織共學社，發起講學社等，並先後任教於北京大學、南開大學、東南大學。對於學術界有卓著貢獻，其一生著述，當不下一千四百萬言，膾炙人口的著作，則有《飲冰室文集》、《中國近三百年學術史》、《清代學術概論》……等。文學上的努力以散文最爲著名，影響最大，他的散文融合俗語、駢語、韻語及外國語法，自成一格，暢達生動，自謂「筆鋒常帶感情，筆端直指良心」，當時人稱「新民叢報體」。

■內容梗概：

《飲冰室文集》內收錄梁啓超早期重要之作，分成十八卷，

名言佳句

・要一新一國之民，就要一新一國的小說；要一新一國的道德，也就要一新一國的小說；要一新一國的風俗習慣，就要一新一國的小說；要一新一國的宗教，也要一新一國的小說……〈論小說與群治之關係〉

所收的詩文計約一百數十萬字。此後，梁氏文集的多種版本均冠以「飲冰室」之名。目前常見的版本內容涉及政治、經濟、哲學、歷史、新聞、文化、藝術、語言、地理、尺牘、文苑、宗教、雜著等，總計一百四十八卷，一千四百萬字。反映了梁氏學貫中西，博古通今的治學成果（《新中國未來記》、《清代學術概論》、《先秦政治思想史》、《中國近三百年學術史》等名著均收錄在內）。

■閱讀指導：

書名「飲冰」，取自《莊子‧人間世》：「今吾朝受命而夕飲冰，我其內熱歟！」

此書名（也是小樓之名），反映出梁氏憂民之情，也是他逃亡後接受西方藝術之證據。他在飲冰室內，坐擁書城、讀書會客，以其病弱之軀，筆耕不輟，寫成了不少傳世之作。面對此匯集梁公智慧之書，我們在閱讀上，有個應注意之要點，即作者言論的背景和核心。

梁啟超是個憂國憂民的先人，他的諸多言論並非無病呻吟，常常是針對一些國家、政治、社會等範疇，提出他建設性的見解，他許多知名文章都是先在主辦的報章發表，其目的就是為了啟發民智、發揮社會教育之功效，並且提供執政者一些施政方向（梁啟超辦報的目的，就是希望有個園地能發表文章，達到知識傳播的功能）。如在〈論政府與人民之權限〉，作

· 義山的〈錦瑟〉、〈碧城〉、〈聖女祠〉等詩，講的什麼事，我理會不著。拆開來一句一句叫我解釋，我連文義也解不出來。但我覺得它美，讀起來令我精神上得一種新鮮的愉快。須知美是多方面的，美是含有神秘性的。〈中國韻文內所表現的情感〉

者以條理分明的文字，講述政府和人民各自應遵守的權限，其中並探討政府成立的意義以及中外政治制度。在具有評論和研究價值的〈中國歷史上革命之研究〉中，梁啓超解析了中國歷代革命之發展、類型、現象，藉此傳達出革命的意義；在〈論學術之勢力左右世界〉中，作者列舉了幾位學術上頗有地位的名人，如「歌白尼」、「培根、笛卡兒」、「孟德斯鳩」、「富蘭克林」、「達爾文」……等在天文、政治、科學範疇有重要貢獻之學者，說明和應證學術如何左右著世界發展和情勢。上述幾篇文章的內容，恰好也都是當時中國最缺乏或最需要的部分，很明顯地，他寫作的目的在鼓吹中國各種範疇的發展，不論討論的是政治、教育或科技，藉此強化中國各領域的基調都是不變的。由上述可證，閱讀梁公之文，得從背景掌握他的言論核心，如此才能明白其用心良苦之處，進而將其所表達的智慧，轉而吸收，納爲己用。

■精彩篇章推薦：

　　欲新一國之民，不可不先新一國之小說。故欲新道德，必新小說；欲新宗教，必新小說；欲新政治，必新小說；欲新風俗，必新小說；欲新學藝，必新小說；乃至欲新人心，欲新人格，必新小說。何以故？小說有不可思議之力支配人道故。……

　　抑小說之支配人道也，復有四種力：一曰熏，熏也者，如

・天下最神聖的莫過於情感，用情感來激發人，好像磁力吸鐵般。磁力多大，便吸引多大分量的鐵，絲毫躲避不了。

入雲煙中而為其所烘，如近墨朱處而為其所染，《楞伽經》所謂「迷智為識，轉識成智」者，皆恃此力。人之讀一小說也，不知不覺之間，而眼識為之迷漾，而腦筋為之搖颺，而神經為之營注，今日變一二焉，明日變一二焉，剎那剎那，相斷相續，久之而此小說之境界，遂入其靈臺而據之，成為一特別之原質之種子。有此種子故，他日又更有所觸所受者，旦旦而熏之，種子愈盛，而又以之熏他人，故此種子遂可以遍世界。一切器世間、有情世間之所以成、所以住，皆此為因緣也。而小說則巍巍焉具此威德以操縱眾生者也。二曰浸，熏以空間言，故其力之大小，存其界之廣狹；浸以時間言，故其力之大小，存其界之長短。浸也者，入而與之俱化者也。人之讀一小說也，往往既終卷後，數日或數旬而終不能釋然。讀《紅樓》竟者，必有餘戀，有餘悲；讀《水滸》竟者，必有餘快，有餘怒。何也？浸之力使然也。等是佳作也，而其卷帙愈繁、事實愈多者，則其浸人也亦愈甚！如酒焉：作十日飲，則作百日醉。我佛從菩提樹下起，便說偌大一部《華嚴》，正以此也。三曰刺，刺也者，刺激之義也。熏、浸之力，利用漸；刺之力，利用頓。熏、浸之力，在使感受者不覺；刺之力，在使感受者驟覺。刺也者，能入於一剎那頃忽起異感而不能自制者也。我本藹然和也，乃讀林沖雪天三限、武松飛雲浦厄，何以忽然髮指？我本愉然樂也，乃讀晴雯出大觀園、黛玉死瀟湘館，何以忽然淚流？我本肅然莊也，乃讀實甫之琴心、酬簡，東塘之眠

深入探索
→《梁啟超文集》，梁啟超著，世一出版社
→《百年家族：梁啟超》，李喜所、胡志剛著，立緒出版社

香、訪翠，何以忽然情動？若是者，皆所謂刺激也。大抵腦筋愈敏之人，則其受刺激力也愈速且劇。〈論小說與群治之關係〉

●名家評介：

- 錢基博：「俾士麥和格蘭斯頓一文，洋洋五百餘言，在古人不爲短幅，而在啓超則爲記小品耳！然紆綜委備，在復百折，而條達疏暢，無所間斷，氣盡語極，而容與間易，無艱難勞苦之態，遣言措意，切近得當，能令讀者尋繹不倦，如與曉事人語，不驚其言之河漢無涯；嗚呼！此啓超之文所爲獨闢一徑者也。」《現代中國文學史》

深入探索

→《梁啓超研究叢稿》，吳銘能著，台灣學生書局

→《風塵孤劍在──梁啓超》，張啓華著，萬卷樓出版社

02

『女神』

● 成書時間：西元一九二一年
● 類別：現代文學

特色：中國新詩壇上最出類拔萃之作

■作者介紹：

　　郭沫若（西元一八九二年至西元一九七八年），原名開貞，筆名郭鼎堂、麥克昂等，現、當代詩人、劇作家、歷史學家、古文字學家，四川樂山人。受到五四運動的衝擊，郭沫若開始從事文學活動，曾與成仿吾、郁達夫等發起組織創造社，大學畢業後棄醫回國到上海，編輯「創造周報」等刊物。其一生寫下了詩歌、散文、小說、歷史劇等大量著作，如與田漢、宗白華的合集《三葉集》，《女神》、《星空》、《瓶》、《前茅》、《恢復》、《新華頌》、《百花齊放》、《駱駝集》……等詩集以及《棠棣之花》、《屈原》、《蔡文姬》、《武則天》……等歷史劇、歷史小說，另有史論、考古論文和譯作，如《中國古代社會研究》、《甲骨文字研究》……等著作。其中許多作品已被譯成日、俄、英、德、義、法等多種文字。

■內容梗概：

　　中國第一本白話新詩集並非《女神》，而是胡適的《嘗試集》，然而郭的一書卻是被公認初期最出類拔萃的作品。詩集除

名言佳句

・啊，我年輕的女郎！你該知道了我的前身？你該不嫌我黑奴鹵莽？要我這黑奴的胸中，才有火一樣的心腸。〈爐中煤〉

了〈序詩〉外，一共收錄了詩歌五十三首、詩劇三篇，由三輯組成，其中〈女神之再生〉、〈湘累〉、〈棠棣之花〉被合稱為「女神三部曲」。多數的作品寫於五四運動前後，具有強烈的革命精神，鮮明的時代色彩，浪漫的藝術風格，開創「一代詩風」。

■閱讀指導：

　　這本劃時代的詩作，展現的是郭沫若內心想擺脫舊我（舊中國），催生新我（新中國）的欲望，〈鳳凰涅盤〉的死而復生即是最好說明。作品敘述一對鳳凰飛來飛去地為自己安排火葬。死前，牠們迴旋起舞，詛咒現實，詛咒冷酷、黑暗、腥穢的舊宇宙（「屠場」、「囚牢」、「墳墓」、「地獄」等都是比喻），質問「為什麼存在」。又淚水中傾訴悲憤，詛咒五百年來沉睡、衰朽、死屍般的生活，故痛不欲生，集木自焚。當牠們同聲唱出「時期已到了，死期已到了」之時，一場漫天大火燒盡了一切黑暗和不義。這篇精彩的詩歌，不僅是對現實的譴責，作者藉由「鳳凰自焚」而獲得新生，更象徵美好時代即將來臨。

　　作品除了歌頌著新生，另有不少歌詠大自然的詩篇。有學者認為：「詩人當時正受泛神論思想影響，認為『全宇宙的本體』只是萬物的『自我表現』，而人則是自然界的一個組成部分。因此，他喜歡謳歌自然，並把自己溶解在廣闊的大自然裡，達到『物我無間』的境界。」不論答案是否真為如此，在歌詠大自然的詩篇如〈光海〉、〈梅花樹下醉歌〉中，很明顯

・晨安！常動不息的大海呀！晨安！明迷恍惚的旭光呀！晨安！詩一樣湧著的白雲呀！晨安！平勻明直的絲雨呀！詩語呀！晨安！情熱一樣燃著的海山呀！晨安！梳人靈魂的晨風呀！晨風呀！你請把我的聲音傳到四方去吧！〈晨風〉

地，我們看到作者傾心大自然的偉大和美麗，詩歌唱的是「日出」和「春之胎動」，讚美的是「太陽」和「雪朝」，詩裡有蓬勃氣象的描畫，也有清新幽境的氣息，像是「池上幾株新柳，柳下一座長亭」、「醉紅的新葉，青嫩的草藤，高標的林樹」等詩句，均流露一股迷人味道，如沐春風般令人愉悅。

上述兩種角度外，從不限形式的自由體詩、浪漫華麗的文字色彩、古詩格律的借用……等，也都是不錯的閱讀角度，有助於品嘗這杯烈酒中的不同風味。

■精彩篇章推薦：

天方國古有神鳥名「菲尼克司」（Phoenix），滿五百歲後，集香木自焚，復從死灰中更生，鮮美異常，不再死。比鳥殆即中國所謂的鳳凰：雄爲鳳，雌爲凰。《孔演圖》云：「鳳凰火精，生丹穴。」《廣雅》云：「鳳凰……雄鳴曰即即，雌鳴曰足足。」

序　曲

除夕將近的空中，

飛來飛去的一對鳳凰，

唱著哀哀的歌聲飛去，

銜著枝枝的香木飛來，

飛來在丹穴山上。

山右有枯槁了的梧桐，

山左有消歇了的醴泉，

・我飛奔，我狂叫，我燃燒。我如烈火一樣地燃燒！我如大海一樣地狂叫！〈天狗〉

山前有浩茫茫的大海，

山後有陰莽莽的平原，

山上是寒風凜冽的冰天。

天色昏黃了，

香木集高了，

鳳已飛倦了，

凰已飛倦了，

他們的死期將近了。

鳳啄香木，

一星星的火點迸飛。

凰搧火星，

一縷縷的香煙上騰，

鳳又啄，

凰又搧，

山上的香煙瀰散，

山上的火光瀰滿。

夜色已深了，

香木已燃了，

鳳又啄倦了，

凰已搧倦了，

他們的死期已近了！

啊啊！

深入探索

→《女神》，郭沫若著，香港三聯出版社

→《郭沫若》，高國平著，香港三聯出版社

→《郭沫若：漂泊小說》，鄧牛頓選編，上海文藝出版社

→《郭沫若全集文學編》，郭沫若著作編輯出版委員會編，人民文學出版社

哀哀的鳳凰！
鳳起舞、低昂！
凰唱歌，悲壯！
鳳又舞，
凰又唱，
一群的凡鳥，
自天外飛來觀葬。

鳳　歌
即即！即即！即即！
即即！即即！即即！
茫茫的宇宙，冷酷如鐵！
茫茫的宇宙，黑暗如漆！
茫茫的宇宙，腥穢如血！
宇宙呀，宇宙，
你為什麼存在？
你自從哪兒來？
你坐在哪兒在？
你是個有限大的空球？
你是個無限大的整塊？
你若是有限大的空球，
那擁抱著你的空間

他從哪兒來？
你的外邊還有些什麼存在？
你若是無限大的整塊
這被你擁抱著的空間
他從哪兒來？
你的當中爲什麼又有生命存在？
你到底還是個有生命的交流？
你到底是個無生命的機械？
昂頭我問天，
天徒矜高，莫有點兒知識。
低頭我問地，
地已經死了，莫有點兒呼吸。
伸頭我問海，
海正揚聲而嗚唈。
啊啊！
生在這個陰穢的世界當中，
便是把金鋼石的寶刀也會生銹！
宇宙啊，宇宙，
我要努力地把你詛咒：
你膿血污穢著的屠場呀！
你悲哀充塞著的囚牢呀！
你群鬼叫號著的墳墓呀！

你群魔跳樑著的地獄呀！
你到底爲什麼存在？
我們飛向西方，
西方同是一座屠場。
我們飛向東方，
東方同是一座囚牢。
我們飛向南方，
南方同是一座墳墓。
我們飛向北方，
北方同是一座地獄。
我們生在這樣個世界當中，
只好學著海洋哀哭。

凰　歌
足足！足足！足足！
足足！足足！足足！
五百年來的眼淚傾瀉如瀑。
五百年來的眼淚淋漓如燭。
流不盡的眼淚，
洗不淨的污濁，
澆不熄的情炎，
蕩不去的羞辱，

我們這縹緲的浮生，

到底要向哪兒安宿？

啊啊！

我們這縹緲的浮生

好像那大海的孤舟。

左也是瀰漫，

右也是瀰漫，

前不見燈樁，

後不見海岸，

帆已破，

檣已斷，

楫已飄流，

柁已腐爛，

倦了的舟子只是在舟中呻喚，

怒了的海濤還是在海中泛濫。

啊啊！

我們這縹緲的浮生。

好像這黑夜裡的酣夢。

前也是睡眠，

後也是睡眠，

來得如飄風，

去得如輕煙，

來如風，

去如煙，

眠在後，

睡在前，

我們只是這睡眠當中的

一剎那的風煙。

啊啊！

有什麼意思？

有什麼意思？

癡！癡！癡！

只剩些悲哀，煩惱，寂寥，哀敗，

環繞著我們活動著的死屍，

貫串著我們活動著的死屍。

啊啊！

我們年青時候的新鮮哪兒去了？

我們青年時候的甘美哪兒去了？

我們青年時候的光華哪兒去了？

我們年青時候的歡愛哪兒去了？

去了！去了！去了！

一切都已去了，

一切都要去了。

我們也要去了，

你們也要去了，

悲哀呀！煩惱呀！寂寥呀！衰敗呀！

啊啊！

火光熊熊了。

香氣蓬蓬了。

時期已到了。

死期已到了。

身外的一切，

身內的一切！

一切的一切！

請了！請了！

群　鳥　歌

岩鷹

哈哈，鳳凰！鳳凰！

你們枉爲這禽中的靈長！

你們死了嗎？你們死了嗎？

從今後該我爲空界的霸王！

孔雀

哈哈，鳳凰！鳳凰！

你們枉爲這禽中的靈長！

你們死了嗎？你們死了嗎？

從今後請看我花翎上的威光！

鴟梟

哈哈，鳳凰！鳳凰！

你們枉為這禽中的靈長！

你們死了嗎？你們死了嗎？

哦！是哪兒來的鼠肉的馨香！

家鴿

哈哈，鳳凰！鳳凰！

你們枉為這禽中的靈長！

你們死了嗎？你們死了嗎？

從今後請看我們馴良百姓的安康！——〈節選鳳凰涅槃〉

名家評介：

· 聞一多：「若講新詩，郭沫若君的詩才配稱新呢，不獨藝術上他的作品與舊詩詞相去最遠，最要緊的是他的精神完全是時代的精神——二十世紀底時代的精神。有人講文藝作品是時代底產兒。《女神》真不愧為時代底一個肖子。」《女神之時代精神》

· 周揚：「《女神》是號角，是戰鼓，它警醒我們，給我們勇氣，引導我們去鬥爭。」《郭沫若和他的〈女神〉》

『吶喊』

● 成書時間：西元一九二三年
● 類別：小說集

特色：魯迅的第一部白話小說集

■作者介紹：

　　魯迅（西元一八八一年至西元一九三六年），本名周樹人，字豫才，出生於浙江紹興，五四時期作家。從小對文藝充滿興趣，沒落士大夫的家庭背景，讓他體會世態的炎涼，赴日留學的經驗及對西學的吸收，使他的作品充滿深刻的思想性與人文精神，其認為改變中國人的精神是很重要的，他放棄習醫志願，改攻文藝。興辦「新生」雜誌，出版《域外小說集》。加入「新青年」的編輯工作後，發表中國文學史上第一篇白話小說〈狂人日記〉，從此投身於五四時期的新文化運動浪潮裡。西元一九三六年病逝於上海，一生持續創作，有大量的小說、詩歌、雜文，如《徬徨》、《野草》、《朝花夕拾》……等，是中國現代文學史上成就最高的作家。

■內容梗概：

　　《吶喊》共收錄魯迅的十四篇小說。〈狂人日記〉描寫一個「迫害狂」患者的心理狀態，〈孔乙己〉寫一個舊文人面臨新時代的困境，〈藥〉寫傳統中醫的無知和革命份子的悲劇，〈明

名言佳句

・凡事總須研究，才會明白。古來時常吃人，我也還記得，可是不甚清楚。我翻開歷史一查，這歷史沒有年代，歪歪斜斜的每頁上都寫著「仁義道德」幾個字。我橫豎睡不著，仔細看了半夜，才從字縫裡看出字來，滿本都寫著兩個字是「吃人」！〈狂人日記〉

天〉敘述一位女子守寡和痛失愛子的慘痛，〈一件小事〉透過一件意外事故凸顯不同階級的性格差異，〈風波〉藉著「復辟事件」凸顯當時中國辮子去留的問題，〈故鄉〉以「我」回鄉中宏觀舊村的淒涼、殘破，〈阿Q正傳〉以傳記方式寫「阿Q」這個農村小人物，〈社戲〉以濃郁的抒情筆調寫「我」和少年朋友看戲的情景，〈白光〉寫陳士成追求功名利祿的心態及成為科舉制度的殉葬品。集子另有〈鴨的喜劇〉、〈端午節〉、〈兔子和貓〉、〈頭髮的故事〉四篇。

■閱讀指導：

　　魯迅首本小說的創作宗旨，在凸顯了文化對國人心靈的扭曲與扼殺，誠如其在自序中所言：「假如一間鐵屋子，是絕無窗戶而萬難破毀的，裡面有許多熟睡的人們，不久就要悶死了，然而是從昏睡入死滅，並不感到就死的悲哀。現在你大嚷起來，驚起了較為清醒的幾個人，使這不幸的少數者來受無可挽救的臨終的苦楚，你倒以為對得起他們嗎？然而有幾個人既然起來，你不能說絕沒有毀壞這鐵屋的希望。」這可說是他對舊文化與舊世代的了解與認識，也就這樣的悲觀，你會發現小說人物均帶著舊社會的劣根性，永遠是「戲劇的看客」，是所有風潮和運動的冷漠旁觀者，縱使有很大的鞭子打在背上，依舊不肯動彈，寧願乖乖地迎向自己的命運。如「孔乙己」周遭那些冷嘲熱諷的鄉民，「阿Q」中那些等著看「阿Q」出糗的鎮

・微風早經停息了；枯草枝枝直立，有如銅絲。一絲發抖的聲音，在空氣中愈顯愈細，細到沒有，周圍便都是死一般靜。兩人站在枯草叢裡，仰面看那烏鴉；那烏鴉也在筆直的樹枝間，縮著頭，鐵鑄一般站著。〈藥〉

民，最具代表性的算是「阿Q」那自我幻想的「精神勝利法」，那種不願面對問題核心、只想隨意敷衍了事的心態。

　　傳統文化對人性的扼殺除了可發現一堆「戲劇的看客」外，還有一場場悲劇。如中國現代文學史上的第一篇白話小說〈狂人日記〉，藉由一狂人之口，揭露出中國扼殺人性、顛倒是非的封建舊禮教的弊病，拈出「禮教吃人」、「人吃人」的命題。狂人所謂的「仁義道德」，正是前人爲後人布下的一樁陷阱，讓人深陷其中而不自知，還跟著幫忙往下挖深。這樣的批判在魯迅另一本小說《徬徨》仍延續著，如〈祝福〉中的祥林嫂，她在以家族和男性爲主導的社會體系中，喪失人身的自由，任由婆婆把她轉賣給別人。此文揭露身爲舊傳統制度下女人的可悲之處，即是「受迫害的人並沒有身受迫害的自覺，反而深受此錯誤觀念的荼毒，讓自己痛苦不堪，因而走向死亡。」〈故鄉〉描述「我」回到故鄉，懷著與幼年玩伴重逢的喜悅心情，卻在見面後發現，童年的純眞友情在時間與現實衝擊下，已喪失它原本的色彩，因而有了「我似乎打了一個寒噤；我就知道，我們之間已經隔了一層可悲的厚障壁了」的深刻體悟。

　　或許，每個人讀魯迅小說都有不同的收穫，然而從文化層面來品味，相信對傳統文化有另一番見解，甚至從中感受人在時代洪流中的不自主、無奈，若僅是把它當成虛構的小說來閱讀，也就太對不起魯迅的用心了！最後提醒各位，若想更深入了解小說的精神，記得去翻閱魯迅的散文，有些小說中的疑問

・夾著幾個圓形的活動的黑點，便是耕田的農夫。阿Q並不賞鑑這田家樂，卻只是走，因為他直覺的知道這與他的「求食」之道是很遼遠的。

在某些篇章或許可找到線索和答案。

■**精彩篇章推薦：**

有一日很溫和，微風拂拂的頗有些夏意了，阿Q卻覺得寒冷起來，但這還可擔當，第一倒是肚子餓。棉被、氈帽、布衫，早已沒有了，其次就賣了棉襖；現在有褲子，卻萬不可脫的；有破夾襖，又除了送人做鞋底之外，決定賣不出錢。他早想在路上拾得一注錢，但至今還沒有見；他想在自己的破屋裡忽然尋到一注錢，慌張的四顧，但屋內是空虛而且瞭然。於是他決計出門求食去了。

他在路上走著要「求食」，看見熟識的酒店，看見熟識的饅頭，但他都走過了，不但沒有暫停，而且並不想要。他所求的不是這類東西了；他求的是什麼東西，他自己不知道。

未莊本不是大村鎮，不多時便走盡了。村外多是水田，滿眼是新秧的嫩綠，夾著幾個圓形的活動的黑點，便是耕田的農夫。阿Q並不賞鑒這田家樂，卻只是走，因爲他直覺的知道這與他的「求食」之道是很遼遠的。但他終於走到靜修庵的牆外了。

庵周圍也是水田，粉牆突出在新綠裡，後面的低土牆裡是菜園。阿Q遲疑了一會，四面一看，並沒有人。他便爬上這矮牆去，扯著何首烏藤，但泥土仍然簌簌的掉，阿Q的腳也索索的抖；終於攀著桑樹枝，跳到裡面了。裡面眞是鬱鬱蔥蔥，但

深入探索

→《中國文學精讀魯迅》，黃繼持編，書林出版有限公司

→《魯迅散文選》，楊澤編，洪範出版社

似乎並沒有黃酒饅頭，以及此外可吃的之類。靠西牆是竹叢，下面許多筍，只可惜都是並未煮熟的，還有油菜早經結子，芥菜已將開花，小白菜也很老了。

　　阿Q彷彿文童落第似的覺得很冤屈，他慢慢走近園門去，忽而非常驚喜了，這分明是一畦老蘿蔔。他於是蹲下便拔，而門口突然伸出一個很圓的頭來，又即縮回去了，這分明是小尼姑。小尼姑之流是阿Q本來視若草芥的，但世事須「退一步想」，所以他便趕緊拔起四個蘿蔔，摔下青葉，兜在大襟裡。然而老尼姑已經出來了。……〈阿Q正傳〉

名家評介：

- 茅盾：「〈阿Q正傳〉的詼諧，即使最初使你笑，但立刻我們失卻了笑的勇氣，轉而為揣揣不安了。」
- 夏志清：「〈阿Q正傳〉，它也是現代中國小說中唯一享有國際盛譽的作品。……〈阿Q正傳〉轟動中國文壇，主要因為中國讀者在阿Q身上發現了中華民族的病態。」
- 郁達夫：「當我們看到一部分時，他看到了全般，當我們著急於抓住現實時，他卻把握了古今未來。」
- 高行健：「文學只有當其成為文學而且採取一種冷靜的態度才能保存其應有的地位。〈阿Q正傳〉便屬於這樣的文學。」

深入探索

→《魯迅小語錄》，林鬱主編，智慧大學出版
→《魯迅小說合集——吶喊、彷徨、故事新編》，魯迅著，里仁書局

04

『背影』

● 成書時間：一九二八年
● 類別：現代散文

特色：中國文學大師中充滿詩意、情感的散文

■作者介紹：

朱自清（西元一八九八年至西元一九四八年），字佩弦，浙江紹興人，是著名的學者和教授，現代散文家和詩人。北京大學哲學系畢業後，任教江蘇、浙江兩省多間中學，西元一九二五年擔任清華大學教授，抗日戰爭時期，任西南聯合大學教授，因胃潰瘍逝世北京。主編過《聞氏全集》（聞一多先生），並出版過《蹤跡》、《背影》、《你我》、《倫敦雜記》、《標準與尺度》、《論雅俗共賞》、《語文影及其他》等作品集。後人將他遺留的其餘作品收錄在《集外》一書。

■內容梗概：

《背影》是朱自清的第一本散文集，由開明書店出版。編排上分甲乙兩輯，附有序文一篇：〈論現代中國的小品文〉，收錄〈女人〉、〈白種人——上帝的驕子〉、〈背影〉、〈阿河〉、〈哀韋杰三君〉、〈飄零〉、〈白采〉……等十八篇散文。有的描寫他對性別的看法，有的回憶起父親形象以及父愛，有的寫已經逝世的某人（「白采」），有的寫「荷塘月色」的美景，有的是給

名言佳句

· 我所追尋的女人是什麼呢？我所發現的女人是什麼呢？這是藝術的女人。〈女人〉

· 他用兩手攀著上面，兩腳再向上縮；他肥胖的身子向左微傾，顯出努力的樣子。這時我看見他的背影，我的淚很快地流下來了。〈背影〉

友人的一封書信，有的緬懷故人……等等，各自表述著自清當時的種種心境。

■閱讀指導：

　　有的讀者認為，朱自清由於生活思想的局限，一般說來，其創作視野並不怎麼開闊，題材比較狹小，除個別篇章外，其餘多半寫個人見聞，抒一己感受，暴露世界觀的局限。這樣的評語，事實上是過於負面，作品中那無法找出正確的答案、甚至不切實際的幻想，正是他散文的味道和特色，一種對世界充滿疑問的態度。

　　朱自清《背影》中取材的對象，幾乎在生活周遭即可獲得，這並非小家之氣，而是如他自己說的，「注意毫釐」、「看得透徹」的結果，透過表面，深入底裡，捕捉眼前有限的現象，分析或闡述其中的意義，只是，語調中，朱自清忍不住地帶著憂傷和淡愁，如〈一封信〉中「像一葉扁舟在無邊的大海上，像一個獵人在無盡的森林裡」、〈背影〉中「我讀到此處，在晶瑩的淚光中，又看見那肥胖的，青布棉袍，黑布馬褂的背影」……等，這是他散文的風格，透露出作者觀看這世界的態度，相信有許多讀者是受這種辭風所吸引。最後必須補充，讀者還可在說人生、講家常、描風景之中，窺見作者對小事物的心得，正如有人評價他「以微見廣，以淺而深，平實中有憤意，素樸中含激情」，故當我們快速的翻閱並囫圇吞棗時，別忘

・他的歷史、他的性格，現在雖從遺物中略知梗概，但在他生前，是絕少人知道的；他也絕口不向人說，你問他他只支吾而已。他賦性既這樣遺世絕俗，自然是落落寡合了；但我們卻能夠看出他是一個好朋友，他是一個有真心的人。〈白采〉

了放慢腳步，細心品嘗，挖掘文字中的感情思想（我永遠記得〈說夢〉最後一段：「是的，我得學些本事，今夜做他幾個好好的夢。我是徹頭徹尾讚美夢的，因為我是素人，而且將永遠是素人。」這段文字充分說明終年不得夢、現實悲苦的痛以及期盼往後至少能享受作夢的好處）。

■**精彩篇章推薦：**

我與父親不相見已有二年餘了，我最不能忘記的是他的背影。那年冬天，祖母死了，父親的差使也交卸了，正是禍不單行的日子，我從北京到徐州，打算跟父親奔喪回家。到徐州見著父親，看見滿院狼藉的東西，又想起祖母，不禁簌簌地流下眼淚。父親說：「事已如此，不必難過，好在天無絕人之路！」

回家變賣典質，父親還了虧空；又借錢辦了喪事。這些日子，家中光景很是慘淡，一半為了喪事，一半為了父親賦閒。喪事完畢，父親要到南京謀事，我也要回到北京唸書，我們便同行。……

我們過了江，進了車站。我買票，他忙著照看行李。行李太多了，得向腳夫行些小費，才可過去。他便又忙著和他們講價錢。我那時真是聰明過分，總覺他說話不大漂亮，非自己插嘴不可。但他終於講定了價錢；就送我上車。他給我揀定了靠車門的一張椅子；我將他給我做的紫毛大衣鋪好坐位。他囑我路上小心，夜裡要警醒些，不要受涼。又囑托茶房好好照應

· 她有一套和雲霞比美、水月爭靈的曲線，織成大大的一張迷惑的網！〈阿河〉

我。我心裡暗笑他的迂；他們只認得錢，托他們直是白托！而且我這樣大年紀的人，難道還不能料理自己麼？唉，我現在想想，那時眞是太聰明了。

我說道：「爸爸，你走吧。」他往車外看了看，說：「我買幾個橘子去。你就在此地，不要走動。」我看那邊月臺的柵欄外有幾個賣東西的等著顧客。走到那邊月臺，須穿過鐵道，須跳下去又爬上去。父親是一個胖子，走過去自然要費事些。我本來要去的，他不肯，只好讓他去。我看見他戴著黑布小帽，穿著黑布大馬褂，深青布棉袍，蹣跚地走到鐵道邊，慢慢探身下去，尙不大難。可是他穿過鐵道，要爬上那邊月臺，就不容易了。他用兩手攀著上面，兩腳再向上縮；他肥胖的身子向左微傾，顯出努力的樣子。這時我看見他的背影，我的淚很快地流下來了。我趕緊拭乾了淚，怕他看見，也怕別人看見。我再向外看時，他已抱了朱紅的橘子往回走了。過鐵道時，他先將橘子散放在地上，自己慢慢爬下，再抱起橘子走。到這邊時，我趕緊去攙他。他和我走到車上，將橘子一股腦兒放在我的皮大衣上。於是撲撲衣上的泥土，心裡很輕鬆似的，過一會兒說：「我走了，到那邊來信！」我望著他走出去。他走了幾步，回過頭看見我，說：「進去吧，裡邊沒人。」等他的背影混入來來往往的人裡，再找不著了，我便進來坐下，我的眼淚又來了。……我北來後，他寫了一封信給我，信中說道：「我身體平安，惟膀子疼痛利害，舉箸提筆，諸多不便，大約大去

深入探索

→《朱自清全集》，朱自清著，世一出版社

→《完美的人格：朱自清》，姜建著，文史哲出版社

之期不遠矣。」我讀到此處，在晶瑩的淚光中，又看見那肥胖的，青布棉袍，黑布馬褂的背影。唉！我不知何時再能與他相見！〈背影〉

● 名家評介：

- 郁達夫：「朱自清雖是一個詩人，可是他的散文，仍能夠滿貯著那一種詩意，文學研究會的散文作家中，文字之美要算他了。」《現在散文導論》

- 張秀亞：「他的文章以字句的凝鍊、內蘊的深厚，至今仍為許多中年以及青年的讀者所嘆賞。」〈朱自清的散文〉

- 劉心皇：「朱自清的文字技巧，非一般人所能及，他的散文：清新、素樸、精鍊、老實，一如其人。從提倡白話到現在，散文可說是千變萬化，以種種姿態出現，可是先生散文的價值，已固若盤石，是經得起時代的淘汰的。」

深入探索
→《歐遊雜記：朱自清遊記散文攝影珍藏版》，朱自清著，天下文化
→《槳聲燈影裡的秦淮河》，朱自清著，天下文化

05

『激流三部曲』

●成書時間：西元一九三
一年至西元一九四〇年
●類別：現代小說

特色：舊封建與新思潮的抗爭下，青年知識份子的覺醒

■作者介紹：

巴金（西元一九〇四年至西元二〇〇五年），原名李堯棠，字芾甘，四川成都人，是文學家、翻譯家、小說家。「巴金」是西元一九二八年開始使用的筆名，之前曾有佩竿、余一、歐陽鏡蓉等。西元一九二五年高中畢業，隻身北上考大學，但因患肺病而放棄，隔年出版第一本翻譯著作《麵包與自由》（俄國克魯泡特金著）。西元一九二七年赴法國留學，回到上海後，開始發表他的作品，如〈滅亡〉、〈死亡的太陽〉等，受到熱烈迴響，從此便專心從事創作。在寫作之餘，巴金也參加不少文化運動，與鄭振鐸等辦「文學季刊」，又擔任「水星」、「文季月刊」、「文學叢刊」等主編。他的創作非常豐富，前期主要作品有《愛情三部曲》、《激流三部曲》和《還魂草》、《控訴》等，後期有《火三部曲》（又稱《抗戰三部曲》）、《第四病房》、《寒夜》、《隨想錄》等。

■內容梗概：

《激流三部曲》是《家》、《春》、《秋》三本長篇小說的總

名言佳句

· 風在空中怒吼，聲音淒厲，跟雪地上的腳步聲混合在一起，成了一種古怪的音樂，這音樂刺痛行人的耳朵，好像在警告他們：風雪會長久地管制著世界，明媚的春天不會回來了。

稱，其中以《家》最先完成且評價最高。背景是「五四」運動後的四川成都，寫高家三代的故事。高老爺是頑固封建的大家長，專制的。第二代高克明、克安、克定，有的從商，有的遊手好閒，無所事事。第三代是覺新、覺民、覺慧三人。覺新是新舊摻雜的人物，為人軟弱，凡事聽從長輩的決定，是傳統封建下的悲劇人物。覺民、覺慧受「五四」愛國運動的影響，富叛逆性，不願向傳統禮教制度屈服，覺慧更離家出走，到上海謀生。至於《春》、《秋》這兩部小說撰寫則以高家的第三代淑英、淑華、覺民、琴為主線。高家就如《紅樓夢》中的賈府由興盛走向衰敗，在時代的衝擊下，宣示著禮教的崩潰沒落和新一代的覺醒和反抗。

■閱讀指導：

《激流三部曲》以《家》最為成功，故閱讀指導上則以此小說為焦點。

翻閱小說，可以關注的焦點很多，首先讓筆者注意的，則是女性的悲苦命運。小說中的女主角以梅表姐、端玨、鳴鳳為代表，他們也代表著三種不同的性格，從發展過程乃至於結局，三個人的處境，最令人同情。梅和覺新青梅竹馬，卻遭長輩們無情生硬地拆散，覺新娶了端玨，梅則遠嫁他方。端玨嫁給了覺新，原本能安穩的過一生，卻因為陳姨太說產婦的血會沖到死者，被迫到城外生產，最後因失血過多而喪命。丫頭鳴

・他突然明白了，這兩扇小門並沒有力量，真正奪去了他的妻子的還是另一種東西，是整個制度，整個禮教，整個迷信。這一切全壓在他的肩上，把他壓了這許多年，給他奪去了青春，奪去了幸福，奪去了前途，奪去了他所愛的兩個女人。

鳳深愛三少爺覺慧，不願嫁給馮老爺當姨太太，逼不得已，投湖自殺。造成三者的悲劇不是天意，而是人為禮義或封閉的思想，因此讀來讓人替主角們感到頗不甘心，怨恨寶貴生命竟如此草率犧牲。

　　女主角的命運是一場場悲劇，其實男主角也好不到哪裡去，他們內心的痛苦和折磨，也是讓人不禁唏噓。身為長孫的覺新，處處聽從家族的安排，連結婚的對象都不能自己決定，娶了「端珏」而非「梅」，其父死後，更擔起家族的重任，忍受著各房的爭吵，希望自己的隱忍能換來平靜的日子，然而他的聽話竟得付出慘痛的代價，溫順的妻子「端珏」因移往城外生產，四天後喪命在一處陰暗、潮濕的小屋，任憑他如何捶門吶喊也喚不回；覺民和覺慧不願意屈服在傳統的威信下，一個無法和外地女子「琴」相愛，遇到媒妁之言，立即逃婚，不希望再製造第二個「梅」；另一個無法保護心愛的女子，只能任由他自盡，好躲避不想面對的命運，因此，憎恨著這個舊家族，最終忍受不了，離開了家，前往上海。

　　從男女主角思考小說的宗旨，得到的是舊社會對人性的殘忍，有人說作者是因為生活在祖父的專制淫威下，故藉著自傳性小說來抒發、凸顯舊家族的問題。不論這答案的可能性有多少，至少，我們翻閱小說時，已充分體會自由的可貴以及幸福的無價。

・為什麼人們單單要踩躪她、傷害她，不給她一瞥溫和的眼光，不給她一顆同情的心，甚至沒有人來為她發出一聲憐憫的嘆息！

　　風玩弄著傘，把它吹得向四面偏倒，有一兩次甚至吹得它離開行人的手。風在空中怒吼，聲音淒厲，跟雪地上的腳步聲混合在一起，成了一種古怪的音樂，這音樂刺痛行人的耳朵，好像在警告他們：風雪會長久地管制著世界，明媚的春天不會回來了。……

　　「鳴鳳這幾天似乎故意躲著我，我也不知道是什麼緣故。譬如今天，她遠遠地看見我，喚了一聲就轉身走了。還是我追上去問她：『你為什麼要躲避我？』她才站住不走了。一雙眼睛畏怯地望著我，眼光卻是溫和的。她埋下頭低聲說：『我很怕……我怕太太她們曉得。』我很感動，我把她低頭捧起來，微笑地搖頭說：『不要怕，這又不是什麼可羞恥的事，愛情是很純潔的。』……

　　「鳴鳳要嫁了！哪個說的？我不相信！她這樣年輕！」（覺慧語）

　　「爺爺把她送給馮樂山做姨太太了。」

　　「馮樂山？我不相信！他不是孔教會裡的重要份子嗎？他六十歲了，還討小老婆？」……

　　突然他發現在他面前是一個黑暗的世界。四周真靜，好像一切生物全死滅了。在這茫茫天地間他究竟走向什麼地方去？他徘徊著。他抓自己的頭髮，打自己的胸膛，這都不能夠使他的心安靜。一個思想開始來折磨他。他恍然明白了。她剛才到

・我是青年，我不是畸人，我不是愚人，我要給自己把幸福爭過來。

他這裡來，是抱了垂死的痛苦來向他求救。她因為相信他的愛，又因為愛他，所以跑到他這裡來要求他遵守他的諾言，要求他保護她，要求他把她從馮樂山的手裡救出來。然而他究竟給了她什麼呢？他一點也沒有給。幫助、同情、憐憫，他一點也沒有給。他甚至不肯聽她的哀訴就把她遣走了。如今她是去了，永久地去了。明天晚上在那個老頭子的懷裡，她會哀哀地哭著她的被摧殘的青春，同時她還會詛咒那個騙去她的純潔的少年的愛而又把她送進虎口的人。這個思想太可怕了，他不能夠忍受。……

湖水在黑暗中發光，水面上時時有魚的唼喋聲。她茫然地立在那裡，回想著許許多多的往事。他跟他的關係一幕一幕地在她的腦子裡重現。她漸漸地可以在黑暗中辨物了。一草一木，在她的眼前朦朧地顯露出來，變得非常可愛。而同時她清楚知道她就跟這一切分開了。世界是這樣靜。人們都睡了。然而他們都活著。所有的人都活著，只有她一個人就要死了。過去十七年中她所能夠記憶的是打罵、流眼淚、服侍別人，此外便是她現在所要身殉的愛。在生活裡她享受的比別人少，而現在這樣輕的年紀，她就要最先離開這個世界了。……她跟別的少女一樣，也有漂亮的面孔，有聰明的心，有血肉的身體。為什麼人們單單要蹂躪她、傷害她，不給她一瞥溫和的眼光，不給她一顆同情的心，甚至沒有人來為她發出一聲憐憫的嘆息！她順從地接受一切災禍，她毫無怨言。後來她終於得到了安

深入探索

→《巴金與讀書》，張學軍編著，婦女與生活社

→《青少年巴金讀本》，陳思和著，名田出版社

慰，得到了純潔的、男性的愛，找到了她崇拜的英雄。她滿足了。但是他的愛也不能拯救她，反而給她添了一些痛苦的回憶。他的愛曾經允許過她許多美妙的幻夢，然而它卻把她丟進了黑暗的深淵。她愛生活，她愛一切，可是生活的門面面地關住了她，只給她留下一條墮落的路。她想到這裡，那條路便明顯地在她的眼前伸展，她帶著恐怖地看了看自己的身子。雖然在黑暗裡，她看不清楚，然而她知道她的身子是清白的。好像有什麼人要來把她的身子故意投到那條墮落的路上似的，她不禁痛惜地、愛憐地摩撫著它。這時候她下定決心了。她不要遲疑了。她注意地看著那平靜的水面。她要把身子投在晶瑩清澈的湖水裡，那裡倒是一個很好的寄身的地方，她死了也落得一個清白的身子。她要投進湖水裡去。⋯⋯

　　最後她懶洋洋地站起來，用極其溫柔而悽楚的聲音叫了兩聲：「三少爺，覺慧！」便縱身往湖裡一跳。⋯⋯〈家〉

深入探索

　→《巴金小說全集》（12冊），巴金著，遠流出版（《滅亡與新生》、《春天裡的秋天》、《愛情三部曲》、《家》、《春》、《秋》、《復仇》、《將軍》、《還魂草》、《火》、《憩園》、《寒夜》）

·名家評介:

· 王德威:「巴金小說繼承並揉合了五四文學的兩大巨擘的精神:自魯迅處,巴金得了揭露黑暗、控訴不義的批判寫實法則;自郁達夫處,他延續了追尋自我、放肆激情的浪漫叛逆氣息。……巴金筆下,這兩種氣息相互支持或頡頏,成就一幕又一幕驚心動魄的好戲。最富盛名的《激流三部曲》,正是最好的例子。」〈家序〉

· 冰心:「他離開了這個封建家庭,同時痛苦地拿起筆來,寫出他對封建制度的強烈控訴。他心裡有一團憤怒的火,不寫不行,他不是為了要做作家才寫作的。……他的思想感情和他筆下的人物,都完全是中國的。」〈中國現代作家選集——巴金序〉

· 李存光:「一般認為巴金作品中最富現實意義、最成功的是《激流三部曲》,其中《家》標誌著作家思想和藝術的最高成就。」〈巴金研究的回顧〉

深入探索

→《創作回憶錄(巴金)》,巴金著,香港三聯出版社

06

『四十自述』

● 成書時間：西元一九三三年
● 類別：散文自傳

特色：名人自傳文學經典之作

■作者介紹：

胡適（西元一八九一年至西元一九六二年），安徽績溪人，原名洪騂，字適之。畢業於美國康奈爾大學，而後又獲博士學位。歸國後在北京大學任教，創立哲學研究所。曾來到台灣任中央研究院院長，直至逝世。他是現代著名學者，除哲學、文學外，於史學研究亦有成績和影響，民初白話文運動更有其重要貢獻。目前有《李超傳》、《章實齋先生年譜》、《科學的古史家崔述》（未完稿）、《丁文江傳記》、《中國哲學史大綱》上卷、《中國古代哲學史》、《墨家哲學》、《淮南王書》、《戴東原的哲學》、《五十年來之世界哲學史》、《國語文學史》、《白話文學史》、《五十年來之中國文學》、《四十自述》……等多本著作傳世。

■內容梗概：

《四十自述》全書六章，從父母的婚姻緣起下筆，止於胡適十九歲考取官費出洋留學之時。按照他原先的構想，是打算將四十年生活分成三階段，即「留學」前後和中間，但種種因素

名言佳句

· 有時候，我們跟他（指梁啟超）走到一點上，還想往前走，他倒打住了，或是換方向走了。在這種時候，我們不免感覺一點失望，但這種失望也是他的大恩惠，因為他盡了他的能力，把我們帶到一個境界，原指望我們感覺不滿足，原指望我們更朝前走。

影響下，僅完成第一段的六章就付梓。體例以較有趣的題目爲題，如〈我的母親的訂婚〉、〈九年的家鄉教育〉、〈從拜神到無神〉……，書中涵蓋層面包括其母嫁給父親的經過，當時的情形及大家庭的盛衰，一直講述到十九歲的他當時如何放浪形骸，以及陰錯陽差下取得公費，出國留學（目前看到的版本有的附錄〈逼上梁山〉一篇，描述留學期間對中國文學和文學革命的態度和看法）。

■閱讀指導：

　　作者在自序中說過：「我們赤裸裸的敘述我們年少時代的瑣碎生活，爲的是希望社會上做過一番事業的人也會赤裸裸的記載他們的生活，給史家做材料，給文學開生路。」這段話也是我們在觀看《四十自述》應採取的態度和角度。

　　自傳或許就某些人而言不夠客觀，無法成爲佐證的史料，然而，文字本來就無法全然客觀，況且和其他性質相似的史書、傳記相比，閱讀自傳更能快速協助我們認識當時代和當時人，此書也有這樣的功效。例如，讀到胡適對母親和父親的描繪，我們可以想像過去守舊家庭的制度及概況，順弟（胡適之母）賣身幫助父母、媒妁之言和合八字……等；翻到〈九年的家鄉教育〉，首先可獲知清廷建設台灣的當時情況（如設台東知州），以及胡適和當代人的養成教育（讀書識字，覆誦的經典如《孝經》、《詩經》……等），小說對作者的魅力，其母對作者的

・如果我學得了一絲一毫的好脾氣，如果我學得了一點點待人接物的和氣，如果我能寬恕人，體諒人——我都得感謝我的慈母。
・我在這十幾年中，因為深深地感受中國最缺乏傳記的文學，所以到處勸我的老輩朋友寫他們的自傳。

影響……等等；〈從拜神到無神〉，談論宗教活動和信仰議題；〈在上海〉（一）、（二）寫他在上海的活動。胡適曾親口說過自己有「傳記熱」，而鼓勵三、四十歲的朋友做自傳的理由，是希望他們能在自傳中，寫出促成歷史的心理動機、幕後線索，和站在特殊地位的觀察。同樣地，我們在欣賞此自述，也不能僅僅將之視為胡適的回憶錄，忽略了藉著自傳所透露的歷史訊息。

當然，一本自傳除了歷史訊息，也涵蓋著作者的人生態度和世界觀，畢竟若想藉著文字折射出歷史的諸多面相，也得透過個人身世和思想的敘述，其中更包含著認識和評價世界的態度及觀點。因此，或許此書有太過感性之詞，我們從字裡行間卻能得知作者對女性弱勢的同情、民族情感的認同、宗教信仰的質疑……等等態度、觀點，這是我們在閱讀此書還得用心的部分，由此才能達到優秀文學作品對自我與世界的深切體認。

■**精彩篇章推薦：**

她是個農家女子，從貧苦的經驗得著不少的知識，故雖是十四歲的女孩兒，卻很有成人的見識。她站在路旁聽著旁人批評今年的神會，句句總帶著三先生。「三先生今年在家過會，可把會弄糟了。」「可不是呢？抬閣也沒有了。」「三先生還沒有到家，八都的鴉片煙館都關門了，賭場也都不敢開了。七月會場上沒有賭場，又沒有煙燈，這是多年沒有的事。」……我

・添出無數的可讀而又可信的傳記來。
・優勝劣汰，適者生存。

母親二十三歲做了寡婦，又是當家的後母。這種生活的痛苦，我的笨筆寫不出一萬分之一二。家中財政本不寬裕，全靠二哥在上海經營調度。大哥從小就是敗子，吸鴉片煙、賭博，錢到手就光，光了就回家打主意，見了香爐就拿出去賣，撈著錫茶壺就拿出去押。我母親幾次邀了本家長輩來，給他定下每月用費的總目。但他總不夠用，到處都欠下煙債、賭債。每年除夕，我家中總有一大群討債的，每人一盞燈籠，坐在大廳上不肯去。大哥早已避出去了。大廳的兩排椅子上，滿滿的都是燈籠和債主。我母親走進走出，料理年夜飯、謝灶神、壓歲錢等事，只當做不曾看見這一群人。到了近半夜，快要「封門」了，我母親才走後門出去，央一位鄰舍本家到我家來，每一家債戶開發一點錢。做好做歹的，這一群討債的才一個一個提著燈籠走出去。一會兒，大哥敲門回來了。我母親從不罵他一句。並且因為是新年，她臉上從不露出一點怒色。這樣的過年，我過了六七次。……我母親的氣量大，性子好，又因為做了後母後婆，她更事事留心，事事格外容忍。大哥的女兒比我只小一歲，她的飲食衣料總是和我的一樣。我和她有小爭執，總是我吃虧，母親總是責備我，要我事事讓她。後來大嫂二嫂都生了兒子了，她們生氣時便打罵孩子來出氣，一面打，一面用尖劇有刺的話罵給別人聽。我母親只裝做不聽見。有時候，她實在忍不住了，便悄悄走出門去，或到左鄰立大嬸家去坐一會兒，或走後門到後鄰度嫂家去閒談。她從不和兩個嫂子吵一

深入探索
→ 《四十自述》，胡適著，遠流出版社
→ 《胡適口述自傳》，胡適口述，唐德剛譯注，遠流出版社

句嘴。……〈四十自述・我的母親的訂婚〉

・名家評介：

- 被譽為「二十世紀中國思想史上的中心人物」。
- 遠流出版社編輯群：「我們可以從書中見識到這位五四新文化運動主將童年生活的真實片段，特別是感受胡適先生與自己的過去『對話』時所獨具的文化眼光。」

深入探索

→《重尋胡適歷程》，余英時著，聯經出版公司

07

『子夜』

● 成書時間：西元一九三三年
● 類別：現代文學

特色：現代文學史上寫實主義長篇小說之代表作

■ **作者介紹：**

　　茅盾（西元一八九六年至西元一九八一年），本名沈德鴻，字雁冰，浙江桐鄉縣烏鎮人，是現代文學重要的評論家和文學家。「茅盾」是第一篇小說《幻滅》發表時所用的筆名。北京大學預科讀畢後，因無力升學，便進入上海商務印書館工作，而後改革了老牌的「小說月報」，成爲文學研究會的首席評論家，並且從事文學翻譯的工作。西元一九二七年寫作首篇《幻滅》後，陸續推出《動搖》、《追求》和《虹》等作品，遂拾起小說家之筆，陸續又寫出《子夜》、《林家舖子》、《春蠶》等名著。

■ **內容梗概：**

　　《子夜》這部長篇小說，主要描述民族資本家吳蓀甫在商場上的奮鬥以及和金融資本家趙伯韜之間的衝突和鬥爭，藉此全方位、多角度地繪畫出三十年代初中國都市發展中的社會現象，從罷工運動、農民暴動、反鎮壓、帝國主義式的掮客活動，乃至中小民族工業被吞併、公債場上驚心動魄的鬥法……

名言佳句

　‧去罷！你這古老社會的殭屍！去罷！我已經看見五千年老殭屍的舊中國也已經在新時代的暴風雨中間很快的很快的在那裡風化了！

等，其中展現各地主的醜陋行徑、資本家家庭內部的種種矛盾衝突……等，這些豐富畫面再現了革命戰爭時期的風雲現象。

■閱讀指導：

　　古今中外的小說，常常上演著人生的縮影版，《子夜》也是如此，而它上演的則是「商場的鬥爭史」、「都市的現象史」。

　　稱它是部「商場的鬥爭史」，不僅是因主角吳蓀甫的身分是個商人，更重要的是作品圍繞的中心就是「商場」兩字。隨意翻閱其中一章，你都可以讀到人物說著滿口的生意經，諸如「他們用我們的次等貨。近來連次等貨也少用。他們用日本生絲和人造絲。我們的上等貨就專靠法國和美國的銷路，一向如此。這兩年來，日本政府獎勵生絲出口，絲繭兩項，完全免稅，日本絲在里昂和紐約的市場上就壓倒了中國絲」之類的話。作者對商場的敘述不僅是外圍部分，連當時商業經濟的制度都納入其中，像「公債」、「勞資」……等問題，都有相當篇幅來描繪，如第十二回中那段「開除工人，三百到五百；取消星期日加工；延長工作時間一小時；工人進出廠門都要受搜查；廠方每月扣留工資百分之十，作為『存工』，扣滿六十五元為度，將來解雇時，廠方可以發還……」這些話正暴露出醜陋資方的臉孔。當然，稱它為鬥爭史，也是因作者描述多種不同類型的資本家（吳蓀甫與趙伯韜僅是代表）之間的爾虞我詐，

・鬼迷了麼？哈，哈！我知道這個鬼！生活程度高，她們吃不飽！可是我還知道另外一個鬼，比這更大更厲害的鬼：世界產業凋弊，廠經跌價！……

像在小說結局，吳蓀甫怎麼也想不到自己的破產竟是他信任的姐夫所造成。總之，縱使你完全不懂得商場機制，讀了這本小說後，也將能體會資本家如何玩弄市場，從中獲利及勞方如何被壓榨。

　　若對商場的爭鬥史沒有興趣，這本小說還提供另一個閱讀面向，即「都市的現象史」。作者在書寫商場之時，也描繪出都市的各種現象，讓人彷彿嗅到流行的味道。如第三回中，吳芝生拖住范博文來到「彈子房」，裡面多麼快活的一群人呀！男人和女人扭在一堆，笑得更蕩，喊更狂。這段描述，不就如同現代開「PARTY」的場景嗎？不僅於此，其他還有聲色舞廳、閱讀外國文學（如莎士比亞之作、《少年維特的煩惱》）……等流行趨勢，作者均一一穿插，讓人見識到發展過程中的都市風貌。小說有一段說得好：「這雙橋鎮，有將近十萬的人口，兩三家錢莊、當舖、銀樓，還有吳蓀甫獨力經營的電力廠、米廠、油坊。這都是近來四五年內興起來的。曾滄海一面走，一面觀看那新發達的市面，以及種種都市化的娛樂，便想到現在掙錢的法門比起他做『土皇帝』的當年來，真是不可同日而語了！」總的來說，作品中有不少都市現象的描繪，是本縮簡版的都市現象史。（附註：作者原定計畫將農村經濟情形、鎮民意識形態及一九三○年的「新儒林外史」都連鎖到此書的總結構之內；書中已經描寫了幾個小結構，打算還要發展得充分些；但因夏日酷熱損害了健康，只好馬馬虎虎割棄了，小說也

・但是無論如何，資本家非有利潤不可！不賺錢的生意根本就不能成立！

就成爲現在的樣子——偏重於都市生活的描寫。）

■**精彩篇章推薦：**

這時候，李麻子他們一邊退，一邊在招架；五六個女工在混戰中陷入了李麻子他們的陣線，正在苦鬥突圍。群眾的大隊已經上了遊廊，管理部眼見得「守不住」了。然而恰在這時候，群眾的後路起了紛擾。十多人一隊的警察直衝進了群眾的隊伍，用刺刀開路。李麻子他們立即也轉取了攻勢，陷在他們包圍中的五六個女工完全被他們抓住了。群眾的大隊往後退了一些，警察們都站在遊廊上了。

可是群眾並沒退走，她們站住了，她們狂怒地呼噪，她們在準備第二次的攻擊。

吳爲成、馬景山、曾家駒，他們三個，一齊都跳出來了，跺著腳大喊：「開槍！剿除這些混蛋！」

群眾大隊立刻來了回答。她們的陣線動了，向前移動了，呼噪把人們的耳朵都震聾了！警察們機械地舉起了槍。突然，屠維岳挺身出來，對警察們搖手，一面用盡了力氣喊道：「不要開槍！——你們放心！我們不開槍，聽我幾句話！」

「不要聽你的狗屁！滾開！」群眾的隊伍裡有一部分怒吼著，仍舊堅定地向前移動。可是大部分卻站住了。

屠維岳冷冷地微笑，再上前一步，站在那遊廊的石階上了，大聲喊道：「你們想想，一雙空手，打得過有刀有槍的

· 你看，世界上的事，總是那麼大蟲吃小蟲！

麼？你們罵我，要打倒我，可是我同你們一樣，都靠這廠吃飯，你們想打爛這廠，你們不是砸了自己的飯碗麼？你們有什麼條款，回去舉代表來跟我談判罷！你們回去罷！現在是我一個人主張和平！你們再鬧，要吃眼前虧了！」

桂長林忽然也在旁邊閃出來，直貼近那站住了而且靜了下去的大隊群眾旁邊，高聲叫道：「屠先生的話句句是好話！大家回去罷！工會來辦交涉，一定不叫大家吃虧！」

「不要你們的狗工會！我們要自己的工會！」

女工群裡一片叫罵聲。可是現在連那一小隊也站住了。同時那大隊裡騰起了一片聽不清楚的喧鬧。這顯然不復是攻勢的呼噪，而是她們自己在那裡亂烘烘地商量第二步辦法了。俄而大隊裡一個人站了出來，正是姚金鳳。她先向群眾喊道：

「小姊妹！他們捉了我們五六個人！他們不放還，我們拚性命！」

群眾的回答是一陣叫人心抖的呼噪。然而群眾的目標轉移了！姚金鳳立即走前一步看定了屠維岳的面孔說：

「放還我們的人！」

「不能放！」

吳為成他們也擠出來厲聲吆喝。李麻子看著屠維岳的臉。

屠維岳仍舊冷冷地微笑，堅決地對李麻子發命令：

「放了她們！」

「人放還了！人放還了！大家回去罷！有話派出代表來再

・你們想想，一雙空手，打得過有刀有槍的麼？

講！」

桂長林漲破了喉嚨似的在一旁喊，在那群眾的大隊周圍跑。歡呼的聲音從群眾堆裡起來了，人的潮水又動盪；可是轉了方向，朝廠門去了。何秀妹一邊走，一邊大喊：「打倒屠夜壺！打倒桂長林！」可是只有百多個聲音跟她喊。「打倒錢葆生！」——姚金鳳也喊起來。那一片應聲就是女工們全體。陳月娥和張阿新在一處走，不住地咬牙齒。現在陳月娥想起昨晚上瑪金和蔡真的爭論來了。她恐怕「衝廠」的預定計畫也不能做到。

然而群眾的潮水將到了廠門的時候，張阿新高喊著「衝廠」，群眾的應聲又震動了四方。

「衝廠！衝廠呀！先衝『新廠』呀！」

「總罷工呀！我們要自己的工會呀！」

女工們像雷似的，像狂風似的，掃過了馬路，直衝到吳蓀甫的「新廠」，於是兩廠的聯合軍衝開了一個廠又一個廠，她們的隊伍成為兩千人了，三千人了，四五千人了，不到一個鐘頭，閘北的大小絲廠總罷工下來了！全閘北形勢緊張，馬路旁加了雙崗！

裕華絲廠工場內，死一般的沈寂了。工廠大門口站了兩對警察。廠內管理部卻是異常緊張。吳為成他們都攢住了屠維岳哄鬧，說他太軟弱。屠維岳不作聲，只是冷靜地微笑。〈第十四章〉

深入探索

→《子夜》，茅盾著，里仁書局

→《茅盾》，莊鍾慶著，書林出版有限公司

·名家評介：

· 魯迅：「國內文壇，除我們仍受壓迫及反對者趁勢活動外，亦無甚新局，但我們這面。……茅盾作一小說曰《子夜》，擠三十萬餘字，是他們所不及的。」

· 瞿秋白：「這是中國第一部寫實主義的、成功的長篇小說。」

深入探索

→ 《艱辛的人生——茅盾傳》，沈衛威著，業強出版社

→ 《子夜下的孤燈背影——我看茅盾》，丁爾綱著，雅書堂出版社

『邊城』

- 發表時間：西元一九三四年
- 類別：現代小說

特色：淒美動人的愛情故事，淳樸可愛的湘西民情

■作者介紹：

沈從文（西元一九○二年至西元一九八八年），本名沈岳煥，現代作家、歷史文物研究專家，湖南鳳凰縣人。一九一八年自小學畢業後，在本地土著部隊工作。一九二三年，因嚮往「五四」運動的發源地——北京，隻身來到北京，開始了他的寫作生涯。他前後曾在武漢大學、青島大學、西南聯大、北京大學等學校任教，並在上海、北京的文藝刊物發表作品。他的作品有濃厚的故鄉情懷，常取自湘西地方風土人情，用淳樸的語言和細膩的心理描寫，表達出豐富的人情味，使故事中人物和山川、歷史融合在一起，創造出充滿詩情畫意的情境。西元一九五七年後，他放棄文學創作，專心從事文物研究，作品中較著名的有〈鴨子〉、〈老實人〉、《八駿圖》、《湘行散記》、《邊城》、《長河》……等。

■內容梗概：

《邊城》全書共有七萬字，是描寫一對為愛、名譽犧牲的男女，留下孤女翠翠與外祖父相依為命，兩人靠著擺渡維生。巧

名言佳句

· 月光如銀子，無處不可照及，山上篁竹在月光下皆成為黑色。身邊草叢中蟲聲繁密如落雨，間或不知道從什麼地方，忽然會有一隻草鶯「落落落落噓！」囀著牠的喉嚨，不久之間，這小鳥兒又好像明白這是半夜，不應當那麼吵鬧，便仍然閉著那小小眼兒安睡了。

合下，翠翠喜歡船總順順的二兒子儺送。然而沒有想到，儺送的唯一哥哥天保也愛上了翠翠，積極地託人去提親，卻沒有得到翠翠的答覆。當兄弟倆知道喜歡同一個女人，決定用當地古老的競賽方式，就是唱一夜的情歌來打動對方。最後天保自認比不上弟弟儺送，於是，行船遠走他鄉，卻意外遭遇船難而死。儺送自從哥哥死後，心理非常矛盾，雖然愛著翠翠，同時也受著良心的譴責，他父親希望他娶有磨坊陪嫁的王鄉紳千金，而不是翠翠，儺送不答應這門婚事，於是他也駕船離開故鄉。不久外祖父在一個大雨夜中，失望地離開人世。之後翠翠與外祖父的摯友馬兵一起生活，在河岸邊靜靜等待儺送的歸來。

■閱讀指導：

對於這本充滿牧歌式的愛情小說，最主要有兩個閱讀的角度。

其一，感受主角們在情愛上的偉大。很明顯的，沈從文在這本小說想要描繪一種「人生形式」，此形式的基礎是「自然、優美、健康」，故事方面則藉著愛情這一方式來呈現。因此，表面上作者看似講述兩個兄弟愛上同一個女人的情節，情節的發展卻凸顯出愛情和其他偉大的情誼，而非一般自私的情愛糾葛。例如，兄弟倆知道喜歡同一人的情況後，兩方都能冷靜面對，甚至以古老競賽來決定，這一方式並非是把愛情視為兒

・一切總是那麼靜寂，所有人民每個日子皆在這種不可形容的單純寂寞裡過去。
・翠翠在風日裡長養著，故把皮膚變得黑黑的，觸目為青山綠水，故眸子清明如水晶。

戲，可以搶躲、爭來，而是不願意傷害兄弟情誼，又能爲此難題找一解決方法；也是因爲此情誼，縱使弟弟儺送深愛翠翠，當知道哥哥船難而死，便遲遲無法迎娶對方。或許有些讀者會發現，情節上有太多巧合、偶然、陰錯陽差，彷彿他們命中注定遭遇這些困挫。實際上也就是這些接踵而來的各種考驗，顯現人性中最珍貴的事物（如親情、愛情、友情……等）。

其二，牧歌風景。作品講述情愛上的偉大，上述已經提及，此外，小說另外討論了「現在和過去」、「生存和死亡」、「恆久和變動」、「天意和人爲」等議題，內容十分豐富。不過，小說另一重要特點在牧歌風景。所謂的牧歌風景是指不同城市繁忙、嘈雜的自然情調，嫻靜中描繪出「邊城地方的山明水秀與人情淳厚」。姑且不論主角們的愛情追求，正是一種湘西地方獨特的民情（生活在那裡的人們都辛勤地工作，男女間選擇伴侶，是自然地依恃著感覺而決定，社會地位與貧富懸殊的阻隔並不是擇偶所考慮的因素，所以才有唱情歌的古老競賽方式），讀到「那條河水便是歷史上知名的酉水，新名字叫作白河。……水中游魚來去，全如浮在空氣裡。兩岸多高山，山中多可以造紙的細竹，長年作深翠顏色，逼人眼目。近水人家多在桃杏花裡，春天時只需注意，凡有桃花處必有人家，凡有人家處必可沽酒。夏天則曬晾在日光下耀目的紫花布衣褲，可以作爲人家所在的旗幟。秋冬來時，房屋在懸崖上的，濱水的，無不朗然入目。黃泥的牆，烏黑的瓦，位置則永遠那麼妥貼，

· 可是到了冬天，那倒圮坍了的白塔，又重新修好了，那個在月下唱歌，使翠翠在睡夢裡為歌聲把靈魂輕輕浮起的青年人還不曾回到茶峒來。
· 這個人也許永遠不回來了，也許「明天」回來！

且與四圍環境極其調和……」這段文字，不就彷彿見到一個行者蜷伏在小船上，欣賞一幅幅充滿興味的寫實圖畫，處處有奇蹟，自然的大膽處與精巧處，無一處不使人神往傾心，船隻似乎正一步步划向桃花源境。總之小說從對話、街景、民情、風俗、碼頭……等均像唱著一首首牧歌，讓人認識到其他小說沒有描繪的鄉野情調、自然風光。（附註，小說不一定以情節取勝，有些小說在景致風光的描繪比任何攝影集還要精采，只是大多人閱讀時所選擇的角度常常是關注小說人物的發展，實屬可惜。）

■精彩篇章推薦：

　　黃昏來時翠翠坐在家中屋後白塔下，看天空被夕陽烘成桃花色的薄雲，十四中寨逢場，城中生意人過中寨收買山貨的很多，過渡人也特別多，祖父在溪中渡船上，忙個不息。天已快夜，別的雀子似乎都要休息了，只杜鵑叫個不息。石頭泥土為白日曬了一整天，草木為白日曬了一整天，到這時節皆放散一種熱氣。空氣中有泥土氣味，有草木氣味，且有甲蟲類氣味。翠翠看著天上的紅雲，聽著渡口飄鄉生意人的雜亂聲音，心中有些兒薄薄的淒涼。

　　黃昏照樣的溫柔、美麗，和平靜。但一個人若體念到這個當前一切時，也就照樣的在這黃昏中會有點兒薄薄的淒涼。於是，這日子成為痛苦的東西了。翠翠覺得好像缺少了什麼。好

深入探索
　→《邊城》，沈從文著，里仁書局
　→《中國文學精讀沈從文》，汪曾祺編，書林出版有限公司

像眼見到這個日子過去了，想要在一件新的人事上攀住它，但不成。好像生活太平凡了，忍受不住。

「我要坐船下桃源縣過洞庭湖，讓爺爺滿城打鑼去叫我，點了燈籠火把去找我。」她便同祖父故意生氣似的，很放肆的去想到這樣一件不可能事情。她且想像她出走後，祖父用各種方法尋覓她皆無結果，到後如何躺在渡船上。

「人家喊：『過渡，過渡，老伯伯，你怎麼的！不管事！』『怎麼的！翠翠走了，下桃源縣了！』『那你怎麼辦？』『那怎麼辦？拏了把刀，放在包袱裡，搭下水船去殺了她！』……」

翠翠彷彿當真聽見這種對話，嚇怕起來了，一面銳聲喊著她的祖父，一面從坎上跑向溪邊渡口去。見到了祖父正把船拉在溪中心，船上人喁喁說著話，小小心子還依然跳躍不已。

「爺爺，爺爺，你把船拉回來呀！」

那老船夫不明白她的意思，還以為翠翠要為他代勞了，就說：

「翠翠，等一等，我就回來！」

「你不拉回來了嗎？」

「我就回來！」

翠翠坐在溪邊，望著溪面為暮色所籠罩的一切，且望到那隻渡船上一群過渡人，其中有個吸旱煙的打著火鐮吸煙，把煙桿在船邊剝剝的敲著煙灰，就忽然哭起來了。

祖父把船拉回來時，見翠翠癡癡的坐在岸邊，問她是什麼

深入探索
→《沈從文史詩》，金介甫著，符家欽譯，幼獅文化
→《我所生長的地方》，沈從文著，香港三聯出版社

事，翠翠不作聲。祖父要她去燒火煮飯，想了一會兒，覺得自己哭得可笑，一個人便回到屋中去，坐在黑黝黝的灶邊把火燒燃後，她又走到門外高崖上去，喊叫她的祖父，要他回家裡來。在職務上毫不兒戲的老船夫，因為明白過渡人皆是趕回城中喫晚飯的人，來一個就渡一個，不便要人站在那岸邊獃等，故不上岸來。只站在船頭告訴翠翠不要叫他，且讓他作點事，把人渡完事後，就會回家裡來喫飯。〈節錄《邊城》〉

● 名家評介：

- 夏志清：「玲瓏剔透牧歌式的文體，裡面的山水人物，呼之欲出；這是沈從文最拿手的文體，而《邊城》是最完善的代表作。」《中國現代小說史》

- 彭小妍：「沈從文非漢族的出身背景，與他在文學題材、形式上的偏好『邊際性』（marginality）有密切的關係，也導致他獨特的文化、社會、政治意識取向。」〈沈從文小說選・導論〉

深入探索

→《沈從文自傳》，沈從文著，聯合文學
→《沈從文小說選》，彭小妍編，洪範出版社

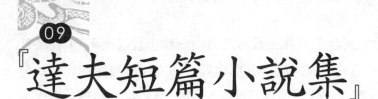

『達夫短篇小說集』

- 成書時間：一九三五年
- 類別：現代小說

特色：郁達夫的作品以情為主，有著鮮明的藝術個性和獨特的藝術風格

■作者介紹：

郁達夫（西元一八九六年至西元一九四五年），名文，字達夫，浙江富陽人。民國十年發表首篇長篇小說〈沉淪〉，描寫青年男女的苦悶，一時蜚聲文壇。民國十一年，郁達夫和郭沫若、張資平在上海設立「創造社」，鼓吹浪漫主義文學，攻擊文學研究會作家的「寫實主義」作品，並發行「創造週報」，而後曾在各大學任教。十六年，結識王映霞，一見傾心，將戀愛經過記於《日記九種》，並出版，震動文壇，博得男女青年同情。作品有：《達夫全集》七卷，後曾改編為《達夫散文集》、《達夫日記集》、《達夫短篇小說集》、《達夫遊記》……等。日本東京大學東洋文化研究所東洋學文獻中心曾出版有《郁達夫資料》三冊，收集資料最全。

■內容梗概：

本書輯錄郁達夫從西元一九二一年發表第一篇小說〈銀灰

深入探索

→《郁達夫》，張恩如選評編輯，海風出版社

→《水樣春愁──郁達夫散文精選》，陳信元編選，蓬萊出版社

→《沉淪之聲》，郁達夫著，九儀出版社

→《春天沉醉的晚上》，郁達夫著，駱駝出版社

色的死〉，到西元一九三五年寫最後一篇小說〈出奔〉，為時凡十五年。他的小說大體可分為兩類，即表現自我類和表現社會類，前一類作品代表作為〈沉淪〉，後一類作品代表為〈春風沉醉的晚上〉和〈薄奠〉。

■閱讀指導：

郁達夫創作有小說、舊詩、散文、政論等，詩歌、散文的成就也很高，但他的小說創作影響最大。有人認為他的小說以情為主，開中國新文學的先河，因而被稱為浪漫主義的代表，特點是以清新的筆調，把自己的心扉向讀者敞開，表露他的理想。上面的評述並無不妥，但若仔細分析他的小說，將可發現其最重要的特質是「感傷情調」。

每個作家都擁有自身的風格，郁達夫也不例外，而貫穿其小說的正是「感傷情調」。他的首篇小說集《沉淪》，收錄了〈沉淪〉、〈銀灰色的死〉、〈南遷〉三篇小說，一個寫生活在日本的中國留學生，一個寫無為的理想主義者的沒落，一個寫因心靈不遂、失望憔悴死在路上的青年，小說內容均存著作者留日的生活片斷，在這樣帶著自傳色彩的作品中，作者著重表現內心的抑鬱、苦悶，帶點灰色、感傷的調性，有人認為：「主人公的憤激和反抗，最終往往變成自戕，愛國心又常與個人欲望相聯繫，再加上作品籠罩著一層悒鬱頹喪的氣氛，就構成了《沉淪》的嚴重缺點。」事實上，這樣的缺點正是作者的風格，

他這種看似消極的味道，不但吸引一些不願沉淪卻又無力掙脫的人，也替他們發出孤獨憤世的嘆息。

同樣的感傷色彩，也出現在他的代表作之一《遲桂花》中。作品雖滿目青山綠水、宜人之景，主人翁老郁仍多愁善感的，說著小說中可愛女子的命運，觸目感傷，正暗示作家的性格；當然，小說中那股清新又寂靜的味道，讓人似乎聞到不一樣的郁達夫，在這表象的底層依舊仍感受一絲絲的淡愁、憂情（這一點或許有人不認同，當他讀到「奇妙的日出」、「滿過半虧的月亮」、「淡綠色的光」、「綠玻璃似的翠竹」及「撩人的遲桂花的芬芳」，感受的是遲桂花般芬芳的女子和遲桂花般的純潔友誼和愛情）。

上述幾個例子僅是說明，整體來說，或許作者在每個作品表現的主題和描述的成分，然而隨意翻閱他的小說，都能從文字中嗅到他淡愁之感傷情調，不論是〈蔦蘿行〉、〈春風沉醉的晚上〉、〈薄奠〉、〈出奔〉等，若懂得品嘗這樣的味道，才能真正的踏入郁達夫的小說世界，明白他對現實的想法。

最後有個小小的建議，若行有餘力，翻翻郁達夫的散文，不僅有意外的收穫，或許還能協助你閱讀他的小說。

■精彩篇章推薦：

「說到這裡，他那火熱的頰上忽然滾了幾顆冰冷的眼淚下來。他是傷心到極點了。這一天晚上，他記的日記說：

我何苦要到日本來，我何苦要求學問。既然到了日本，那自然不得不被他們日本人輕侮的。中國呀中國！你怎麼不富強起來，我不能再隱忍過去了。

　　故鄉豈不有明媚的山河，故鄉豈不有如花的美女？我何苦要到這東海的島國裡來！

　　到日本來倒也罷了，我何苦又要進這該死的高等學校。他留了五個月學回去的人，豈不在那裡享榮華安樂麼？這五六年的歲月，教我怎麼挨得過去。受盡了千辛萬苦，積了十數年的學識，我回國去，難道定能比他們來胡鬧的留學生更強麼？

　　人生百歲，年少的時候，只有七八年的光景，這最純最美的七八年，我就不得不在這無情的島國虛度過去，可憐我今年已經是二十一了。

　　槁木的二十一歲！

　　死灰的二十一歲。

　　我真還不如變了礦物質的好，我大約沒有開花的日子了。

　　知識我也不要，名譽我也不要，我只要一個安慰我體諒我的『心』。一副白熱的心腸！從這一副心腸裡生出來的同情！從同情而來的愛情！

　　我所要求的就是愛情！

　　若有一個美人，能理解我的苦楚，她要我死，我也肯的。

　　若有一個婦人，無論她是美是醜，能真心真意的愛我，我有願意為她死的。我所要求的就是異性的愛情！

蒼天呀蒼天，我並不要知識，我並不要名譽，我也不要那些無用的金錢，你若能賜我一個伊甸園內的『伊芙』，使她的肉體與心靈，全歸我有，我就心滿意足了。」〈節錄沉淪（二）〉

「同居的人全出外去後的這沉寂的午後的空氣中獨坐著的我，表面上雖則同春天的海面似的平靜，然而我胸中的寂寥，我腦海裡的愁思，什麼人能夠推想得出來？現在是三點三十分了。外面的馬路上大約有和暖的陽光夾著了春風，在那裡助長青年男女的遊春的興致；但我這房裡的透明的空氣，何以會這樣的沉重呢？龍華附近的桃林草地上，大約有許多穿著時式花樣的輕綢繡緞的戀愛者，在那裡對著蒼空發愉樂的清歌；但我的這從玻璃窗裡透過來的半角青天，何以總帶著一副嘲弄我的形容呢？啊啊，在這樣薄寒輕暖的時候，當這樣有作有為的年紀，我的生命力，我的活動力，何以會同冰雪下的草芽一樣，一些兒也生長不出來呢？啊啊，我的女人！我的不能愛而又不得不愛的女人！我終覺得對不起！

計算起來你的列車大約已經過松江驛，但你一個人抱了小孩在車窗裡呆看陌上行人的景狀，我好像在你旁邊看守著的樣子。可憐你一個弱女子，從來沒有單獨出過門，你此刻呆坐在車裡，大約在那裡回憶我們兩人同居的時候，我虐待你的一件件的事情了吧！啊啊，我的女人，我的不得不愛的女人，你不要在車中滴下眼淚來，我平時雖則常常虐待你，但我的心中卻在哀憐你的，卻在痛愛你的；不過我在社會上受來的種種苦

楚、壓迫、侮辱，若不向你發洩，教我更向誰去發洩呢！啊啊，我的最愛的女人，你若知道我這一層隱衷，你就該饒恕我了。

　　唉，今天是舊曆的二月二十一日，今天正是清明節呀！大約各處的男女都出到郊外去踏青的，你在車窗裡見了火車路線兩旁郊野裡在那裡遊行的夫婦，你能不怨我的麼？你怨我也罷了，你倘能恨我怨我，怨得我望我速死，那就好了。但是辦不到的，怎麼也辦不到的，你一邊怨我，一邊又必在原諒我的，啊啊，我一想到你這一種優美的靈心，教我如何能忍得過去呢！」〈節錄蔦蘿行〉

● 名家評介：

- ・王平陵：「……文筆老練，頗有感人力量。」
- ・劉心皇：「讀他的作品，一股真的力量逼迫著你，讓你相信它，受它的感動。他的作品是真、是美，就是他在寫時，絕沒有顧忌到他的地位、名譽，乃至別人的對他『人身的攻擊』，他只是真誠的把他的所感所想照實的寫出來，絕沒有一絲一毫的矯揉造作。」
- ・郭沫若：「他的清新的筆調，在中國枯槁的社會裡面好像吹來了一股春風，立即吹醒了當時的無數讀者的心。」

10『駱駝祥子』

● 成書時間：西元一九三六年
● 類別：現代小說

特色：真實反映出中下階層的生命哀歌

■作者介紹：

　　老舍（西元一八九九年至西元一九六六年），本名舒慶春，滿洲正紅旗人，世居北京。父親在八國聯軍中陣亡。母親辛勞地替人洗衣、打零工，維持一家人的生活，此貧苦環境對他的創作有極大的影響。在北京師範學校畢業後，擔任教職，西元一九二四年到英國倫敦大學當華語教員，開始創作。第一部長篇小說〈老張的哲學〉在「小說月報」連載。之後又寫了〈趙子曰〉、〈二馬〉，奠定了老舍的知名度。回國後，曾在齊魯大學、山東大學任教。西元一九六六年文化大革命，不堪紅衛兵的屈辱，投太平湖自殺。代表作有〈貓城記〉、〈離婚〉、〈駱駝祥子〉及〈月牙兒〉、〈我這一輩子〉、〈微神〉、《駱駝祥子》、〈月牙兒〉、〈四世同堂〉……等小說及〈龍鬚溝〉、〈茶館〉……等戲劇。

■內容梗概：

　　《駱駝祥子》有二十四回。主角祥子，十八歲到北京討生活，辛苦整整三年，省吃儉用，完成夢想，買了一輛新的人力

名言佳句
・最偉大的犧牲是忍辱，最偉大的忍辱是預備反抗。
・愛與不愛，窮人得在金錢上決定，「情種」只生在大富之家。

車。此後卻災難不斷，戰亂時被軍閥抓去當苦工，趁機逃脫後，回到人和車廠，從頭開始，認真拉車。車廠老闆的女兒虎妞引誘他，發生了關係。祥子不想和虎妞繼續這段關係，便離開車廠，可是虎妞騙祥子自己已懷有身孕，兩人婚後住在一個大雜院。虎妞之後承認假懷孕，接著要求祥子不要拉車，每天陪她玩耍，可是祥子不同意。後來虎妞真的懷孕，卻沒想到難產而死。祥子傷心地賣了人力車，葬了虎妞。同個大雜院，住著一個車伕二強子，二強子嗜酒賭博，逼迫女兒小福子為娼，賺錢供他花用。祥子與小福子兩人心生好感，故他決定搬出大雜院，努力賺錢，再回來娶小福子。祥子到夏家拉車，被夏太太引誘，得了性病。這樣接二連三的打擊，讓祥子的行為開始轉變，從善良勤勞變成了自私懶惰。最後祥子替恩人曹先生拉車，對方更願意請小福子到他家當女傭，好幫助祥子與小福子結婚。但當祥子著急四處尋找小福子的下落，卻聽到小福子受不了妓院虐待，上吊自殺。祥子悲痛萬分，從此過著等待生命終結的日子⋯⋯。

■閱讀指導：

　　若以錢來分族群，這世界可分成「富豪」、「中產階級」、「窮人」三類，其中又以「窮人」佔絕大多數，然而，過去描寫低下階層辛苦討生活的小說卻不多，《駱駝祥子》幾乎是首部為這類人唱出生命悲歌的作品。老舍透過主角「祥子」的故

深入探索
→《駱駝祥子》，老舍著，里仁書局
→《水晶簾外玲瓏月——卅年代文學名家作品析評》，楊昌年著，里仁書局
→《老舍評傳》，關紀新著，台灣商務出版社
→《老舍》，陳孝全選評編輯，海風出版社

事，暴露出這類工作者生活、社會、情感……等諸多問題。舉例來說，他們的小小心願是能成家立業，然而一個小小的頓挫或者意外，可能就要他們付出慘痛的代價，之前的積蓄也付諸流水，像祥子不小心惹上車廠老闆的女兒，不但離開車廠，甚至無法正常工作，最後還葬送了對方的性命，只好賣了車子安葬對方。車子沒了，重新來過就好，只是老天爺不放過他，之後屢次遭受打擊，被人誘拐染上性病，連喜歡的人都在妓院被虐待而死。這一連串的折磨和困境，似乎應驗了作者開頭所言：「這些人，生命最鮮壯的時期已經賣掉，現在再把窩窩頭變成的血汗滴在馬路上。沒有力氣，沒有經驗，沒有朋友，就是在同行的當中也得不到好氣兒。他們拉最破的車，皮帶不定一天洩多少次氣；一邊拉著人還得一邊兒央求人家原諒，雖然十五個大銅子兒已經算是甜買賣。」小說最後，作者敘述著祥子落魄的模樣，無法替人拉車，只好到處打零工，任由他人辱罵，毫無尊嚴，在地上看有沒有值得拾起來的煙頭兒。總之，在本書中，老舍以他流暢的文筆和悲天憫人的情懷，描述小人物在都市叢林中掙扎求生的黑色悲劇，一種願意付出最大代價以求得最低生存卻不可得的悲哀，這同時也是當時大多數勞苦窮人們的悲劇！那個時代小人物的共同命運。（作者最後的結語下的好，「體面的、要強的、好夢想的、利己的、個人的、健壯的、偉大的，祥子，不知陪著人家送了多少回殯；不知道何時何地會埋起他自己來，埋起這墮落的、自私的、不幸的、

社會病胎裡的產兒，個人主義的末路鬼！」）

在欣賞老舍敘述舊時代的小人物外，閱讀此書，還可仔細留意小說的文字，這部以「北京」為背景的小說，充滿著北京味，如描繪風景，「只有這樣的小河彷彿才能算是河；這樣的樹、麥子、荷葉、橋樑，才能算是樹、麥子、荷葉，與橋樑。因為它們都屬於北平」，或「樹木微動，月色更顯得微茫；白塔卻高聳到雲間，傻白傻白的把一切都帶得冷寂蕭索，整個的三海在人工的雕琢中顯出北地的荒寒」……等；又如北京的語言，如「對於銀行銀號，他只知道那是出『座兒』的地方，假若巡警不阻止在那兒攔車的話，準能拉上『買賣』」、「我不圖點什麼，難道教我一家子喝西北風」……等，幾乎翻開每一頁，都可閱讀到北京色彩，若將小說當成描述北京的故事來讀，相信也是不錯的選擇。

■精彩篇章推薦：

雲還沒鋪滿了天，地上已經很黑，極亮極熱的晴午忽然變成黑夜了似的。風帶著雨星，像在地上尋找什麼似的，東一頭西一頭的亂撞。北邊遠處一個紅閃，像把黑雲掀開一塊，露出一大片血似的。風小了，可是利颼有勁，使人顫抖。一陣這樣的風過去，一切都不知怎好似的，連柳樹都驚疑不定的等著點什麼。又一個閃，正在頭上，白亮亮的雨點緊跟著落下來，極硬的砸起許多塵土，土裡帶著雨氣，大雨點砸在祥子的背上幾

個，他哆嗦了兩下，雨點停了，黑雲鋪勻了滿天。又一陣風，比以前的更厲害，柳枝橫著風，塵土往四下裡走，雨道往下落；風、土、雨混在一起，聯成一片，橫著豎著都灰茫茫冷颼颼，一切的東西都被裹在裡面，辨不清哪是樹，哪是地，哪是雲，四面八方全亂、全響、全迷糊。風過去了，只剩下直的雨道，扯天扯地的垂落，看不清一條條的，只是那麼一片、一陣，地上射起了無數的箭頭，房屋上落下萬千條瀑布。幾分鐘，天地已分不開，空中的河往下落，地上的河橫流，成了一個灰暗昏黃，有時又白亮亮的，一個水世界。

　　祥子的衣服早已溼透，全身沒有一點乾鬆地方；隔著草帽，他的頭髮已經全濕。地上的水過了腳面，已經很難邁步；上面的雨直砸著他的頭與背，橫掃著他的臉，裹著他的襠。他不能抬頭，不能睜眼，不能呼吸，不能邁步。他像要立定在水中，不知道哪是路，不曉得前後左右都有什麼，只覺得透骨涼的水往身上各處澆。他什麼也不知道了，只心中茫茫的有點熱氣，耳旁有一片雨聲。他要把車放下，但是不知放在哪裡好。想跑，水裏住他的腿。他就那麼半死半活的，低頭一步一步的往前曳。坐車的彷彿死在了車上，一聲不出的任著車伏在水裡掙命。（節錄《駱駝祥子》）

⑪ 『呼蘭河傳』

● 成書時間：西元一九四一年
● 類別：現代小說

特色：充滿追憶家鄉、抨擊舊有制度，卻不像小說的小說

■作者介紹：

蕭紅（西元一九一一年至西元一九四二年），原名張乃瑩，另有筆名「悄吟」，黑龍江呼蘭人。幼年喪母，父親性格暴戾，僅從年邁的祖父那裡享受到些許人間溫暖，寂寞童年形成蕭紅性格中孤獨、敏感、矜持又倔強的一面。在哈爾濱就讀中學，有機會接觸到五四思想和中外文學，受到魯迅、茅盾和美國作家辛克萊等作品的影響。她對傳統家庭和媒妁婚姻深感不滿，因此離家出走，幾經流離。認識蕭軍之後，兩人同居，結識不少文人，並一起參與宣傳反滿抗日的活動。西元一九四二年，歷經坎坷後在香港因病去世。終其一生有《跋涉》、《生死場》、《商市街》、《橋》、《牛車上》、《曠野的呼喊》、《蕭紅散文》、《回憶魯迅先生》、《馬伯樂》、《呼蘭河傳》、《手》、《小城三月》⋯⋯等小說、散文。

■內容梗概：

《呼蘭河傳》中有個小女孩「我」，她也是故事的敘述者，小說就是透過她的雙眼，觀賞著「呼蘭河」鎮的風貌，從街

名言佳句

・這地方的火燒雲變化極多，一會兒紅堂堂的了，一會兒金洞洞的了，一會兒半紫半黃的，一會兒半灰半百合色。葡萄灰、大黃梨、紫茄子，這些顏色天空上邊都有。還有些說也說不出來的，見也未曾見過的，諸多種的顏色。

道、胡同、生活作息，乃至於泥坑中曾經跌過哪些動物；再者，除了描述賣豬肉、賣豆腐等瑣碎小事外，還有跳大神或者唱秧歌、放河燈、野臺子戲……等風俗民情；重要的故事主軸，則是小女孩「我」與家族之間的小故事，如和祖父的相處，怪異的二伯……等。小說就是這樣一本東扯西扯、看似雜亂無章的回憶式作品。

■閱讀指導：

　　從作者生平來猜，《呼蘭河傳》可能是她敘述那童年生活的寫實小說。這部小說中，蕭紅透過追憶家鄉的各種人物和生活畫面，描寫了自己的祖父、祖母、親戚、鄰居等人物，並且展現了上個世紀初中國東北農村的社會面貌。舉例來說，「大地一到了這嚴寒的季節，一切都變了樣，天空是灰色的，好像刮了大風之後，呈現一種混沌沌的氣象，而且整天飛著清雪。人們走起路來是快的，嘴裡邊的呼吸，一遇到了嚴寒好像冒著煙似的」、「東二道街上有一家火磨，那火磨的院子很大，用紅色的好磚砌起來的大煙筒是非常高的，聽說那火磨裡邊進去不得，那裡邊的消信可多了，是碰不得的。一碰就會把人用火燒死，不然為什麼叫火磨呢？」這兩段是小說的開頭文字，簡單幾句便描繪一個寒冷冬季的圖像。在第二章，作者更細心鋪陳了農村祭典和風俗，即「呼蘭河除了這些卑瑣平凡的實際生活之外，在精神上，也還有不少的盛舉，如跳大神、唱秧歌、放

・所以看戲去的姑娘，個個都打扮得漂亮。都穿了新衣裳，擦了胭脂塗了粉，瀏海剪得並排齊。頭辮梳得一絲不亂，紮了紅辮根、綠辮梢。也有紮了水紅的，也有紮了蛋青的。走起路來像客人，吃起瓜子來，頭不歪眼不斜，溫文爾雅，都變成了大家閨秀。有的著蛋青色布長

河燈、野臺子戲、四月十八娘娘廟大會……」分析之，前兩章作品如紀錄片般寫下當時的東北農村的社會面貌。

當然，在記錄故鄉風景的同時，作者更關注著小女孩的心靈及小女孩眼中的人物（可能是親友、或一個沒有關係者）。例如在第三章，我們可以讀到祖孫的天倫之樂（「祖父一天都在後園裡邊，我也跟著祖父在後園裡邊。祖父戴一個大草帽，我戴一個小草帽，祖父栽花，我就栽花；祖父拔草，我就拔草。當祖父下種種小白菜的時候，我就跟在後邊，把那下了種的土窩，用腳一個一個地溜平，哪裡會溜得準，東一腳的，西一腳的瞎鬧」）。諸如此類的描寫還有很多，如祖母去世、養豬夜唱、團圓媳婦、怪異二伯……等，小女孩的眼睛儼然就是部投影機，播放著一幕幕記憶片段，圍繞在「呼蘭河」鎮。在這些片段中，還隱藏著小女孩的心情，因此讀這本小說，我們不但彷彿回到童年，隨著小女孩感受探險新事物的驚奇、冒險心情，甚至從中發現小說可說是一個聰明的、早熟的、喜歡幻想又有幾分孤獨、憂鬱的小女孩的內心自白書。

有人曾說：「而且我們不也可以說：要點不在《呼蘭河傳》不像是一部嚴格意義的小說，而在它於這『不像』之外，還有些別的東西──一些比像一部小說更為『誘人』些的東西：它是一篇敘事詩，一幅多彩的風土畫，一串淒婉的歌謠。」這樣評論是很恰當的，雖然翻閱作品仍不時會察覺作品流露一種「孤寂與苦悶」的情懷（如第三章幾乎每段開頭都是「我家是荒

衫，有的穿了藕荷色的，有的銀灰的。有的還把衣服的邊上壓了條，有的蛋青色的衣裳壓了黑條，有的水紅洋紗的衣裳壓了藍條，腳上穿了藍緞鞋，或是黑緞繡花鞋。

涼的』），這僅是作者寫作小說的某一目的（實際上，作者的童年的確是不愉快的），不可否認的，小說內仍有著風土畫。最後關於小說是否「表達出作者對於舊中國的扭曲人性損害人格的社會現實的否定」的問題，我想得交給各位讀者來決定，但可以思考的，縱使在現代相信仍有不幸女孩在某處孤獨的成長，她長大後所寫的自傳性回憶錄，或許就像這本小說，瀰漫著「孤寂與苦悶」的味道。

■**精彩篇章推薦：**

賣豆腐的一收了市，一天的事情都完了。

家家戶戶都把晚飯吃過了。吃過了晚飯，看晚霞的看晚霞，不看晚霞的躺到炕上去睡覺的也有。

這地方的晚霞是很好看的，有一個土名，叫火燒雲。說「晚霞」人們不懂，若一說「火燒雲」，就連三歲的孩子也會呀呀地往西天空裡指給你看。

晚飯一過，火燒雲就上來了。照得小孩子的臉是紅的。把大白狗變成紅色的狗了。紅公雞就變成金的了。黑母雞變成紫檀色的了。餵豬的老頭子，往牆根上靠，他笑盈盈地看著他的兩匹小白豬，變成小金豬了，他剛想說：「他媽的，你們也變了……」

他的旁邊走來了一個乘涼的人，那人說：「你老人家必要高壽，你老是金鬍子了。」

深入探索

→《染布匠的女兒：蕭紅小說選The Dyer's Daughter》，蕭紅著，中華出版社

天空的雲，從西邊一直燒到東邊，紅堂堂的，好像是天著了火。

這地方的火燒雲變化極多，一會紅堂堂的了，一會金洞洞的了，一會半紫半黃的，一會半灰半百合色。葡萄灰、大黃梨、紫茄子，這些顏色天空上邊都有。還有些說也說不出來的，見也未曾見過的，諸多種的顏色。

五秒鐘之內，天空裡有一匹馬，馬頭向南，馬尾向西，那馬是跪著的，像是在等著有人騎到它的背上，它才站起來。再過一秒鐘。沒有什麼變化。再過兩三秒鐘，那匹馬加大了，馬腿也伸開了，馬脖子也長了，但是一條馬尾巴卻不見了。

看的人，正在尋找馬尾巴的時候，那馬就變靡了。

忽然又來了一條大狗，這條狗十分兇猛，它在前邊跑著，它的後面似乎還跟了好幾條小狗仔。跑著跑著，小狗就不知跑到哪裡去了，大狗也不見了。

又找到了一個大獅子，和娘娘廟門前的大石頭獅子一模一樣的，也是那麼大，也是那樣的蹲著，很威武的，很鎮靜地蹲著，它表示著蔑視一切的樣子，似乎眼睛連什麼也不睬，看著看著地，一不謹慎，同時又看到了別一個什麼。這時候，可就麻煩了，人的眼睛不能同時又看東，又看西。這樣子會活活把那個大獅子糟蹋了。一轉眼，一低頭，那天空的東西就變了。若是再找，怕是看瞎了眼睛也找不到了。

大獅子既然找不到，另外的那什麼，比方就是一個猴子

深入探索

→《呼蘭河傳》，蕭紅著，里仁書局

吧，猴子雖不如大獅子，可同時也沒有了。

一時恍恍惚惚的，滿天空裡又像這個，又像那個，其實是什麼也不像，什麼也沒有了。

必須是低下頭去，把眼睛揉一揉，或者是沈靜一會再來看。

可是天空偏偏又不常常等待著那些愛好它的孩子。一會工夫火燒雲下去了。

· 名家評介：

> · 茅盾：「有諷刺，也有幽默。開始讀時有輕鬆之感，然而愈下去心頭就會一點一點沉重起來。可是，仍然有美，即使這美有點病態，也仍然不能不使你炫惑。」《論蕭紅的《呼蘭河傳》》

深入探索

→《生死場》，蕭紅著，里仁書局

『圍城』

- 成書時間：西元一九四七年
- 類別：現代小說

特色：時代的衝擊下，知識份子人性弱點的呈現

■作者介紹：

錢鍾書（西元一九一○年至西元一九九八年）字默存，號槐聚，曾用筆名中書君，江蘇無錫人，現代作家、大學教授。出生於書香門第，父親是國學大師錢基博，自小耳濡目染國學的博大精深。畢業於清華大學外文系，得獎學金資助赴英國牛津大學深造，歸國後，任教多所大學。錢氏精通中、英、德、法、西班牙、義大利等多國語言，是學貫中西的著名學者，其學術上論著有《談藝錄》、《宋詩選注》、《管錐篇》、《舊文四篇》等。這些論著旁徵博引，中西比較，眞知灼見。散文集有《寫在人生邊上》，短篇小說集有《人‧獸‧鬼》，長篇小說有《圍城》。

■內容梗概：

《圍城》敘述主角方鴻漸的周姓未婚妻突然病逝，周家便把嫁妝給鴻健當學費，到歐洲念博士。但這四年他換三家大學仍無法取得學位，最後乾脆用錢買了個假博士學位回國。在回國船上與鮑小姐有一段情，接著又認識女博士蘇文紈。鴻漸先在

名言佳句
- 他只會無病呻吟，寫的詩句夾雜著大量的外語詞彙，不倫不類，就好像是政治家躲在外國租界搞政治活動一樣。
- 他感激地喜歡，才明白貪官下任還要地方挽留，獻萬民傘，立德政碑的心理。

周家銀行工作並與蘇小姐聯繫。因而認識趙辛楣和唐曉芙，趙與蘇小姐是青梅竹馬，也積極追求，蘇小姐喜歡的卻是方，方喜歡的卻是唐小姐，在陰錯陽差下，方和唐小姐分手，蘇小姐也意氣用事嫁給了劍橋博士曹元朗。方和趙同為感情失敗者，遂成為好友。之後兩人接受三閭大學之聘，與李梅亭、顧爾謙和孫柔嘉共五人一起赴任。孫對方漸生情愫，兩人而後訂婚。然而因方遭人暗算，被學校解聘。故帶著未婚妻孫小姐回到上海。誰知結婚後，兩人毫無幸福，方在報館工作，孫在工廠上班。加上孫對方家的繁文縟節不勝其煩，孫家也沒有給方好臉色，兩人生活上不斷的摩擦，從口角上的爭吵，終至動起手來。於是孫忍無可忍，離家而去。

■閱讀指導：

　　錢鍾書在序言說道：「在這本書裡，我想寫現代中國某一部分社會、某一類人物。寫這類人，我沒忘記他們是人類，只是人類，具有無毛兩足動物的基本根性。」實際上他所謂的一部分社會，以兩個部分為主，其一是婚姻情感，另一是學界（知識份子圈），這也是我們在閱讀此書應該注意的兩個範疇。

　　首先，婚姻情感方面。從小說一開始，我們即可體會到婚姻對於個人命運之影響，主角方鴻漸就是得到周家的協助才到西方求學。可是，在新一代人的眼中，這舊制度不僅過於古老，甚至抹滅了人性，故小說中幾位年輕人都在追求自己的幸

・結婚離婚的事，我也和他談過。他引一句英國古語，說結婚彷彿金漆的鳥籠，籠子外面的鳥想住進去，籠內的鳥想飛出來；所以結而離，離而結，沒有了局。

福，如趙辛楣追求著蘇文紈，方鴻漸追求著唐曉芙。只是命運捉弄，四人各自分飛，沒有成就任何一對佳偶。方鴻漸只好在愛情海裡，尋尋覓覓地漂流，而他最終找到的伴侶是孫柔嘉。然而，婚姻並非幸福的歸宿，因方遭受暗算，兩人便返回上海，不久，也開始為生活瑣事爭吵，終於導致無可避免的分手。這一連串關於婚姻愛情的描述，營造出一幅血淋淋的「圍城」圖像，彷彿城外真有一群人拚命地想往城裡鑽，鑽進去的人卻又拚命找路出來，如趙辛楣勸方鴻漸別再陷入情網，方依舊墜入孫的愛情陷阱（「圍城」二字，乃取自西方諺語：「城內的人想出來，城外的人想進去。」）。總之從古至今，沒有一本小說能像《圍城》般將婚姻愛情的真理傳達得如此貼切。

小說吸引人之處除了通俗的主題「婚姻」外，特別的是將焦點專注在新時期的學界（知識份子圈）。在此書之前，《儒林外史》已經將科舉制度底下，那醜陋傳統文人之面貌，活生生地攤在陽光下。然而，新知識份子並沒有從中記取教訓和經驗，仍重複著過去的老路，甚至變本加厲。小說最經典的一段，是方鴻漸在任教期間，不知不覺捲入校園個人恩怨的明爭暗鬥中，幾位同事都排擠他，他和英語助教孫柔嘉日趨親密的關係，更引起其他同事的嫉妒，趙辛楣離校從商後，方鴻漸更被校方排斥。這段校園的黑暗描述，簡直是複雜社會的縮影，大家各懷鬼胎，鉤心鬥角，間接諷刺這些知識份子的弊病，頗有新「儒林外史」的味道，也讓人感受到學者、文人或教育者

・離開一個地方就等於死一次，自知免不了一死，總希望人家表示願意自己活下去。去後的毀譽，正跟死後的哀樂一樣關心而無法知道，深怕一走或一死，像洋蠟燭一滅，留下的只是臭味。有人送別，彷彿臨死的人有孝子順孫送終，死也安心閉眼。

畢竟也是人，同樣會有「具有無毛兩足動物的基本根性」，並沒有多偉大或超越常人之處（買假博士學位還不如傳統的買官）。

最後欣賞此書除上述兩個觀點，別忘了品嘗一下錢鍾書的機智和諷刺天分，小說處處皆是的雙關語，即是最好的證明。如他形容一位思想前進，打扮大膽的女留學生：「有人叫她『熟食鋪子』，因為只有熟食店才會把暖熟的肉公開陳列；又有人叫她『真理』，據說『真理是赤裸裸的』。但因鮑小姐並未一絲不掛，所以他們修正為『局部的真理』。」這種幽默功夫不僅在取笑他人，他形容男女交往乃是：「兩個人在一起，人家就要造謠言，正如兩根樹枝相接近，蜘蛛就要掛網。」這樣黠慧的語言讓人無不佩服萬分，拍案叫絕。

■精彩篇章推薦：

褚慎明有生以來，美貌少女跟他講「心」，今天是第一次。他非常激動，夾鼻眼鏡潑喇一聲直掉在牛奶杯子裡，濺得衣服上桌布上都是奶，蘇小姐胳膊上也沾了幾滴。大家忍不住笑。趙辛楣搇電鈴叫跑堂來收拾。蘇小姐不敢皺眉，輕快地拿手帕抹去手臂上的飛沫。褚慎明紅著臉，把眼鏡擦乾，幸而沒破，可是他不肯就戴上，怕看清了大家臉上逗留的餘笑。

董斜川道：「好，好，雖然『馬前潑水』，居然『破鏡重圓』，慎明兄將來的婚姻一定離和悲歡，大有可觀。」

辛楣道：「大家乾一杯，預敬我們大哲學家未來的好太

太。方先生，半杯也喝半杯。」──辛楣不知道大哲學家從來沒娶過好太太，蘇格拉底的太太就是潑婦，褚慎明的好朋友羅素也離了好幾次婚。

鴻漸果然說道：「希望褚先生別像羅素那樣的三四次的鬧離婚。」

慎明板著臉道：「這就是你所學的哲學！」蘇小姐道：「鴻漸，我看你醉了，眼睛都紅了。」斜川笑得前仰後合。辛楣嚷道：「豈有此理！說這種話非罰一杯酒不可！」本來敬一杯，鴻漸只需要喝一兩口，現在罰一杯，鴻漸自知禮屈，挨了下去，漸漸覺得另有一個自己離開了身子在說話。

慎明道：「關於Bertie結婚離婚的事，我也和他談過。他引一句英國古語，說結婚彷彿金漆的鳥籠，籠子外面的鳥想住進去，籠內的鳥想飛出來；所以結而離，離而結，沒有了局。」

蘇小姐道：「法國也有這麼一句話。不過，不說是鳥籠，說是被圍困的城堡forteresse assiegee，城外的人想衝進去，城裏的人想逃出來。鴻漸，是不是？」鴻漸搖頭表示不知道。

辛楣道：「這不用問，你還會錯麼！」

慎明道：「不管它的鳥籠罷，圍城罷，像我這樣一切超脫的人是不怕圍城的。」

鴻漸給酒擺佈得失掉自制力道：「反正你會擺空城計。」結果他又給辛楣罰了半杯酒，蘇小姐警告他不要多說話。斜川像在尋思什麼，忽然說道：「是了，是了。中國哲學家裏，王陽明

深入探索

→《錢鍾書作品集》系列：《談藝錄》、《圍城》、《人・獸・鬼》、《寫在人生邊上》、《宋詩選注》、《管錐編》五冊《七綴集》Fortress Besieged（圍城英譯本），書林有限公司

是怕老婆的。」——這是他今天第一次沒有叫「老世伯」的人。

辛楣搶說：「還有什麼人沒有？方先生，你說，你念過中國文學的。」

鴻漸忙說：「那是從前的事，根本沒有念通。」辛楣欣然對蘇小姐做個眼色，蘇小姐忽然變得很笨，視若無睹。

「大學裡教你國文的是什麼人？」斜川無興趣地問。

鴻漸追想他的國文老師都叫不響，不比羅素、陳散原這些名字，像一根上等哈瓦納雪茄菸，可以掛在口邊賣弄，便說：「全是些無名小子，可是教我們這種不通的學生，已經太好了。斜川兄，我對詩詞真的一竅不通，偶爾看看，叫我做呢，一個字都做不出。」蘇小姐嫌鴻漸太沒有面子，心癢癢地要為他挽回體面。《圍城》

‧名家評介：

- 夏志清：「《圍城》是中國近代文學中最有趣和最用心經營的小說，可能亦是最偉大的一部。作為諷刺文學，它令人想起像《儒林外史》那一類的著名中國小說；但它比它們更優勝，因為它有統一的結構和更豐富的喜劇性。」

- 周錦：「《圍城》所創下的成就，已經不是錢鍾書個人的，而屬於中國文學，屬於民族文化，一定會長遠地流傳下去。」〈談《圍城》〉

- 彭斐：「《圍城》之妙，該是妙在作者錢鍾書先生的超人機智，和他那五車的才學，以及透過那重機智的冷嘲熱諷的筆調上，縱觀全書，內容豐富精彩，寫得又極輕快活潑，淋漓盡致。」〈《圍城》評介〉

深入探索
→《錢鍾書的文學世界：圍城內外》，陸文虎著，書林出版有限公司

『雅舍小品』

● 成書時間：西元一九四九年（第
　四集完成於西元一九八六年）
● 類別：小品文

特色：被公認為現代文學之中風趣、有學問、更有見解、不說教、真正做到深入淺
　　　出的小品文典範

■作者介紹：

　　梁實秋（西元一九〇三年至西元一九八七年），浙江杭縣
人，學名梁治華，字實秋，一度以秋郎、子佳為筆名，知名的
文學家和學者。曾任台灣師範學院（後改師範大學）英語系教
授，後兼系主任，再兼文學院長，西元一九六六年退休。四十
歲以後著力在散文和翻譯、寫作。三十年代開始翻譯莎士比亞
作品，持續四十載，直到西元一九七〇年完成全集的翻譯，晚
年也用七年時間完成百萬言著作《英國文學史》，但最廣為人知
的作品主要是他的《雅舍小品》，此書從西元一九四九年起，共
出四輯，頗受讀者喜愛。

■內容梗概：

　　《雅舍小品》一書主要是梁實秋在俯仰起居其間，將生活中
息息相關的平凡事物如狗、豬、鳥等人們最熟悉不過的動物及
下棋、散步、理髮等任何你能想到的瑣碎之事，都可以風趣幽
默的筆法，娓娓道來。在平凡的題目中，寫出不平凡的內容

卷六　現代文學

431

名言佳句

・外國的風俗永遠是有趣的，因為異國情調總是新奇的居多。新奇就有
　趣。不過若把異國情調生吞活剝地搬到自己家裡來，身體力行，則新
　奇往往變成為桎梏，有趣往往變成為肉麻。基於這種道理，很有些人
　至今喝茶並不加白糖與牛奶。〈洋罪〉

（如〈中年〉、〈女人〉、〈鳥〉），其中，展現了他的幽默性格、廣泛博學、精練筆法、學識涵養，文字不僅妙趣橫生，更令人讚嘆。

■閱讀指導：

　　梁實秋將書取名爲雅舍，有其涵義，這涵義恰好是我們在閱讀他的散文時，應該時時品嘗和玩味之處。所謂的雅舍，指的是梁實秋在重慶郊區，一處叫北碚的農村置下的幾間平房。作者以此爲書名，不僅是紀念之意，命名之初，他將所有散文（如雜感、札記、隨筆、短評）隨筆統統以舍爲名，正表示這類作品的寫作宗旨乃在記述平常之事。由此可見，他本人即常常觀察生活周遭的小事件，並訴說他對這些點點滴滴的看法。故建議在閱讀此書，重點應該放在學習作者的生活哲學。

　　舉例來說，中國人最愛的麻將，作者爲它寫了一篇單文，文中東扯西拉講述腦海中關於麻將的記憶，從小時候到外國留學，到大人物（梁任公先生、胡適之先生）打牌的趣聞，接著轉個彎，說自己打麻將的經驗，麻將的優點和風行程度等等，若扣除最後一點點說教意味（戒賭），通篇讀來頗爲輕鬆，並透露作者的生活哲學，即「事物本身並沒有對錯，只有習慣的問題，若習慣對人有害，就該戒掉，別替自己找任何的藉口」。又如〈寂寞〉一文，對人人視爲瘟疫般的寂寞，作者有了新解，他不僅僅鋪陳出一種屬於寂寞的美感（清香），甚至藉由自己和

432

・我看見過一些得天獨厚的男男女女，年輕的時候愣頭愣腦的，濃眉大眼，生僵挺硬，像是一些又青又澀的毛桃子，上面還帶著挺長的一層毛。他們是未經琢磨過的璞石。可是到了中年，他們變得潤澤了，容光煥發，腳底下像是有了彈簧，一看就知道是內容充實的。他們的生

他人寂寞的經驗，將寂寞提升到心靈層次的高度，學習享受寂寞。像這樣的例子充斥書中，如〈請客〉、〈罵人的藝術〉、〈男人〉、〈女人〉……等篇章。也許作者並非思想大家，然而，卻是個最棒的生活大師，知道如何在瑣碎的生活找尋哲學，這部分是我們在閱讀時不可忽略的。

最後補充，在文白交雜、簡潔晶瑩的文字下，蘊涵著機智廣博、人情練達、幽默詼諧，有時也帶點諷刺，因此，若覺得以哲學來看書太過緊繃，不如當作是輕鬆小品或幽默散文吧！相信讀者能在其中挖掘不少生活樂趣，請盡情的幽默。

■精彩篇章推薦：

寂寞是一種清福。我在小小的書齋裡，焚起一爐香，裊裊的一縷煙線筆直地上升，一直戳到頂棚，好像屋裡的空氣是絕對的靜止，我的呼吸都沒有攪動出一點波瀾似的。我獨自暗暗地望著那條煙線發怔。屋外庭院中的紫丁香還帶著不少嫣紅焦黃的葉子，枯葉亂枝的聲響可以很清晰地聽到，先是一小聲清脆的折斷聲，然後是撞擊著枝幹的磕碰聲，最後是落到空階上的拍打聲。這時節，我感到了寂寞。在這寂寞中我意識到了我自己的存在——片刻的孤立的存在。這種境界並不太易得，與環境有關，更與心境有關。寂寞不一定要到深山大澤裡去尋求，只要內心清淨，隨便在市廛裡，陌巷裡，都可以感覺到一種空靈悠逸的境界，所謂「心遠地自偏」是也。在這種境界

卷六　現代文學

活像是在飲窖藏多年的陳釀，濃而芳冽！對於他們，中年沒有悲哀。〈中年〉

・莎士比亞有一名句：「『脆弱』呀，你的名字叫做『女人』！」但這脆弱，並不永遠使女人喫虧。越是柔韌的東西越不易摧折。〈女人〉

中，我們可以在想像中翱翔，跳出塵世的渣滓，與古人同遊。所以我說，寂寞是一種清福。……如此說來，所謂寂寞不即是一種唯心論，一種逃避現實的現象嗎？也可以說是。一個高蹈隱遁的人，在從前的社會裡還可以存在，而且還頗受人敬重，在現在的社會裡是絕對的不可能。現在似乎只有兩種類型的人了，一是在現實的泥淖中打轉的人，一是偶然也從泥淖中昂起頭來喘口氣的人。寂寞便是供人喘息的幾口新空氣。喘幾口氣之後還得耐心地低頭鑽進泥淖裡去。所以我對於能夠昂首物外的舉動並不願再多苛責。逃避現實，如果現實真能逃避，吾寤寐以求之！有過靜坐經驗的人該知道，最初努力把握著自己的心，叫它什麼也不想，而是多麼困難的事！那是強迫自己入於寂寞的手段，所謂參禪入定完全屬於此類。我所讚美的寂寞，稍異於是。我所謂的寂寞，是隨緣偶得，無須強求，一剎那間的妙悟也不嫌短，失掉了也不必悵惘。但是我有一刻寂寞，我要好好地享受它。〈寂寞〉

深入探索

→《梁實秋：在古典與浪漫之間》，高旭東著，文津出版社

·名家評介：

- 朱光潛：「大作《雅舍小品》對於文學的貢獻在翻譯莎士比亞的工作之上。」

- 林海音：「《雅舍小品》一書在台灣暢銷並長銷數十年，誰都讀過《雅舍小品》，而且有些茶藝館還起名雅舍呢！」〈雅舍的主人〉

- 李萱華：「世界上凡是有華人的地方，就有《雅舍小品》流傳。」〈梁實秋在重慶〉

- 余光中：「他的文字兼文言白話之長，能俗能雅；他的境界在晚明小品與英國文學中、從蘭姆到比爾邦的散文傳統之間，親切、機智，而有諧趣。」

深入探索
→《雅舍小品》（精裝合訂本），梁實秋著，正中書局

14 『徐志摩全集』

●成書時間：西元一九六九年
●類別：現代文學

特色：散文晶瑩蘊藉，詞采絢爛，富於情趣；他的詩把歐美詩律融合在中國詩的風格裡，形成一種新的抒情詩

■作者介紹：

徐志摩（西元一八九五年至西元一九三一年），名章垿，字又申，號志摩，浙江海寧人。奉父母之命與張幼儀女士結婚。婚後拜梁啓超爲師，先後入上海滬江大學、天津北洋大學，又重入北京大學，進法科政治學門。他重入北大只讀了兩年，便到美國留學。在擺脫哥倫比亞大學博士頭銜的引誘後，搭船橫渡大西洋，來到劍橋學習。民國十一年，徐志摩從歐洲回國，才名籍甚，各大學的文藝團體都請他去講演、授課，並且擔任雜誌編輯等工作，聞名當時的藝文界。民國二十年八月，徐志摩從南京乘飛機到北平，途經山東黨家莊，飛機在大霧中撞到山岩，不幸焚燬遇難。出版作品有《志摩的詩》、《翡冷翠的一夜》、《愛眉小札》……等。

■內容梗概：

全集內輯錄徐志摩的散文、詩選、小說、翻譯、愛眉小札、眉軒瑣語、小曼日記。網羅了他的詩作、散文、戲劇、書

名言佳句

· 我將在茫茫人海中訪我唯一靈魂之伴侶；得之，我幸；不得，我命，如此而已。
· 我是天空裡的一片雲，偶爾投影在你的波心——你不必訝異，更無須歡喜——在轉瞬間消滅了蹤影。

簡以及翻譯小說……等範疇，是志摩作品的全紀錄。

■閱讀指導：

對於這樣一個字句清新、韻律和諧、比喻新奇、想像豐富、意境優美、神思飄逸、富於變化並追求藝術形式的華美、具有鮮明藝術個性的文學大作，實際上，應該不需要任何多餘的閱讀指導，只要帶著一顆純淨的心靈，盡情沉溺作品中，享受閱讀的快感即可。但身為書本的介紹者，還是有兩個小小關於閱讀的建議。

首先，十分感性的志摩，作品通常反應著他當時的心境，因此，欣賞文字的美感外，若想進一步理解文字的內涵，或許得掌握住他的生平。如民國十五年，徐志摩與陸小曼結婚，愛眉小札、眉軒瑣語、小曼日記等作品，都見證了當時的情愛酸甜；最經典的算是〈再別康橋〉，詩中「輕輕的我走了，正如我輕輕的來；我輕輕的招手，作別西天的雲彩，那河畔的金柳，是夕陽中的新娘；波光裡的豔影，在我心頭蕩漾。軟泥上的青荇，油油的在水底招搖；在康河的柔波裡」……等字眼，是他待在康橋六個月的直接感觸；此外，那段期間，他的頂禮心情和朝聖蹤跡，愈來愈靠向文學的領域。拜訪康拉德、威爾斯、哈代、畢列茨；這一連串的謁見中，創造出一種前所未有的文體——「訪問記」，此文字激情四溢，是因發現新事物而沸騰的興奮，迥然不同新聞式的報導。

・同是一個碎心，卻沒有同樣的碎痕，同是一滴眼淚，卻難尋同樣的淚晶。

・在這道上遭受的，不止是難，不止是苦，最難堪的是逐步相追的嘲諷，身影似的不可解脫。

其次，除生平外，若由性格角度品嘗作品，相信更貼近志摩精神。從他正式向張幼儀提議離婚（「自由之償還自由」、「彼此重見生命之曙光，不世之榮業」），之後，排除阻礙與陸小曼相戀相愛（「眞生命必自奮鬥自求得來，眞幸福必自奮鬥自求得來，眞戀愛亦必自奮鬥自求得來」），可知他是個性情浪漫的文人。也因爲此性格，志摩在創作時，都帶著些許浪漫的風格，像其名作〈變與不變〉「樹上的葉子說：『這麼變樣兒了，你看，有的抽心爛，有的是捲邊焦！』『可不是！』答話的是我自己的心，它也在冷酷的西風裡褪色，凋零。這時候連翩的明星爬上了樹尖；『看這兒。』它們彷彿說：『有沒有改變？』『看這兒。』無形中又發動了一個聲音，『還不是一樣鮮明？』——插話的是我的魂靈！」字句讀來，似乎充滿著詩情畫意，然而葉子、西風又表現著凋零（他）的痛苦。除了詩歌，小說〈春痕〉以季節暗示俊美青年在日本留學時和老師「春痕」之間的關係，從春天般充滿朝氣，到夏季的熱情如火，又如秋天飄零的落葉一樣惹人憐惜（春痕生了重病躺在病床），回國後再到日本，老師變成一位又肥又腫的中年婦女，當他再回到住的地方時，景色依然豔麗，駐足心中的倩影卻已消失了。小說的風格正如志摩的品性，十足浪漫。因此，掌握了他的性格，才能踏進志摩文學王國的大門，逐步走向浪漫多情的世界，品嘗著人世間的情愛愁恨。

・肩上長出一對潔白齊嫩的羽翮，望著精緻斑斕的晚霞裡，望著出岫倦展的春雲裡，望著層晶疊翠的秋天裡，插翅飛去，飛上雲端，飛出天外，去聽雲雀的歡愉，聽大河的水樂，看群星的聯舞，看宇宙的奇光。
・悄悄的我走了，正如我悄悄的來，我揮一揮衣袖，不帶走一片雲彩。

■**精彩篇章推薦：**

　　「青天裡是一點子黑的。正衝著太陽耀眼，望不真，你把手遮著眼，對著那兩株縫裡瞧，黑的，有梔子來大，不，有桃子來大，嘿，又移著往西了！……

　　飛，『其翼若垂天之雲……背負蒼天，而莫之夭閼者；』那不容易見著。我們鎮上東關廂外有一座黃泥山，山頂上有一座七層的塔，塔尖頂著天……穿著塔頂雲，有時一隻兩隻有時三隻四隻有時五隻六隻捲著爪往地面瞧的『餓老鷹』……那是我做孩子時的『大鵬』。有時好天抬頭不見一瓣雲的時候，聽著憂憂的叫響，我們就知道那是寶塔上的餓老鷹尋食吃來了。這一想像半天裡禿頂圓睛的英雄，我們背上的小翅膀骨上，就彷彿豁出了一銼銼鐵刷似的羽毛，搖起來呼呼響的，只一擺就衝出了書房門，鑽入了玳瑁鑲邊的白雲裡玩兒去……啊，飛！不是那在樹枝上矮矮的跳著的麻雀兒的飛；不是那天黑從堂匾後背衝出來趕蚊子喫的蝙蝠的飛。也不是那軟尾巴軟嗓子做窠在堂簷上的燕子的飛。要飛，就得滿天飛，風攔不住雲擋不住的飛，一翅膀就跳過一座山頭，影子下來遮得蔭二十畝稻田的飛，到天晚飛倦了，就來繞著那塔尖順著風打圓圈做夢……

　　是人沒有不想飛的，老是在這地面上爬著夠多厭煩，不說別的。飛出這圈子，飛出這圈子！到雲端裡去，到雲端裡去！哪個心裡不成天千百遍的這麼想？飛上天空去浮著，看地球這彈丸在天空裡滾著，從陸地看到海，從海再看回陸地。凌空去

深入探索
　→《徐志摩全集》，徐志摩著，世一出版社
　→《風流詩人徐志摩》，顧永棣著，新潮社

看一個明白——這才是做人的趣味，做人的權威，做人的交代。這皮囊要是太重挪不動，就擲了它，可能的話，飛出這圈子，飛出這圈子！

同時天上那一點黑的已經迫近在我的頭頂，形成了一架鳥形的機器，忽的機沿一側，一球光直往下注，砰的一聲炸響，——炸碎了我在飛行中的幻想，青天裏平添了幾堆破碎的浮雲。」〈想飛〉

● 名家評介：

- 梁實秋：「他的散文裡充滿了同情和幽默，他的散文沒有教訓的氣味，沒有演講的氣味，而是像和知心的朋友談話，無論誰只要一讀志摩的文章，就不知不覺的非站在他朋友的地位上不可。」

- 張秀亞：「是揉合了中國古典作品中的詞藻與西洋的語彙……充滿了新鮮氣息的散文。」

- 陳夢家：「從前於新詩始終不懈怠，以柔美流麗的抒情詩，最為許多人喜歡並讚美的，那位投身於新詩圈裡耕耘最長久最勤快的是徐志摩。他的詩，永遠是愉快的空氣，曾不有一些傷感或頹廢的調子，他的眼淚也閃耀著歡喜的圓光。」

深入探索

→ 《留與人間一首未寫完的詩歌——我看徐志摩》，陸耀東著，雅書堂出版社

→ 《重說文壇三劍客：悲情徐志摩》，韓石山著，同心出版社

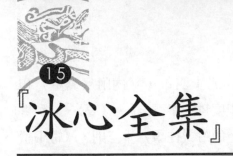

15 『冰心全集』

● 成書時間：西元一九八一年
● 類別：冰心作品集

特色：作品多是清新雋永的珍品，它構思靈巧，情節單純，寓意深邃，富有生活的
哲理和詩意

■作者介紹：

　　冰心（西元一九〇〇年至西元一九九九年），當代著名的女作家、詩人、兒童文學作家，原名謝婉瑩，福建長樂縣人。她聰穎好學，七歲就開始閱讀中國小說和《塊肉餘生記》等翻譯小說，培養她對文學的濃厚興趣，也為往後的創作打下根基。西元一九二六年，冰心學成歸國，在燕京大學、清華大學女子等文理學院任教，此時，也將西元一九二三年至西元一九二六年間的「寄小讀者」的二十九封信，集結出版，當時被稱為魔力的「冰心體」，也是中國現代最早的兒童文學作品。其他的著作有〈秋雨秋風愁煞人〉、〈最後的安息〉、〈笑〉、〈夢〉、〈問答詩〉、〈往事〉、〈繁星〉、《還鄉雜記》、《歸來以後》、《我們把春天吵醒了》、《櫻花讚》、《拾穗小札》、《小桔燈》、《晚晴集》等。

■內容梗概：

　　冰心的作品可分三部分：一、小說：共有兩個家庭等二十

名言佳句
・假如生命是乏味的，我怕有來生。假如生命是有趣的，今生已是滿足的了！〈往事一〉
・我以為領略人生，要如滾針氈，用血肉之軀去遍挨遍嘗，要他針針見血！〈通訊十九〉

九篇。二、詩：〈迎神曲〉等三十四首，（內附〈繁星〉和〈春水〉）。三、散文：〈遙寄印度哲人泰戈爾〉、〈夢〉、〈到青龍橋去〉、〈南歸〉等十一篇，內附〈往事〉十三則，〈寄小讀者〉的信二十九封，〈山中雜記〉十則。

■閱讀指導：

　　中國文學史上，女作家寥若晨星，而且有的像春花，幾番風雨，匆匆凋零；有的似慧星，才華初露，瞬息即逝。冰心算是花海中能綻放出燦爛笑顏的奇葩。她的作品不僅僅透露出女性特質，更以她女性的眼光，關懷著兒童和婦女、社會問題，十分具有深度。因此，我們可將她的作品，當作反應中國近百年來女知識份子的成長和心聲。

　　全集首篇，寫她以代表的身分到審判廳去聽北大學生案件的公判，文字已經透露出作者對於個人情操和動亂環境的衝突。接下來的「女學生」，作者更費心的爬書「女學生」的三個時期，崇拜、厭惡、奮鬥。這些文字在在都反應作者對新知識份子和女性議題的關心。在新時代潮流的激蕩下，縱使寫小說，依舊如此。例如初次用冰心發表的〈兩個家庭〉，作品描寫兩個一同留學歸國、命運卻截然不同的知識份子，陳先生象徵的就是急於改革者，當他發現理想無法順利實現，生活又一團亂，便不知如何是好，最後喝酒加上勞累，得了肺癌過世。此作品是作者觀察新知識份子問題的心得。另外，參與文學運動

・科學家枯冷的定義，只知地層如何生成，星辰如何運轉，霜露如何凝結，植物如何開花，如何結果。科學家只知其所當然，而詩人、哲士、宗教家、小孩子，卻知其所以然！……科學家說了枯冷的定義，便默退拱立，這時詩人、哲士、宗教家、小孩子卻含笑向前，合掌叩

的他，更寫下不少以五四運動為背景的作品，如〈斯人獨憔悴〉，以同學中發生的問題為線索，描述這個愛國運動以及青年熱心救國的澎湃精神，當時立即引起強烈的迴響，報紙發表了評論，學生劇團改編為三幕話劇，在戲院公演。除上述幾篇，冰心以現實生活為背景，以反映社會衝突為宗旨，相繼發表一批「問題小說」。有的抨擊封建包辦婚姻的，如〈秋雨秋風愁煞人〉；有的控訴童養媳制度殘酷，如〈最後的安息〉；有的描寫男女不平等待遇，如〈三兒〉；有的反映農民困境，如〈還鄉〉；還有揭示愛國知識份子同腐敗政府的衝突，如〈去國〉……等等，這些反應現實之作都是作者對時代的關懷之聲。作者終其一生都在持續不斷發聲，像在抗日戰爭期間，冰心以「男士」為筆名，寫了一組有關婦女問題的小說，如〈我的學生〉、〈我的鄰居〉、〈張嫂〉等。

當然，冰心的作品在反映社會現象外，有的也表現她的情感世界，如她赴美留學期間，〈寄小讀者〉、〈往事〉、〈山中雜記〉、〈赴敵〉、〈紙船──寄母親〉……等作品，即親切自然地記述國外的經歷以及對往事的深情回憶，而〈寄小讀者〉則是作者試圖藉著通訊體和小朋友對話，對話的內容包含各個層面，從中也讓人看到冰心的純淨心靈深處。總之，社會面和個人面的冰心，是我們在閱讀她的作品時都不可拋棄的。

拜，歡喜讚嘆的說：「這一切只為著愛！」〈悟〉

■精彩篇章推薦：

「成功的花，

人們只驚慕她現時的明豔！

然而當初她的芽兒，

浸透了奮鬥的淚泉，

灑遍了犧牲的血雨。

創造新陸地的，

不是那滾滾的波浪，

卻是他底下細小的泥沙。」〈節錄繁星〉

「……我愛聽碎雪和微雨，我愛看明月和星辰。從前一切世俗的煩憂，佔積了我的靈府。偶然一舉目，偶然一傾耳，便忙忙又收回心來，沒有一次任他奔放過。如今呢？我的心，我不知怎樣形容他，他如蛾出繭，如鷹翔空……

碎雪喊微雨在簷上，明月和星辰在欄旁，不看也得看，不聽也得聽，何況病中的我，應以他們為第二生命。病前的我，願以他們為第二生命而不能的了呢！

這故事的美妙，還不止於此，「一天還應在山上走幾里路」，這句話從滑稽式的醫士口中道出的時候，我不知應如何的歡呼讚美他！小朋友！漫遊的生涯，從今開始了！

……

山前是一層層的大山地，爽闊空曠，無邊無限的滿地朝陽。層場的盡處，就是一個大冰湖，環以小山高樹，是此間小

深入探索
→《冰心》，盧啓元選評編輯，海風出版社
→《冰心散文》，冰心著，吉林文史出版社

朋友們溜冰處，我最喜在湖上如飛的走過。每逢我要活潑天機的時候，我就走這一條路。我沐著微暖的陽光，在樹根下坐地，舉目望著無際的耀眼生花的銀海。我想天地何其大，人類何其小。當歸途中冰湖在我足下溜走的時候，清風過耳，我欣然超然，如有所得。」〈節錄寄小讀者之十四〉

● 名家評介：

- 郁達夫：「冰心女士散文的清麗、文學的典雅、思想的純潔，在中國算是獨一無二的作家了，記得雪萊的詠雲雀的詩裡，彷彿曾說過雲雀是初生的歡喜的化身，是光天化日之下的星辰，是同月光一樣來把歌聲散溢於宇宙之中的使者……以詩人讚美雲雀的清詞妙句，一字不易地用在冰心的散文批評之上，我想是最適當也沒有的事情。」
- 蘇雪林：「冰心的小詩雖說模仿泰戈爾，但富有哲理，文筆又那麼新穎超脫，卓爾不群，可說完全以嶄新姿態出現。」
- 夏志清：「冰心的優點並不在於感傷的說教，也不在於對於自然靈神崇拜的態度，而在於她對狹小的範圍內的情感有具體的認識。」

深入探索
→《冰心全集》（1-8）1994年，冰心著，海峽文藝出版社

國家圖書館出版品預行編目資料

必讀中國經典名著90／陳福智、黃晨淳、林雅芬等
編著.——初版.——台中市 ：好讀, 2006[民95]
面： 公分，——（經典智慧；47）

ISBN 957-455-966-1（平裝）

012.4   94022772

經典智慧 47

必讀中國經典名著90

編　　著／陳福智、黃晨淳、林雅芬
總 編 輯／鄧茵茵
文字編輯／朱慧蒨
美術編輯／李靜佩
發 行 所／好讀出版有限公司
台中市407西屯區何厝里19鄰大有街13號
TEL:04-23157795　FAX:04-23144188
http://howdo.morningstar.com.tw
e-mail:howdo@morningstar.com.tw
法律顧問／甘龍強律師
印製／知文企業（股）公司 TEL:04-23581803
初版／西元2006年1月15日

總經銷／知己圖書股份有限公司
http://www.morningstar.com.tw
e-mail:service@morningstar.com.tw
郵政劃撥：15060393
台北公司：台北市106羅斯福路二段95號4樓之3
TEL:02-23672044　FAX:02-23635741
台中公司：台中市407工業區30路1號
TEL:04-23595819　FAX:04-23597123

定價：450元
特價：299元

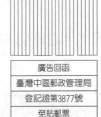

書名：必讀中國經典名著90

1. 姓名：＿＿＿＿＿＿＿＿ □♀ □♂ 出生：＿＿年＿＿月＿＿日
2. 我的專線：（H）＿＿＿＿＿＿＿ （O）＿＿＿＿＿＿＿
   　　　　　　FAX＿＿＿＿＿＿＿ E-mail＿＿＿＿＿＿＿
3. 住址：□□□＿＿＿＿＿＿＿＿＿＿＿＿＿＿＿＿
4. 職業：
   □學生 □資訊業 □製造業 □服務業 □金融業 □老師
   □SOHO族 □自由業 □家庭主婦 □文化傳播業 □其他＿＿＿
5. 何處發現這本書：
   □書局 □報章雜誌 □廣播 □書展 □朋友介紹 □其他＿＿＿
6. 我喜歡它的：
   □內容 □封面 □題材 □價格 □其他＿＿＿＿＿＿＿
7. 我的閱讀嗜好：
   □哲學 □心理學 □宗教 □自然生態 □流行趨勢 □醫療保健
   □財經管理 □史地 □傳記 □文學 □散文 □小說 □原住民
   □童書 □休閒旅遊 □其他
8. 我怎麼愛上這一本書：

＿＿＿＿＿＿＿＿＿＿＿＿＿＿＿＿＿＿＿＿＿
＿＿＿＿＿＿＿＿＿＿＿＿＿＿＿＿＿＿＿＿＿
＿＿＿＿＿＿＿＿＿＿＿＿＿＿＿＿＿＿＿＿＿

★寄回本回函卡，

將可收到晨星出版集團最新書訊（電子報）及相關優惠活動訊息。

『輕鬆好讀，智慧經典』

有各位的支持，我們才能走出這條偉大的道路。

好讀出版有限公司編輯部　謝謝您！